应急管理“十四五”系列教材

社区应急管理

Community Emergency Management

汪　超／编著

中国矿业大学出版社
·徐州·

图书在版编目(CIP)数据

社区应急管理 / 汪超编著. —徐州:中国矿业大学出版社,2021.12

ISBN 978-7-5646-5206-7

Ⅰ.①社… Ⅱ.①汪… Ⅲ.①社区—突发事件—公共管理 Ⅳ.①D035.29

中国版本图书馆 CIP 数据核字(2021)第 231610 号

书　　名 社区应急管理
Shequ Yingji Guanli
编　　著 汪　超
责任编辑 姜　翠
出版发行 中国矿业大学出版社有限责任公司
(江苏省徐州市解放南路　邮编 221008)
营销热线 (0516)83885370　83884103
出版服务 (0516)83995789　83884920
网　　址 http://www.cumtp.com　**E-mail**:cumtpvip@cumtp.com
印　　刷 广东虎彩云印刷有限公司
开　　本 710 mm×1000 mm　1/16　**印张** 16.25　**字数** 270 千字
版次印次 2021 年 12 月第 1 版　2021 年 12 月第 1 次印刷
定　　价 48.00 元

前　言

20世纪90年代以来，国际上应急管理工作的重心逐渐发生转移，开始从“自上而下”的政策干预向“以社区为基础”的减灾模式转变。伴随着社会风险的增加和治理重心的下移，我国基层社区逐渐成为新时代国家应对突发事件①的重要场域。尤其是新冠肺炎疫情发生以来，作为疫情防控的前沿阵地，基层社区在“外防输入、内防扩散”上做出了重要贡献，充分彰显了社区在疫情防控全局中的基础性地位，为全面打赢疫情防控阻击战奠定了坚实的基础。

新中国成立初期，我国在农村和城市分别实施以“人民公社”和“单位制”为代表的社会管理体制，以更好地将人民群众组织起来恢复经济社会秩序。20世纪50年代初，我国构建了以中央救灾委员会为核心、中央防汛总指挥部和中央防疫委员会为两翼，以各相关职能部门为基础的雁行式灾害管理模式。这一模式可通过中央政府的指挥动员，短时间集中大量资源，迅速高效地开展救援。但是，在这一模式下地方政府主要承担上报灾情和发放救灾款等方面的执行责任，缺乏开展防灾减灾的内生动力。因而，改革开放后，党中央积极探索多主体合作共治的应急管理模式。

20世纪80年代，为克服救灾救济单纯依靠国家的弊端，我国开始探索建立救灾扶贫基金会制度，规定救灾资金由国家、集体和个人共同筹集。

---

① 突发事件，依据《中华人民共和国突发事件应对法》，指突然发生，造成或者可能造成严重社会危害，需要采取应急处置措施予以应对的自然灾害、事故灾难、公共卫生事件和社会安全事件。

1989年9月，国务院批转了国家计委的《关于加强和改进全国抗灾救灾工作的报告》，提出了“以地方为主、国家补助为辅”的抗灾救灾原则，强化了地方各级政府在救灾减灾中的责任。这一时期的应急管理呈现出强化属地责任、强调政社协同的特征，但仍是“单灾种管理＋部门协调”模式，救灾主要依靠中央“兜底”，地方政府缺乏开展救灾减灾的动力。

2003年“非典”事件暴露出我国单灾种管理模式难以应对复杂性风险的弊端。此后，我国开始探索建立以应急预案、应急体制、应急机制和应急法制为核心的“一案三制”应急管理体系。“一案三制”的应急管理体系架构在应对“汶川地震”“舟曲特大泥石流”等重大灾害事件方面发挥了较好的作用，但是地方政府尤其是基层社区的内生动能仍然不足，忽视了社区在应对突发事件中的重要作用。

党的十八大以来，党和国家高度重视基层社会治理，强调要把更多资源、服务、管理放到社区。国家减灾委员会通过制定、修订全国综合减灾示范社区标准，深入创建综合减灾示范社区，启动以县为单位的自然灾害综合风险与减灾能力调查试点，不断强化基层灾害风险防范能力。2016年，《中共中央 国务院关于推进防灾减灾救灾体制机制改革的意见》等政策文件印发，探索扁平化组织指挥体系，推动应急管理工作重心下移，强化地方应急救灾主体责任。2021年，《中共中央 国务院关于加强基层治理体系和治理能力现代化建设的意见》印发，明确要求增强乡镇（街道）应急管理能力。随着我国社会治理重心不断向基层下移，基层社区逐渐成为应对突发事件的重要场域。

《社区应急管理》一书顺应当前应急管理发展趋势需要，系统建构了社区应急管理理论体系。本教材适用于公共安全管理、应急管理、行政管理、公共事业管理等相关专业的本科生、硕士生和公共管理专业硕士（MPA），以及其他对社区应急管理感兴趣的科研人员、社区工作者等。特别是对从事公共安全管理实务的各级领导和管理人员来说，这是一本能提供一定启发和思路的参考读物。本教材有利于读者了解社区应急管理所涉及的概念、特点和理论知识，理解新形势下社区应急管理的基本原则和理论基础，掌握相关社区应急管理的具体技能和处理方式方法。

本书得以顺利出版，得到了诸多方面的关心和支持，在此一一感谢。各

章编写具体分工如下:本书的大纲和写作体例由汪超草拟,第一章由中国矿业大学汪超、周梦荷、宋纪祥编写,第二章由中国矿业大学汪超、许文、宋纪祥编写,第三章由南京师范大学王家峰编写,第四章由中国矿业大学汪超、周梦荷、宋纪祥编写,第五章由中国矿业大学张彦华编写,第六章由中国矿业大学王超编写,第七章由华东政法大学汪伟全编写,第八章由中国矿业大学汪超、宋纪祥编写,汪超负责各章节的修改、统稿及定稿工作。感谢江苏高校“青蓝工程”对本书的资助,感谢对本书校对工作做出贡献的顾秦一、耿文琪、潘阳阳、朱文婕、谷世佳等人,感谢中国矿业大学出版社编辑姜翠为本书的辛苦付出。

尽管本教材突显出“普及”特点,既有核心概念的阐释与基础理论的阐述,又有视野扩展与实践相结合的有机论述,但还远远达不到百科全书式的知识供给标准。虽然我们通过文献回溯实现了知识“点”的锁定,历史梳理实现了知识“线”的厘清,中外学习实现了知识“面”的触及,但书中难免存在一些疏漏和不尽如人意之处,敬请各位专家和读者批评指正。

作　者

2021 年 10 月 28 日

目　录

1

第一章

社区应急管理概述

学习目标

1. 掌握社区、应急管理、社区应急管理的具体概念以及内涵特点。
2. 掌握社区应急管理从管理走向治理的新方向、新走向以及新动态。
3. 了解国内外社区应急管理发展情况。

案例引入

“武汉洪山区最牛小区”，怎么做到的？

武汉有一个小区，叫华大家园，是华中师范大学的教工宿舍，它被称为“武汉最牛小区”。因为在武汉这个疫情重灾区，每栋大楼都有可能被查出来确诊者或疑似病例，但截至2020年2月7日，华大家园全小区1 766户住户无一例感染新冠肺炎，无一例疑似病人。2月8日，小区内有一人确诊。虽然出现一例确诊病例，但小区“出入：量体温、问住址；消杀：路面、电梯、门把手、处处都喷到；买菜：小程序帮忙”的做法，值得广大社区借鉴。

那武汉市洪山区华大家园小区具体是怎么做的呢？

自2020年1月20日起，华大家园物业对全小区公共区域开展消毒杀菌工作，并联系华中师范大学校医院给小区住户发放预防中药、口罩和消毒水。小区还组织工作人员把米面油和蔬菜送到小区住户家门口，并集中给业主圈存煤气卡。为保障小区居民生活物资，物业积极联系社区志愿者，每天定点给小区居民送爱心菜。“今天配的是大头菜和萝卜，每天不一样，以前还有大白菜。”小区住户喻先生说。

此外，小区在实行封闭管理前就已经呼吁住户不出门，每天对小区住户进行体温检测，且仅留一个出入口，严禁外来人员和车辆进入小区。华大家园小区保安在接受采访时称：“在我们小区，如果有人出问题了，可以查到他出去的信息，几点钟进来的，几点钟离开的，我们都要做记录，将来检查的时候，就有跟踪信息。”

据了解，华大家园小区的“严防死守”在武汉并非个案。一位家住汉阳区的抗疫志愿者因接送家住华大家园社区的医务人员上下班，十分熟悉华大家园社区的防控情况。她介绍说：“他们小区的防护确实一直做得很好，这是我亲眼所见的，不过我认为我们小区也做得不错，现在没有一例感染的。”据她介绍，在她前往华大家园社区的约一周时间里，观察到该社区每天都有社区工作人员背着消毒设备喷洒消毒液，进出的路口，乃至门把手都会喷洒，“起码在我早晚去的时候都有，所以至少是一天两次；社区工作人员还会拿着大喇叭，叮嘱居民不要出门，说有困难打社区电话；每个出入口都有专人值守、量体温、做记录。”

（资料来源　邓雅菲，陈紫嘉：《“武汉洪山区最牛小区”，怎么做到的?》，载搜狐网 2020 年 2 月 15 日，https://www.sohu.com/a/373358603_617717。收入本书时有改动）

■ 第一节　社区应急管理概念范畴

20 世纪 90 年代以来，国际上应急管理工作的侧重点发生了重大转变，从强调“自上而下”的政策干预转向“以社区为基础”的减灾模式，社区在突发事件应急管理中的地位与作用愈发重要。审视不同话语体系中“社区”的词义，应急管理话语体系中的“社区”与日常生活以及学术研究话语体系中的“社区”基本接近，主要指聚集在一定地域范围内的人们所组成的社会生活共同体。社区是应急管理工作的重要基础与重要载体。

一、社区的概念和特点

（一）社区的概念

社区的概念源于拉丁语，意为共同的东西或亲密伙伴间的关系。1887 年，德国社会学家滕尼斯在其著作《共同体与社会》中提出“社区”一词。该著作从社会文化角度指出，社区是一种由工业社会衍生并发展起来的时代产物，是通过血缘、感情和伦理等本质意志为纽带连接在一起的社会共同体。后来美国学者罗密斯对滕尼斯的此著作进行翻译，将“社区”一词由“Gemeinschaft”转译为“Community”。

从滕尼斯提出社区的概念至今，学界对社区概念的界定莫衷一是。对于社区概念的界定主要可以分为组织论、区域论和社会功能论三类。组织论，即从组织视域出发，指出社区是建立在亲密的、不分你我私人关系基础上的，具有共同的文化意识、强烈社区归属感的共同体。区域论，即从地理角度对社区概念进行划分，提出社区意指任何共同生活的区域：村庄、城镇或地区、国家，甚至更广大的区域，每个成员在此社区中可以过着完整的社会生活①。社会功能论，即从社会功能的角度对社区予以界定，主张社区是履行主要社会功能的社会单位和体系的结合体②，是一定空间内的综合性生活共同体。

上述分类并不是严格相互区分开的，它们之间更多的是一种交叉互补的关系。少有学者单独强调共同区域或单独强调社会价值，在对社区概念进行界定时大都涉及了区域、社会价值等要素。例如，美国社会学家希勒里基于 94 个社区概念进行归纳与分析，提出大多数定义中的三个核心要素，即特定的地点、共同的关系以及社会互动。美国社会学家比较认同芝加哥学派帕克对社区的定义：被接受的社区本质特征包括：① 按区域组织起来的人口；② 这些人口不同程度地完全扎根于他们赖以栖息的土地；③ 社区中的每个人都生活在相互依赖的关系中。

中文“社区”一词最早由社会学家费孝通从帕克的著作中将英文“Community”转译为“社区”，由此将这一概念引入国内。之后，社会学家吴文藻对“社区”进行了全面介绍和系统阐述。此后，学者们针对“社区”一词给出了多元的概念界定，但归纳起来主要有两大类。一类着重突出社区背后的精神意蕴，即社区是某一地域里个体和群体的集合，其成员必须具有共同的传统价值，在生活、心理、文化上有一定的相互关联和共同认识③。进一步来说，社区是由同质人口组成的价值观念一致、关系密切、出入相友、守望相助的富有人情关怀的人文区位④。另一类则强调社区概念的共同体属性，认为人们在一个地区共同生活，拥有共同的居住地。

---

① 田昭. 回归与创新：新时代城市社区治理的发展路径[J]. 学习与实践，2019(4)：92-99.

② 夏建中. 中国城市社区治理结构研究[M]. 北京：中国人民大学出版社，2012：78.

③ 刘视湘. 社区心理学[M]. 北京：开明出版社，2013：38.

④ 孙光德，董克用. 社会保障概论[M]. 3 版. 北京：中国人民大学出版社，2008：123.

自社区概念被引入国内之后，人们对社区的理解便具有地域性色彩，并在此基础上将社会关系等要素融入其中。例如，王康主编的《社会学词典》将社区概念界定为，在一定地域内，按一定的社会制度与社会关系组织起来的，具有共同人口特征的地域生活共同体。郑杭生在《社会学概论新修》中指出，社区是进行一定社会活动，具有某种互动关系和共同文化维系的人类群体及其活动区域。郑杭生对于社区的界定主要基于区域的发展状态，将社区分成传统社区、发展中社区、发达社区（或现代社区）三类，提出社区是基于同类型社会生活衍生出的相对独立的地域性社会。

概括而言，社区是指生活在某一地域范围内的，由相当数量人口组成的，依赖一定资源进行共同交往，具有共同利益和内在文化维系的社会共同体。人口是社区基本的要素单元，社区内人口由于共享同一的生活环境和社区服务，加上不同程度的地缘、业缘关系的联结，形成共同的意识和心理认同感。所以，社区可以被概括为一些相互有联系、有某些共同特征的人群共同居住的一定的区域。

（二）社区的特点

1. 社区是一个社会实体

社区是社会成员赖以生活的场域，承载了社会成员的基本生活活动。社会成员能够以家庭为单位消费各种生活资料，解决最基本的社会生活需求，以此建立多种社会人际关系并解决自身遭遇的生活难题。因此，社区不仅包括一定数量和质量的人口，还包括由这些人所组成的社会群体和社会组织；不仅包括人们的经济生活，还包括政治、文化生活；不仅包括经济关系，还包括地缘等其他社会关系；不仅包括一定的地域，还包括社会活动所必需的生产资料和生活资料。总之，社区是一个社会实体，社会有机体的基础内容被囊括于社区定义之中，社区是宏观社会的缩影。

2. 社区是多功能的集合体

社区的功能主要包括以下几个方面。经济功能，主要指社区机构发挥着组织、管理生产经营活动或者提供产前、产中和产后服务等作用。政治功能，即基层社区积极贯彻政府政策，维护社区居民权益，推进基层民主进步。文化功能，主要指基层社区承载着有序组织文体活动、群众性精神文明创建活动等功能。社会管理和整合功能，即在日常生活当中，社区往往要在社区治安、秩序维护以及民间纠纷等方面充当调节器、润滑油，承担本社区的公共事务、计划生育等任务。从根本上来说，社区功能的多样化与多元化主要源自社区居民的多元化需求和社区内容的多样性。社区功能的充分发挥是社区作为社会实体的真实写照。

3. 社区是生活的基本场所

人们的基本日常生活活动大都是在社区范围内进行的。一般来讲，人们在自身所在社区从事着生产劳动、文化教育、科学技术等各种职业活动，并以此获取经济收入，作为个人及其家庭成员的生活来源。在社区范围内，人们大都以家庭为单位消费各种生活资料，解决日常生活需要。绝大多数居民作为某一社区的正式成员，在本社区范围内享有选举人民代表、参与社区管理、选举社区干部等权利。从这个意义上说，社区承担着民众参与政治生活的重要功能。社区作为人们生活的基本场所，必须具备相应的活动设施。

4. 社区是聚落的承载体

聚落是人类聚居、生活、休憩和社交的基本场所，也是人类生产劳动的重要场域，既包括人类聚居的房屋、街道，又包括与居住地有关的生产、生活所承载的基础设施。随着社会经济的发展，其含义和形式也不断延伸和拓展。我国城乡的聚落是社区的物质载体和具体依托，它反映着一个社区的面貌和特征。例如，分布于黄土高原地带的土生窑洞式聚落，不仅表明该地区尚欠发达的经济状况，也反映出历史传承接连有序的居住习俗。因此，通过观察不同类型的聚落，可以进一步认识不同类型的社区结构及其人文景观。

二、社区应急管理的概念与特点

（一）社区应急管理的概念

伴随着风险社会的到来，社区逐渐成为各类自然灾害、事故灾难、公共卫生事件和社会安全事件的重要载体，由此引发的学术讨论也层出不穷。然而，由于研究立场、研究视角的差异，学界对社区应急管理概念尚未形成较为普遍的共识。

国外对社区应急管理概念的界定主要有三种观点。一是主体说，主要认为社区应急管理是社区在政府引导下所进行的应急管理工作。这一概念既强调政府在社区应急管理工作当中的主导性角色，又突出了社区的主体性功能。二是过程说，即将社区应急管理看作社区应对突发风险的整体性过程，是包括风险产生、应急响应、恢复重建在内的全链条应急管理过程。三是协同说，主要认为社会风险的复杂性和叠加性使得单一政府主体很难有效应对，社区应急管理需要社会公众、市场主体等多元化主体的积极参与、协同合作①。

国内对社区应急管理概念的阐述主要包括三种观点。一是能力说，旨在强调社区应急管理应对风险挑战的应急基础能力、应急处置能力、综合保障能力、社会协同能力②。二是韧性说，即强调社区应对外在风险变化的自主恢复力、主动适应力以及创新发展力③，并通过社区内部的自我增强和社区外部整合的双向建构过程④来将社区内外部风险降到最低⑤。三是协同说，即将社区应急管理看作一个由政府广泛动员群众、实现多主体协同的应急过程⑥。

综合国内外对社区应急管理的定义，本书认为，社区应急管理是指社区范围内的应急管理活动，即在基层政府的统一指挥下，社区动员社区组织及居民，对社区范围内发生的各类突发事件进行预防与准备、监测与预警、应急处置与救援、恢复与重建等活动的总称。从这一意义上来看，社区应急管理旨在有效预防和减少突发事件的发生，维护人民群众的生命财产安全，遏制风险的蔓延和次生灾害的发生。

---

① WILKIN J, BIGGS E, TATEM A J. Measurement of social networks for innovation within community disaster resilience[J]. Sustainability, 2019, 11(7): 1943.

② 马宝成. 加强应急管理体系和能力建设为“十四五”发展提供安全保障[J]. 经济社会体制比较, 2020(6): 7-9.

③ 汪超. 迈向富有韧性的社区治理研究[J]. 城市发展研究, 2021, 28(12): 32-36.

④ 颜德如. 构建韧性的社区应急治理体制[J]. 行政论坛, 2020, 27(3): 89-96.

⑤ 段亚林. 韧性社区：突发事件风险治理新向度[J]. 甘肃行政学院学报, 2021(2): 93-101, 127-128.

⑥ 沙勇忠, 刘海娟. 美国减灾型社区建设及对我国应急管理的启示[J]. 兰州大学学报(社会科学版), 2010, 38(2): 72-79.

（二）社区应急管理的特点

1. 区域性

区域性强调了社区应急管理的活动范围。从内涵上来讲，社区是具有一定边界和范围的地域性社会，其构成要素涵盖了地域、人口、生态、结构和社会心理等不同内容。不同社区有不同的地理位置、自然环境、人口密度、人口素质、职业结构、生活方式和社会心理。从这一角度来讲，不同社区的应急工作内容和工作重点也因社区而呈现出差异化的特点。特别是受到城市人口密度、交通状况的影响，不同的社区应急管理表现出区域性的特点。

2. 法律性

社区应急管理是以法律法规为遵循开展的公共性事务。相关法律法规不仅对社区相关机构和部门的职责做出明确规定，也从应急管理的视角对社区应急管理的职能、任务、手段和作用做出严格的区分。比如有法律对社区应急管理的职责范围、管理对象与方式进行了明确规定，也有法律对应急处罚的程序、种类、条件以及人民群众在社区应急管理中的权利、义务以及行为规范做出了充分说明。社区应急管理实质上是基于国家授予的职权，对法律法规贯彻执行的活动，社区应急管理活动也必须以法律法规为准绳进行行为约束。

3. 综合性

社区应急管理的综合性主要体现在社区领导力量、治理方法和治理手段三个方面。就我国社区而言，社区应急管理的领导力量是以基层党委、政府统一领导为核心，以街道办事处、社区居委会、企业单位的保卫部门以及群众自治组织为主体的参与性力量。从治理方法来看，社区应急管理强调综合运用政治、经济、法律、文化、教育等手段来应对社区突发事件。从治理手段来看，社区应急管理的手段具有多样性的特征。一般来讲，社区应急管理的手段主要包括打击、教育、预防、建设、管理、改造等。这些手段的综合运用是实现综合社区应急管理的重要表征。

4. 群众性

2019 年年末暴发的新冠肺炎疫情是新中国成立以来传播速度最快、感染范围最广、防控难度最大的一次重大突发公共卫生事件。400 多万名社区工作者在全国 65 万个基层社区日夜值守①，为全国疫情防控工作做出了重要贡献。新冠肺炎疫情应对过程中参与主体之多、参与范围之广，充分展现出社区应急管理过程的群众性特征。从本质上来讲，社区应急管理的出发点和落脚点是充分保障人民生命、财产安全，由此，评价社区应急管理成效的重要标准是群众的满意度。推动社区应急管理工作稳中向好发展，必须将群众性渗透到社区应急管理的全过程，通过群众的广泛参与、积极行动来增强社区应急管理的治理效能。

■ 第二节　社区应急管理基本理论

一、社区应急管理新方向：从管理走向治理

在公民社会崛起的背景之下，自组织力量的崛起使民众成为社会管理的重要主体，自组织力量对于应急管理活动的积极参与也成为理解社区应急管理的重要视角。由此，梳理公民社会和社会组织理论发展背景和历史脉络，不仅能为理解社区应急管理发展新方向提供理论指引，也能够为构建社区应急管理的理论框架提供参考依据。

公民社会理论的兴起与西方社会契约精神和个人主义传统息息相关，是对国家和私人中间地带的观察与理论解释。自古罗马社会以来，国家与社会的分离打破了古希腊时期的“一元论”思想，成为理解人类政治现象的重要理论视角②。到了 20 世纪 60 年代，随着市场经济的发展成熟以及欧美资产阶级对个人自由以及民权的捍卫，国家与社会二元分离的局面逐渐瓦解，新的社会领域，即“公共领域”开始出现。作为“国家、市场、社会”三分法的初创者，哈贝马斯在《公共领域的结构转变》中提出“市民社会理论”，明确将当代社会划分成三个世界，即政治世界或政治国家、经济世界或经济社

① 林振义.用伟大抗疫精神凝聚民族奋进伟力[N].人民日报，2020-09-15(9).

② 王建生.西方国家与社会关系理论流变[J].河南大学学报(社会科学版)，2010，50(6)：69-75.

会、生活世界或市民社会[1]。20 世纪 80 年代末，“公民社会”理论开始在西方社会广为流行，并被用以批判现实社会，以解释东欧剧变的原因，也即孕育成形的民间社会有力量对抗国家政权[2]。伴随着公民社会争论的广泛化，“公民社会”的概念逐渐进入西方主流话语谱系。

20 世纪初，伴随着人们对公共产品、公共服务需求的上升以及经济危机的破坏性影响，政府逐渐增强了公共管理职能，试图以国家职能的扩展来增进公共利益、增强抵御经济危机的能力。然而，伴随着国家介入社会的程度不断加深，由此所带来的潜在危机也使人们开始反思与质疑政府管理公共事务的能力。20 世纪后半期，受到西方福利国家发展危机、环境危机等因素的深刻影响，社会公众开始质疑国家能力，被萨拉蒙称为“社团的革命”开始兴起，自下而上的志愿组织、社区运动如雨后春笋。这种自组织的兴起为公众自主解决问题提供了治理思路。

市场失灵理论认为，由看不见的手操纵市场虽然可以提供相对完善的产品供给，但是市场也可能失灵。由此，政府应该成为具有正外部性特征的公共产品和准公共产品的供给方。然而，政府并不是万能的，也可能会失灵。作为弥补政府失灵与市场失灵的社会组织便应运而生。图 1-1 展现了社会组织与“国家—市场—社会”之间的关系以及不同的表现形式。社会组织的产生弥补了政府失灵和市场失灵带来的不足，能够起到维护弱势群体利益、提供公共服务等方面的作用，进而促进社会共同目标的实现。

20 世纪 90 年代以后，伴随着全球化与分权化趋势的加强，“全知全能”的政府理念再次受到诟病，“有限政府理论”重新受到学界的追捧。该理论认为，要提高国家竞争力、实现国家繁荣，需要政府、工商界和市民社会之间的普遍合作，这三者的密切合作也正成为国家竞争力和国家繁荣的基本组成要素。在此背景下，公共管理开始从“自上而下的管理”走向“自下而上的治理”，合作治理成为理解公共事务的重要视角。由此，治理理论同应急管理实践的有机结合也使得公共危机治理理论应运而生。

---

① 俞可平. 中国公民社会研究的若干问题[J]. 中共中央党校学报，2007，11(6)：14-22.

② 于海. 西方社会思想史[M]. 3 版. 上海：复旦大学出版社，2010.

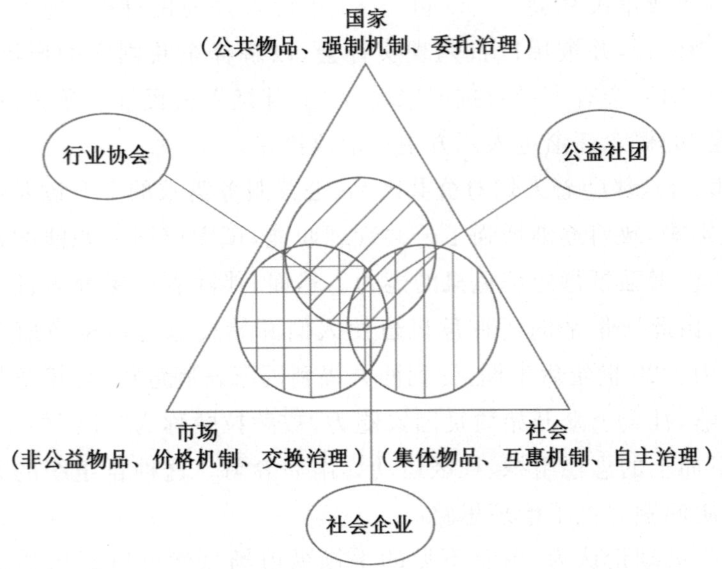

图 1-1　国家—市场—社会三元主体及其运作机制和功能定位①

早期的应急管理是由公共部门单一主体主导的被动式管理，旨在强调单一政府主体在突发事件应对过程中的主导性角色。公共危机治理理论强调政府、公民、社会组织、企业等多元主体的共同参与，并在这一过程中形成资源互补、相互协作的治理网络。对政府而言，公共危机治理是从统治到掌舵的角色转化；对非政府部门而言，公共危机治理则是从被动排斥到主动参与的方式转变。正如麦克格鲁所言：一种以公共利益为目标的社会合作过程，国家在这一过程中起到了关键但不一定是支配性的作用②。基于有限政府理论和治理理论的学术反思，仅仅依靠政府单方面的力量往往难以有效应对应急管理任务，因此需要多元主体的广泛参与、共同协作，在此基础上，进而需要打造一个由政府主导、全社会共同参与的公共危机协同治理系统（图 1-2）。

① 俞厚未，毛帅，沈惠莹. 政府购买服务与社会投资方式新探索[M]//. 卢汉龙. 上海社会发展报告：2010：投资社会. 北京：社会科学文献出版社，2010.

② 麦克格鲁，陈家刚. 走向真正的全球治理[J]. 马克思主义与现实，2002(1)：33-42.

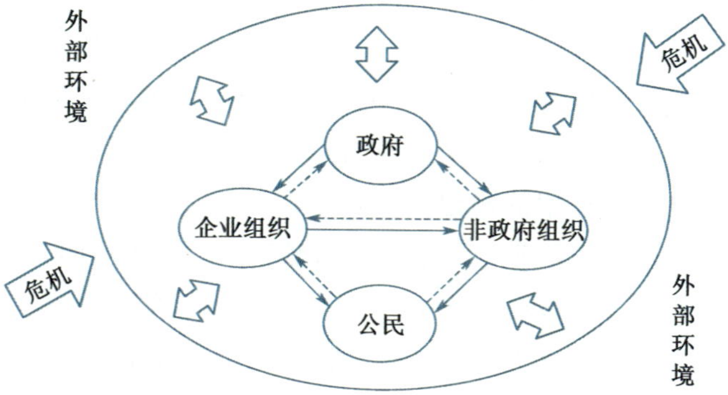

图 1-2 公共危机协同治理系统①

随着风险社会的到来，社区成为应急管理的前沿阵地和主战场。社区所具备的基础性作用不仅使其有能力解决政府、市场难以解决的复杂公共问题，而且使其在应急公共服务供给方面扮演着独特的角色。相比于政府部门，社区在应急公共服务提供过程中往往更具有弹性、更有效率，且更具有人文精神，而治理的核心则在于多元主体的广泛参与②。因此，实现社区应急治理亟须建立起一个包含政府、社区自治组织、社区居民、企业、非营利组织等多元主体开发、互补的合作组织网络。

二、社区应急管理新走向：从被动走向主动

20 世纪 60 年代，源于对自然灾害以及政府危机的理论反思，公共安全管理理论应运而生。然而，伴随着现代化进程的加快以及社会风险的增加，危机管理研究呈现出两大特点：一是研究对象逐渐从自然灾害领域向突发事件管理领域拓展，二是研究领域逐渐由政治领域转向经济领域、社会领域。20 世纪 80 年代，公共安全管理开始被理解为政府公权对公共安全的保护与维持，并逐渐发展成为一门独立的学科。回顾西方公共安全管理的历史脉络与发展进程可以发现，公共安全管理研究呈现出以下几个趋势：一是

① 张立荣，冷向明. 协同治理与我国公共危机管理模式创新：基于协同理论的视角[J]. 华中师范大学学报（人文社会科学版），2008，47(2)：11-19.

② 滕五晓. 社区安全治理：理论与实务[M]. 上海：上海三联书店，2012：82-99.

研究对象逐渐从“灾害事件”向“灾害风险”拓展，二是研究内容逐渐从“突发事件应对”向“灾害发展全过程治理”转变，三是研究理念逐渐从单独应对某一事件向各类灾害危机管理的综合性应对转变。这类研究取向的根本性转变不仅推动了危机管理理念逐渐从应对走向预防、从被动走向主动，也对未来社区应急管理理论框架的构建具有指导性意义。

危机犹如人的生命周期，具有危机酝酿期、危机爆发期、危机扩散期以及危机恢复期等四个阶段(图 1-3)。在危机酝酿期，危机往往会表现出难以察觉的预兆或者端倪。这时需要及时止损，提前采取措施将危机遏制在萌芽状态，否则将会导致危机一触即发，造成严重后果。危机爆发期是指危机突破预警防线，进入爆发阶段。在该阶段，如果能够立即处理，危机的影响就会被控制在一定的范围内，否则就会导致危机范围扩大，进而造成无法挽回的负面影响。危机扩散期是指危机能够对各个领域产生连带效应且扩散非常迅速的时期。这一时期，一旦缺乏应对危机扩散的有效措施，就会造成更深程度的危机爆发。危机恢复期是指经过紧急处置以后，危机能够得到一定程度的解决。值得注意的是，如果应急处置无效，则可能导致上一次危机潜在因素的迅速酝酿，进而形成新一轮的危机循环。

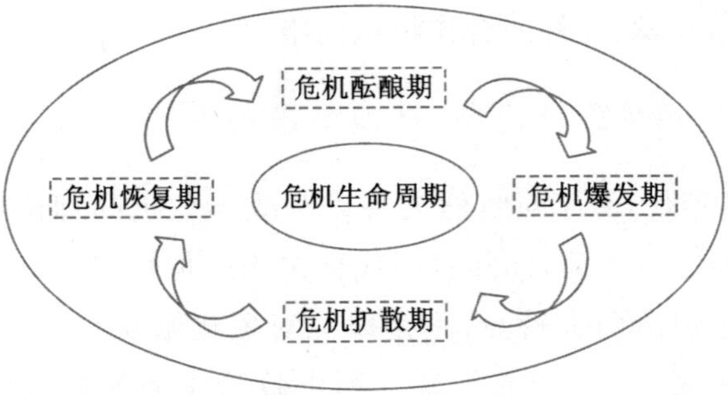

图 1-3　危机生命周期理论四个发展阶段

危机生命周期概念一经提出，迅速得到学界的广泛认可，由此也形成了多样化的理论模型。其中，被学界倍为推崇的有五种理论模型：一是芬克的“危机传播的四阶段模型”，该理论立足于医学管理实践，认为危机管理是包括危机潜在期、危机突发期、危机蔓延期、危机解决恢复期的循环往复的全过程。二是希斯的 4R 模式，该理论认为危机管理包含缩减阶段(Reduction)、预备阶段(Readiness)、反应阶段(Response)、恢复阶段(Recovery)等四个基本阶段。其中，缩减阶段是危机管理 4R 模式的核心，贯穿于危机管理的全过程。三是米特罗夫的“五阶段危机管理模型”，该理论从工程技术角度提出危机管理包括信号侦测期、准备和预防期、损害控制期、恢复期、学习期等五个阶段。四是奥古斯汀的“危机管理六阶段模型”，该理论立足于商业管理实践，认为危机管理包括危机的避免、危机管理的准备、危机的确认、危机的控制、危机的解决以及从危机中获利等六个阶段。五是伯奇、古斯、努纳梅克等人的“危机管理三阶段模型”，该理论将危机管理划分为危机前管理、危机管理以及危机后管理三个阶段。危机生命周期划分，见表 1-1。

表 1-1　危机生命周期划分

时间	代表人物	理论模型	生命周期划分					
1986 年	芬克	四阶段	潜在		突发	蔓延	解决恢复	
1998 年	希斯	四阶段	缩减	预备	反应		恢复	
1994 年	米特罗夫	五阶段	预备	识别	损害控制		恢复	学习
1995 年	奥古斯汀	六阶段	避免	准备	确认	控制	解决	获利
—	伯奇等	三阶段	危机前		危机		危机后	

危机生命周期理论模型虽然拓宽了公共安全管理的时间序列和对象范围，但是危机管理的对象依旧聚焦于“危险”和“灾害”，缺乏对“风险”的广泛关注。伴随着“风险”概念的引入，公共安全管理研究逐渐从对突发事件、事故的关注拓展到对事故风险隐患的青睐。两者的本质区别在于，前者更加强调预防与准备，后者则试图将危机管理向前推进一步，达到“防微杜渐”的效果。回顾危机管理发展史，具有标志性意义的是 1915 年德国经济学家莱特纳出版的《企业危险论》，该书的出版标志着风险管理学科的形成。在这一时期，美国也将风险管理作为经营管理的合理化手段，并于 1929—1933 年正式提出风险管理的理论设想。20 世纪 60 年代，以梅尔、威廉姆斯等为

代表的学者相继著述了《企业风险管理》《风险管理与保险》等著作，并对风险管理进行了系统化研究。由此，风险管理也逐渐发展成为管理学下设的一门独立学科。20 世纪 70 年代，伴随着生产事故频发，风险开始同生产事故走向融合。尤其是伴随着风险概念的渗透，风险管理的方法也得到深化与拓展。在这一时期，美国、澳大利亚、新西兰等国也先后开展了风险管理研究。

"9 · 11"事件发生后，风险管理虽然进入一个新的发展阶段，但是世界各国学者对于风险管理的内涵却未达成共识。1983 年，美国科学院公布的风险管理四段法认为，风险管理包含风险辨认、暴露评估、剂量一反应评估、风险描述。国际风险管理理事会(International Risk Government Council，IRGC)认为风险评估包含危险的识别、暴露信息和弱点的评估、风险的评价三个核心组成部分。1995 年，澳大利亚制定的 AS/NZS 4360 标准全面介绍了风险管理过程框架(风险管理的基本流程，见图 1-4)，提供了一套广泛适用于个人、团体或组织的风险管理指南。2009 年，全球统一的 ISO 31000 风险管理标准出台后，取代了各国的风险管理标准。

公共安全管理的理论发展和实践经验是密切联系、相辅相成的。从管理对象的时间序列拓展到将风险纳入风险管理研究范围，公共安全管理正经历一个从被动走向主动、从应对走向预防的研究转向过程。社区作为居民生活的基本单元，也是各类灾害承受的重要载体。由此，社区应急管理的对象就不能再仅仅局限于灾害事件本身，而应该不断向灾害发生前的预防准备、灾害发生后的恢复聚焦。2000 年，联合国国际减灾战略开始致力于推动建立具有较强抵御能力、抗灾能力的社区。这一实践路径所遵循的理念便是要推动社区从原本以灾害应对为中心的应急管理体系向灾害预防、灾害恢复的全过程危机管理转变。

三、社区应急管理新动态：从两极走向综合

随着社区应急管理实践的不断深入，社区应急管理理论也呈现出与时俱进的特征。在社区应急管理实践中，单纯依靠"自上而下"或"自下而上"的管理理念已经难以适应新时期应急管理发展的需要，亟须将社区作为国家

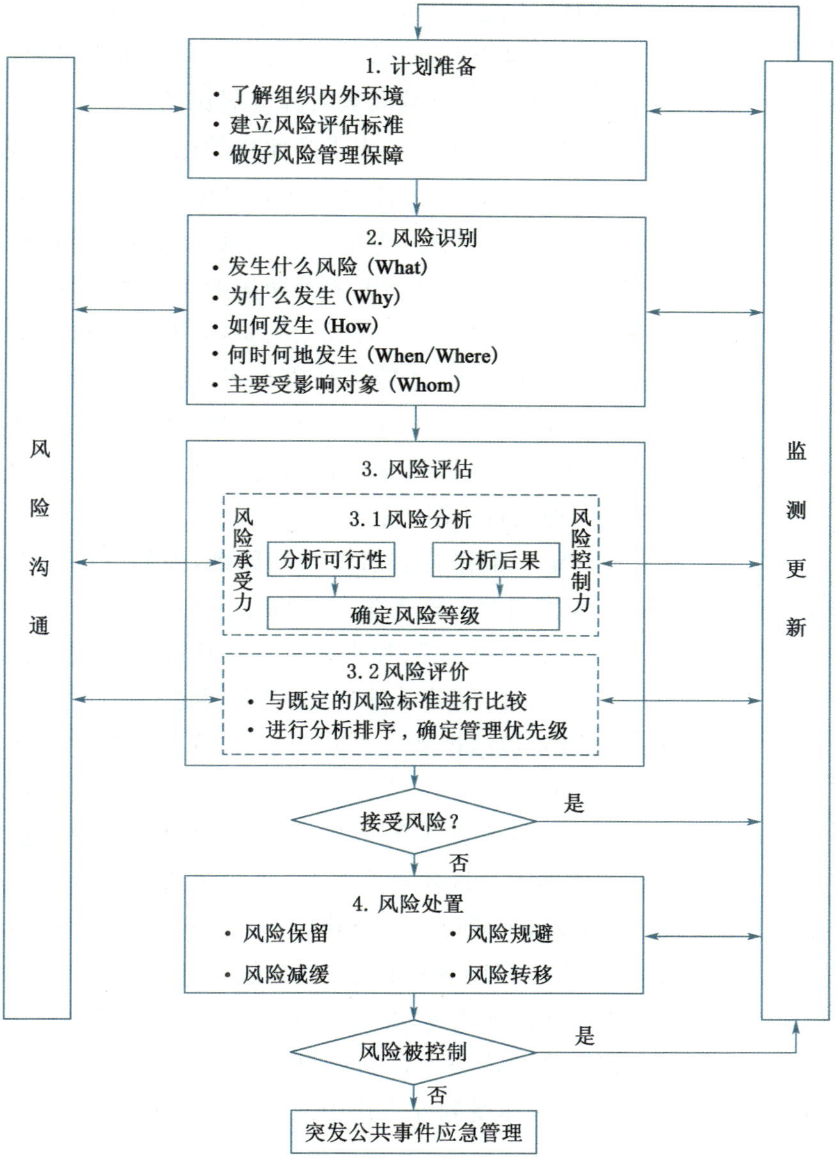

图 1-4　AS/NZS 4360 中的风险管理的基本流程

应急管理的支点，实现二者的有机结合[1]。由此，从两极走向综合的社区应急管理新动态，对于构建社区应急管理理论具有重要的指导价值。

社区应急管理，实质上就是以实现社区居民的安全和健康为目标，通过开展社区安全预防活动来减少意外事故及其对社区居民的伤害。伴随着社区应急管理实践复杂性的增强，学界也形成了多元化的社区应急管理理论。1984年，在奥乔里奥斯举行的国际减灾计划实施会议正式提出社区灾害风险管理理论[2]。此后，一些学者基于这一理论对利马地区的地震易损性进行了系统研究，并在此基础上成立了灾害研究和预防中心。除此之外，亚洲备灾中心认为，社区是灾害风险管理中不可替代的力量，只有社区居民从根本上认知了风险并积极参与备灾减灾，才能从根本上将损失降到最低。基于社区的灾害风险管理理论逐渐被各国政府所接受，其中，美国、日本、新加坡等国根据本国实际，将社区灾害风险管理理论进行了因地制宜的改造。日本基于社区的灾害风险治理运行机制，见图1-5。

社区灾害风险管理理论一般坚持志愿参与的原则，强调以内生性动力来降低灾害风险中的社区脆弱性。该理论包括两个方面的内容：一是社区灾害风险管理机制，二是社区灾害风险管理程序。从社区灾害风险管理机制来看，主要包括五项基本内容：一是通过"自下而上"与"自上而下"有机结合，最大限度地调集全社会资源以推动灾害处置；二是充分发挥社区居民的潜在力量，推动社区居民的积极参与；三是充分践行以人为本的价值原则，关注社区弱势群体；四是以备灾减灾为工作重点，注重对灾害的"防治兼顾"；五是将灾害风险管理纳入社区治理全过程，推动灾害防治常态化。从社区灾害风险管理程序来看，主要包括五个程序：一是制定社区灾害防治规划，二是建立参与式社区灾害风险评估体系，三是推动社区备灾工作开展，四是加强社区灾害防治基础设施建设，五是营造社区灾害防治文化。

在众多的社区灾害风险理论当中，"韧性"理念颇受学界广泛关注。韧性一词最初源于拉丁语，指物体受到外力作用恢复到原来状态的现象。该词

---

① 高和荣. 从两极到综合：社区应急治理的新维度[J]. 东南学术，2020(4)：88-95，246.

② MASKREY A. Revisiting community-based disaster risk management [J]. Environmental hazards，2011，10(1)：42-52.

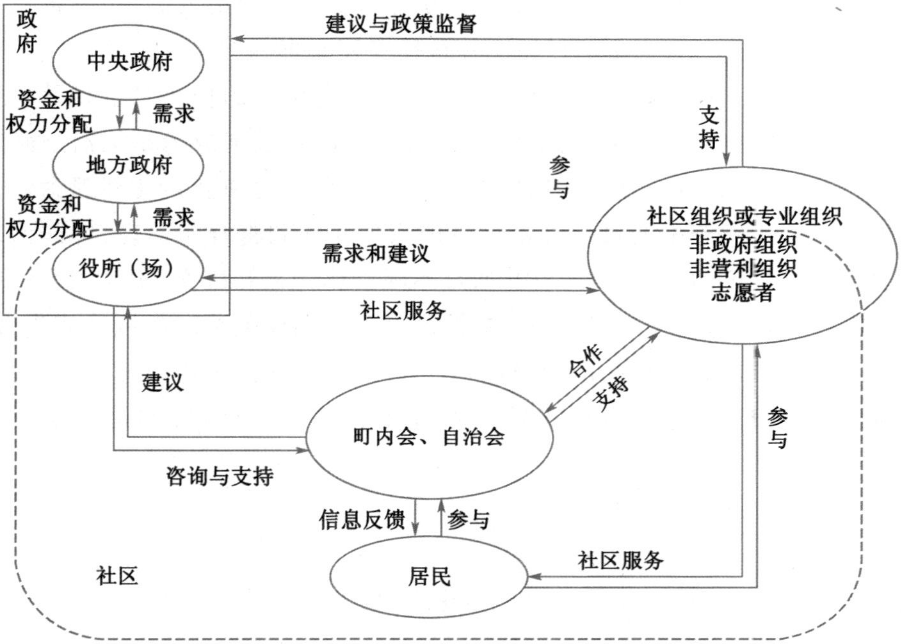

图 1-5　日本基于社区的灾害风险治理运行机制①

早期被广泛应用于工程学、物理学领域，后被应用于生态学、心理学领域，目前正逐渐成为社会治理领域研究的新概念②。作为社会治理领域中的典型应用，韧性社区遵循着“工程韧性—生态韧性—演进韧性”的理论演化逻辑，成为风险治理研究领域的新兴范式。具体而言，韧性社区理论主要包括两个方面：一是对社区韧性属性的广泛关注，即认为社区韧性应该关注社区适应性、持续性和转变性③；二是强调社区韧性的能力属性，即深化对社区恢复力、适应力、应对力、学习力以及综合调适生存力的理论认识④。也就是说，

① 周永根，李瑞龙. 日本基于社区的灾害风险治理模式及其启示[J]. 城市发展研究，2017，24(5)：105-111，124.

② 吴晓林，谢伊云. 基于城市公共安全的韧性社区研究[J]. 天津社会科学，2018，9(3)：87-92.

③ FOLKE C，CARPENTER S R，WALKER B，et al. Resilience thinking：integrating resilience，adaptability and transformability[J]. Ecology and society，2010，15(4)：20.

④ 周利敏. 从社会脆弱性到社会生态韧性：灾害社会科学研究的范式转型[J]. 思想战线，2015，41(6)：50-57.

韧性社区理论不仅包括抵抗外在风险并予以恢复的理论内涵，还应该包括社区利用逆境进行知识更新以适应外在环境等范畴①。

伴随着风险社会的到来，社区在应对灾害危机中的作用日益显著。如何提升社区抵御风险的能力以适应灾害的复杂性，逐渐成为基层治理亟待关注的重要议题。社区应急管理，是在公民社会兴起和公共管理理念转变的时代背景下所产生的重要理论。该理论旨在强调将合作治理、协同治理理念运用到社区的风险管理当中，通过不同主体的相互协作、积极配合以有效应对社区风险。从这一角度来讲，社区就不再仅仅是被动的风险接受者，而是主动的参与者。这种由两极向综合的社区应急管理新动态，不仅对社区应急管理理论的拓展具有重要意义，也对社区应急管理实践具有重要指导意义。

第三节　社区应急管理历史发展

整个人类社会发展史，就是人类不断同各类灾害斗争的历史，也是人类从被动接受、逃避灾害走向主动应对、综合防控的历史。伴随着社会经济的飞速发展，社会风险的复杂性、叠加性使得社区成为应对突发事件的最前沿，也呼唤着社区应急管理的产生。社区应急管理是对灾害所采取的一种有意识的综合性管理活动，其所蕴含的历史意涵不仅是现代社区应急管理发展的重要支撑，也是推动社区应急管理未来发展的重要资源。由此，梳理社区应急管理发展历史脉络，不仅有助于我们从历史维度深刻把握社区应急管理的理论意涵，更有助于为社区应急管理的未来发展提供理论指引。

一、防灾社区建设阶段

近年来，随着自然灾害和事故灾难的频繁发生，世界各国逐渐认识到社区在应急管理中的基础性作用，先后制定了提高社区防灾减灾的法律与政策。其实，早在 20 世纪 80 年代，国际社会就对社区应急管理研究有所关

① 廖茂林，苏杨，李菲菲. 韧性系统框架下的城市社区建设[J]. 中国行政管理，2018(4)：57-62.

注。经过40多年的理论探索,社区应急管理研究取得显著成效。1989年,在全球第一届世界事故与伤害预防大会上,世界卫生组织首次提出“安全社区”的概念,并制定了安全社区的认证标准。随后,世界卫生组织成立了“社区安全促进合作中心”,开始将“安全社区”的理论推向全世界。

“安全社区”一词最初源于1975年瑞典法尔雪平社区为解决社区意外伤害而提出的伤害预防计划①。由于这一计划取得显著成效,而后逐渐被世界各国所认可,并在世界卫生组织的大力推广下,实现了该计划的全球化推广。1997年,联合国在日内瓦战略中明确指出,社区将会成为21世纪以及以后全球范围内各国防灾减灾的重心。1999年,联合国发布的“国际减灾战略”再次强调,“21世纪建设更安全的世界”的三大战略之一就是重心下移,也即要实现从强调“政府的作用”到重视“建设应对灾害能力强的社区”的转变。在这一时代背景下,国际应急管理工作的侧重点发生了重大转变,开始从强调“自上而下”的政策干预转向“以社区为基础”的减灾方法。在2001年的国际减灾日,联合国再次提出“发展以社区为核心的减灾战略”的口号。

这一系列的倡导与研究逐渐将社区定位为未来应急管理工作的重心,社区应急管理也成为西方应急管理的重点。其中,美国的社区应急管理研究值得关注。早在20世纪80年代,为了及时应对干旱、地震、飓风、洪灾等突发自然灾害,美国政府在20世纪90年代初提出抗灾社区的概念。“9·11”事件以后,美国政府又提出了防灾型社区的理念。伴随着社区应急管理实践的深入发展,美国联邦紧急事务管理署(Federal Emergency Management Agency,FEMA)将可持续减灾计划纳入社区应急管理,试图通过对社区防灾减灾的广泛宣传,来达到社区灾害预防的工作目标。

二、社区综合应急管理阶段

21世纪以来,伴随着“9·11”事件、东南亚海啸以及美国金融危机等重大事件的突发,单一国家或者组织很难有效应对复杂性、多样性的灾害风险,实践导向的跨学科研究逐渐成为应急管理研究的主要特征。2005年8月,飓风“卡特里娜”先后登陆美国南部佛罗里达州和路易斯安那州,共造成

① 吴宗之.国际安全社区建设指南[M].北京:中国劳动社会保障出版社,2015:109-112.

1 836 人死亡，经济损失达 1 250 亿美元①。受到这一突发事件的影响，美国及时总结反思，提出政府和社区都应对社区应急文化建设负有重要责任的行动理念，开始注重以社区为主体开展防灾减灾工作，试图通过大力提升社区排查预警能力、先期处置能力以及公众疏散避险能力来提高社区应急处置能力。联合国国际减灾战略也提出，社区应急管理不能只关注中期救援和灾后处置，应该将重点放在前期监测和预防方面。

为了进一步提高社区防灾减灾能力，美国开始将社区活动范围纳入社区应急管理的工作范围。比如通过将社区范围内的体育馆、文化馆、学校操场、街头绿地、广场、人防工程等安全且适宜的公共场所纳入社区应急避难场所，以达到提升社区防灾减灾能力的实际效果。这种以社区规划为核心的防灾减灾思路在最大化降低社区人员伤亡的同时，也有效增强了社区抵御灾害和灾后自我恢复的能力。除此之外，美国还注重社区自组织体系以及社区动员力在社区应急管理当中的重要作用。比如，2003 年在科罗拉多州火灾灾后重建工作中，美国通过运用社区居民对社区的归属感以及社区居民、社会团体以及私营企业之间所构成的网络关系，实现了社区重建。

三、韧性社区建设阶段

在社区应急管理理论的研究探索中，形成了两种富有实践意义的社区应急管理模式：一是建立在刚性科层制基础上的控制型应急管理模式。这种管理模式往往采用控制性管理手段减轻灾害影响，从而实现社区防灾减灾的目标。这种建立在科层制基础上的应急管理模式虽有助于及时应对社区外在风险，但这种程序化的控制模式并不是一种长久之计。二是韧性社区模式。这种社区应急管理模式承认不确定性的扰动以及风险对社区可能造成的破坏，并强调通过系统的适应性能力来应对不确定的外在风险，最终达到社区可持续发展的目的。韧性思想的提出也标志着学界对社区可持续发展的深刻探讨。

“韧性”这一概念最初源自工程力学领域的“工程韧性”，即将韧性理解

① 吴大明．近年来全球极端天气气候事件情况及影响分析[J]．中国减灾，2021(15)：22-25.

为系统在被施加扰动之后恢复到平衡或者稳定状态的能力。伴随着对韧性理解的进一步加深，国外学者实现了工程韧性向生态韧性的逻辑转化，认为韧性不仅可以使系统恢复到原始状态的平衡，还能够在受到外界冲击后，通过系统调适达到新的平衡状态。在此基础上，有研究进一步指出，系统并非仅仅存在被动的复原能力，更在于其能够通过不断的学习和创新来增强其应对外在风险的适应性能力。建立在这一理解基础上的学术反思也被称为“演进韧性”。当今既有研究对于韧性社区的理解是建立在对韧性演进的理解基础之上的。

伴随着全球风险的不断增加以及社区脆弱性的增强，“韧性”这一概念逐渐被应用到社区治理研究领域。2002 年，倡导地区可持续发展国际理事会在联合国可持续发展全球峰会上正式提出“韧性”概念。2005 年 1 月 18 日至 22 日，第二届世界减灾会议通过的《兵库宣言》正式将“韧性”一词纳入灾害讨论的研究重点。2012 年，联合国减灾署启动亚洲城市应对气候变化韧性网络。2013 年，洛克菲勒基金会启动“全球 100 韧性城市”项目，通过对巴黎、纽约、伦敦等国际都市的评估提出了韧性城市的评价指标。2016 年 10 月，第三届联合国住房和城市可持续发展大会倡议将“城市的生态与韧性”作为新城市议程的核心内容之一。虽然韧性社区的研究还在探索之中，但是作为一种新型应对灾害风险的社区应急管理模式，韧性社区已然成为世界各国社区应急管理发展的新方向。

同步思考题

1. 简述社区应急管理的内涵和特点。
2. 社会组织理论的主要内容是什么？
3. 社区应急管理从被动走向主动经历了哪几个过程？
4. 社区应急管理的变迁经历了哪几个阶段？

2

第二章

社区应急管理内容

学习目标

1. 掌握社区突发事件的概念、特点及分类。
2. 了解四类社区突发事件的基本概念。
3. 了解四类社区突发事件分类分级管理内容。
4. 掌握四类社区突发事件的特征、危害。

案例引入

邻里纠纷就近解，化解矛盾在基层

近日，盘龙区金辰街道任旗营社区北辰小区一住户发生家庭液化气事故，造成了该单元其他 6 户住户的窗台、玻璃、外墙面、车辆等财物损失。任旗营社区书记刘河祥按照网格化管理工作要求，第一时间到达现场，在全面了解情况后，迅速对接相关住户，找准焦点，把握了矛盾化解在基层的主动权。

通过几天的“背对背”调解，把该单元几户人家邀请到任旗营社区调解室，针对各住户的诉求耐心进行调解。在绝大多数住户达成共识后，又用了近 3 小时，对争议最大、受损最严重住户提出的 3.2 万元的赔偿诉求进行进一步的调整，双方最后以赔偿 0.6 万元达成共识，确认签字。达成协议后，迅速更换受损的玻璃、修复损坏的汽车漆、复原熏黑的墙面，并清扫和修补了道路和绿化带……几天时间，小区干净整洁的环境又回来了，且没有一户因受损发生上访事件。

（文献来源　王琼梅：《盘龙区任旗营社区通过调解快速化解一起突发事件纠纷》，载于人民资讯 2021 年 8 月 8 日，https://baijiahao.baidu.com/s?id=1707532002149584884&wfr=spider&for=pc。收入本书时有改动）

■ 第一节　社区突发事件概述

各种自然现象与人类活动都可能对社区居民的生命健康和财产造成直接或间接威胁，影响社区的稳定发展。传统风险和新兴风险交织，在这一背景下，对社区突发事件进行深入全面的研究具有重要的现实意义。

一、社区突发事件的概念

突发事件主要由暴发的突然性、发生的必然性、发展的不可预测性、后果的严重性、处理的紧急性等基本要素构成。根据突发事件的发生过程、性质和机理，《中华人民共和国突发事件应对法》(简称《突发事件应对法》)将突发事件分为自然灾害、事故灾难、公共卫生事件以及社会安全事件等四类。突发事件一般具有突发性、信息高度缺失性、破坏性以及蔓延性等特征。按照性质、严重程度等因素，这四类突发事件可分为特别重大(Ⅰ级)、重大(Ⅱ级)、较大(Ⅲ级)和一般(Ⅳ级)四个等级，依次用红色、橙色、黄色和蓝色表示。

社区突发事件是突发事件的细化表现形式，是发生在社区内的突发事件，具体指发生在由生活上相互关联的若干社会群体组成的大集体领域内、具有一定边界和范围的突发事件。社区突发事件和突发事件一样具有突然性、危害性等特点，但也具有其独有的地域特点。由于不同地区存在气候、文化等差异，社区可能面临的突发事件也存在一定差异。例如，我国长江中下游属于亚热带季风气候，且受台风与地形影响，是暴雨频发和暴雨强度最大的区域之一，也是洪涝灾害多发区域，周边社区更易受水涝等自然灾害影响。西北地区深居内陆，四周远离海洋，湿润的海洋气流难以到达，其周边社区最容易受到干旱灾害影响。

面对社区突发事件，社区能够有计划、有组织、有针对性地采取一系列的应对措施以有效地预防、处理和消除危机颇为关键。应当说社区应对与处置突发事件的能力，是整个社会应急管理不可或缺的一部分。有效提升社区应对突发事件的能力，有助于社区配合并协助政府实现突发事件的有效治理，更有利于筑牢基层应急的第一道防线，有利于保护居民的生命健康安全。

二、社区突发事件的特点

（一）破坏性

破坏性是社区突发事件最本质的特征，主要是指突发事件来临时对社区居民造成的负面影响。不论什么类型的突发事件，也不管多大规模，都会或多或少对社区的稳定运行造成一定的破坏和威胁。这种破坏性不仅体现在自然生态领域，也体现为会对社区居民的生活环境造成影响，扰乱社区正常的运行秩序，催生社区居民焦躁、不安和恐慌的情绪。这些影响有的会伴随着突发事件的最终处置而减弱甚至消除，有些破坏性则会产生长期的影响，持续几年、几十年，甚至数百年不等。

（二）紧迫性

突发事件的发生通常具有时间紧迫的特点。突发事件的破坏性一旦随着事情的暴发被迅速释放，其蔓延速度及态势也难以缓解。因此，有关部门必须把握住突发事件的紧迫性，针对其做出迅速、有效的应急反应。如果事件不能得到及时的控制，危机将会扩散至社区外更大的范围，引发大规模的公共危机，从而造成更大的损失。

（三）复杂性

社区突发事件往往是一果多因、环环相扣的。复杂性主要体现在社区突发事件的产生原因和造成结果两方面，其产生原因通常与社区居民的经济、日常生活、社会交往和心理状态等因素密切相关。比如，由于社区拆迁合并引起的产权纠纷、拆迁补偿争议，或社区治安状况差而引起的群众恐慌等。社区突发事件造成的结果是多样的，而现代社会对其的控制能力远远不足，难以完全排除风险。

（四）不确定性

社区突发事件的不确定性主要表现在两方面：一是发生状态的不确定。突发事件暴发的具体时间、态势、规模和影响程度等往往难以预测，即使通过技术手段与经验知识能够减少某些自然灾害发生的可能性与危害，但仍无法确定其发生状态。二是事态变化的不确定。社区突发事件发生后，因面临着信息不充分、时间紧迫等困境,社区往往被迫采取非程序化决策的方式。社区对事态发展态势的判断、应对行动以及新闻报道都会影响事态发展。

（五）衍生性

社会进步与科技发展使得事物间的相互依赖性更为凸显,也造成社区突发事件的影响并不局限于事件本身,具有连锁效应,即衍生性特征。衍生性指社区原生突发事件发生引致其他类突发事件的发生。这种衍生性突发事件包括两种情况:一是衍生突发事件的危害程度、影响范围低于社区原生突发事件,此时社区的工作重心仍放在对原生突发事件的处置上,应急管理工作的主要对象没有改变;二是衍生突发事件的危害程度、影响范围超过了社区原生突发事件,应急管理工作的主要对象发生了转移,需要重新调整社区工作的重心。

三、社区突发事件的分类

（一）以确定性为标准的分类

根据突发事件的复杂性、不确定性等特点,可将突发事件分为“常规突发事件”“非常规突发事件”“复杂突发事件”三类。社区突发事件可以参考此标准,分为以上三个类型。其中,“常规突发事件”是指发生概率较高、可预测性强、处置比较简单、可采用常规手段予以应对的突发事件;“非常规突发事件”是指在规模性、复杂性、不确定性等方面超出人们预料的突发事件;“复杂突发事件”是指具有不可知的不确定性、风险识别几乎不可能、时空边界无法确定、特征不能被量化且与人们认知非常不一致的突发事件。这种分类的最大问题就是“复杂突发事件”与“非常规突发事件”之间的关系难以厘清。“非常规突发事件”的关键在于“出乎人的预料”,即人们可以预料但事实却没有预料,而“复杂突发事件”重点强调“不可知”,这与人们臆想出来的事物或从没有发生过的现象相关。这两类突发事件在更为细致的划分上的区别就在于人们对于突发事件的主观预料程度不同①。

① 杨正鸣,苗伟明.突发事件应急处置前沿问题研究[M].上海:上海人民出版社,2015.

（二）以成因性质为标准的分类

按照突发事件的成因和性质，社区突发事件可以分为自然灾害、事故灾难、公共卫生事件和社会安全事件等四种类型。四类社区突发事件在致因、过程与结果上存在各自的特点。这种分类便于社区在应急管理实践中进行组织设计与分类管理。社区自然灾害主要包括气象灾害、地质灾害和生物灾害三大类，不同社区自然灾害的发生类型和频率在地域上具有明显的差异。例如，我国西部地区，特别是西南诸省区由于地壳活动强烈、地形切割陡峻、岩土体支离破碎及降水量和强度较大等原因，崩塌、滑坡和泥石流等自然灾害频发。社区事故灾难主要包括交通事故、火灾事故和水电气网大面积中断事故等。社区公共卫生事件主要包括各类传染病疫情、食物中毒等影响民众健康和生命安全的事件。社区社会安全事件主要包括群体性事件、盗窃抢劫事件和恶意报复社会事件等。

对社区突发事件进行类型划分，是科学、有效、及时应对和处置不同社区突发事件的基础，不仅有助于厘清且丰富社区突发事件的内涵和外延并显现其特殊性，还有助于把各种社区突发事件予以有序化，形成一个科学的类型体系。不同类型的突发事件在性质、产生原因和可能造成的社会危害等方面都具有显著差异性，这就要求我们必须根据突发事件的不同特质，采取针对性、差异性的应急处置措施。例如，针对自然灾害的处置应以国家救助性和保护性措施为主，强制性、限制性措施为辅，社会安全事件的处置措施则应以国家强制性、限制性措施为主。因此，科学分类社区突发事件，不仅可以为预防、预警不同类型突发事件提供线索，还有助于为社区突发事件应急处置提出更具针对性的思路和建议，从而使提出的应急处置建议更具现实性、可行性和有效性。

第二节　社区自然灾害

一、社区自然灾害的概念

社区自然灾害属于“灾害—自然灾害”大类，是灾害学研究中的一个基本概念。在探讨社区自然灾害前，应先讨论灾害和自然灾害的概念。灾害自古以来就与人类的生产生活共存，它不仅损毁人们赖以生存的资源与环境、破坏人类的生产活动，甚至还危害人类的健康及生命。尽管灾害现象存在已久，但其定义并没有统一的说法。迄今为止，大量灾害研究阐述的是某一灾害事件、某个区域一定时期灾害的状况，对于灾害的范畴仍无统一界定（表 2-1）。

表 2-1　国际上对灾害范畴的认识①

基本来源	主要观点
美国联邦应急管理局	自然灾害、技术事故和人为事件
灾害风险管理国际研究所	自然或人为造成的突然的事件
联合国人道主义事务部	对社会功能的严重扰乱，造成广泛的损失
联合国国际减灾战略	对社区或社会功能的严重扰乱，造成广泛的损失
美国国会图书馆	失去控制的紧急事件
牛津词典	能造成生命重大损害或伤亡的自然事件，例如地震等
韦氏词典	突然带来的巨大伤害、损失和破坏的灾害性事件
维基百科	不可预料的自然或人为灾难，严重财产损害或破坏、生命损失事件，有时是对自然环境的永久性破坏

灾害是指在自然力量和人为力量的双重不良影响下，人类生存环境发生突变，危及、损害甚至毁灭人类生命、社会系统和自然系统的恶性突发事件。该定义包含了灾害发生的背景、机制和后果，指明了灾害具有的自然属性和社会属性，但对灾害的概括并不全面。因此，要从狭义和广义两个角度对灾害进行重新定义。从狭义角度讲，灾害经常被理解为给人们造成生命、财产损失的一种自然事件，而且多属突发。从广义角度讲，一切对人类繁衍生息的生态环境、物质和精神文明建设与发展，尤其是生命财产等造成或带来较大（甚至灭绝性的）危害的自然的和社会的事件均可称为灾害②。

① 于良巨，马万栋. 自然灾害内涵及辨析[J]. 灾害学，2015，30(4)：12-16.
② 马宗晋. 灾害学导论[M]. 长沙：湖南人民出版社，1998.

自然灾害作为灾害学中最基本的概念之一，可从不同学科背景或不同研究视角进行不同的解读。整体来看，自然灾害是自然原因（自然现象的突变）或人为原因（包括人为过失破坏和人为故意破坏）导致自然环境恶化而给人类的生命、财产及其赖以生存的资源和环境造成威胁和损坏的事件。地球上我们身处的自然环境无时无刻不在发生着变化，引发自然灾害的自然现象变异包括：大气圈变异，引发气象灾害、洪涝灾害；水圈变异，引发海洋灾害、海岸带灾害；生物圈变异，产生农林病害、虫害、鼠害；等等。自然灾害在地球圈层的分布，见表 2-2。

表 2-2　自然灾害在地球圈层的分布

灾害发生圈层	主要灾害
大气圈、陆地表层及生物圈	雨、雪、雹、风、热、冷冻、雷电、沙尘暴等气象灾害
	干旱灾害、洪涝灾害
	农业种植养殖业病害、虫害、草害、鼠害；森林火灾；生物变异、外来有害生物入侵等农业和生物灾害
海洋（水圈）	风暴潮、灾害性海浪、海水、海啸、赤潮等海洋灾害
地壳浅层	山洪、滑坡、泥石流、地面沉陷等地质灾害
地壳深层	地震、火山（地壳深层至地幔）灾害

社区自然灾害是自然灾害的类型之一，“社区”一词限定了自然灾害的发生范围。社区自然灾害是指发生在社区范围内的，由于自然原因或人为原因造成的自然环境恶化而给社区居民生命、财产及其赖以生存的资源和社区环境造成威胁、损坏的事件。与广义上的自然灾害相比，社区自然灾害的发生范围更为具体，而且种类也有所减少，例如“海洋灾害”在大多数社区中是很不常见的，因此本书不再对其进行单独的详细叙述。需要注意的是，随着人类对自然环境干预程度的加深，人类赖以生存的自然界更是不断变化，人与自然的关系也在不断改变。近年来，自然灾害的频发正体现了这种影响。

二、社区自然灾害的分类与分级

（一）社区自然灾害的分类

1. 按成因性质进行分类

（1）地质灾害。地质灾害指由于地震或强烈物质迁移，或由于长期累积发生地质变化，对社区居民生命财产和生态环境造成损害的自然灾害。地质灾害包含突发性地质灾害和缓发性地质灾害两类。突发性地质灾害发生速度快，在瞬间或短时间内即能发生，而且易造成较为严重的生命财产损失，包括地震、滑坡、泥石流、地面塌陷等。缓发性地质灾害的发生过程具有长时间渐变的特点，会造成环境破坏和资源流失，包括地面沉降、地裂缝以及具有广大土地面积的农村社区可能会发生的水土流失、土地沙漠化等。我国地质灾害种类多、分布广、频次高、强度大、灾情严重，是世界上受地质灾害影响较严重的国家之一，每年因地质灾害造成的直接经济损失占自然灾害总损失的20%以上。

（2）气象灾害。根据《自然灾害分类与代码：GB/T 28921—2012》，气象灾害指由于气象要素的数量或强度、时空分布及要素组合的异常，对社区居民生命财产生产生活和生态环境等造成损害的自然灾害，主要包括干旱、洪涝、暴雨、寒潮、风灾、雹灾、暴风雪、龙卷风、雷暴等。气象灾害具有种类多、范围广、频率高、持续时间长、群发性突出、连锁反应显著等特点。近年来，全球变暖程度的加剧也使得气象灾害更为频繁，气象灾害已成为对社区居民生命财产影响最大的灾种。我国是世界上自然灾害最为严重的国家之一，洪涝、台风、暴雨等灾害几乎每年都危及社区居民的生命财产安全。

（3）生物灾害。社区生物灾害主要指发生在农村社区的农业生物灾害，主要包括外来生物物种入侵对农作物、林木、养殖动物及设施造成的自然灾害，如农业病菌、虫害、鼠害等。这些有害生物在一定条件下大量流行，使农作物大面积变质、减产甚至绝收。我国是世界上农作物病、虫、草、鼠等生物灾害发生较为严重的国家之一。进入21世纪，我国农业生物灾害频繁暴发，这已成为事关国家粮食安全、生态安全、经济安全、公共安全和社会稳定的重大问题之一。

2. 按成灾过程进行分类

(1) 社区突发性自然灾害。突发性自然灾害是指当致灾因素的变化超过一定强度时,就会在短短的几天、几个小时甚至几分钟、几秒钟内形成灾害灾难,如地震、洪涝、沙尘暴、冰雹、台风、山体或地面崩塌等。突发性自然灾害具有显著的突发性、破坏性和复杂性等特点。

(2) 社区缓发性自然灾害。缓发性自然灾害是在致灾因素长期发展的情况下,逐渐显现成灾的。例如,部分农村社区农作物种植可能会面临的干旱灾害、病、虫、鼠害等。该类灾害通常要经过较长时间的发展,所以被称为缓发性灾害,其特点在于发生缓慢,逐渐成灾,影响广泛,持续时间长,具有隐蔽性,如不及时防治,同样会造成严重损失。例如,2006 年重庆发生百年一遇旱灾,伏旱日数普遍在 53 天以上,12 区县超过 58 天,直接经济损失 71.55 亿元,农作物受旱面积 1 979.34 万亩,815 万人饮水困难。[①]

3. 按发生时间进行分类

许多社区自然灾害,尤其是级别高、破坏程度大的自然灾害易诱发一系列的其他灾害接连发生,这种现象叫灾害链。根据社区自然灾害发生的时间顺序,可以将其分为三类。

(1) 原生灾害。灾害链中最早发生的、起作用的灾害称为原生灾害,又称始发或原发灾害和直接灾害。例如地震灾害突然发生,直接造成社区人员伤亡和经济损失。

(2) 次生灾害。由原生灾害所诱发的灾害称为次生灾害。例如,火山或地震爆发后引发的火灾,次生灾害多发生在气象灾害与地质灾害领域,具有隐蔽、突发的特点,危害性大。

(3) 衍生灾害。自然灾害不仅会破坏社区居民生存的和谐环境,还会衍生出一系列其他灾害。衍生灾害是指原生灾害和次生灾害所衍生的较为间接的灾害。例如,洪涝灾害发生后对人们生存环境的影响以及对社会经济发展造成的间接损失。

---

① 百年大旱袭击西南五省市[EB/OL].(2010-04-16)[2021-08-10]. http://news.cntv.cn/special/dahan/shouye/index.shtml.

（二）社区常见自然灾害分级

1. 地质灾害

(1) 特别重大地质灾害包括:① 因山体崩塌、滑坡、泥石流、地面塌陷、地裂缝等灾害造成30人以上死亡,或直接经济损失1 000万元以上的地质灾害;② 受地质灾害威胁,需转移人数在1 000人以上,或潜在可能造成的经济损失在1亿元以上的地质灾害;③ 因地质灾害造成大江大河支流被阻断,严重影响群众生命财产安全的地质灾害。

(2) 重大地质灾害包括:① 因山体崩塌、滑坡、泥石流、地面塌陷、地裂缝等灾害造成10人以上、30人以下死亡,或因灾害造成直接经济损失500万元以上、1 000万元以下的地质灾害;② 受地质灾害威胁,需转移人数在500人以上、1 000人以下,或潜在经济损失5 000万元以上、1亿元以下的地质灾害;③ 造成铁路繁忙干线、国家高速公路网线路、民航和航道中断,或严重威胁群众生命财产安全、有重大社会影响的地质灾害。

2. 气象灾害

(1)特别重大气象灾害包括:① 特大暴雨、大雪、龙卷风、沙尘暴、台风等极端天气气候事件影响重要城市和50平方千米以上较大区域,造成30人以上死亡,或5 000万元以上经济损失的气象灾害;② 1个或多个省(自治区、直辖市)范围内将出现极端天气气候事件或极强灾害性天气过程,并会造成特大人员伤亡和巨大经济损失的气象灾害;③ 在其他国家和地区发生的可能对我国经济社会产生重大影响的极端天气气候事件。

(2) 重大气象灾害包括:① 暴雨、冰雹、龙卷风、大雪、寒潮、沙尘暴、大风和台风等造成10人以上、30人以下死亡,或1 000万元以上、5 000万元以下经济损失的气象灾害;② 对社会经济及群众生产、生活等造成严重影响的高温、热浪、干热风、干旱、大雾、低温冷冻、雷电、下击暴流、雪崩等气象灾害;③ 因各种气象原因,造成机场、港口、国家高速公路网连续封闭12小时以上的气象灾害。

3. 生物灾害

(1) 特别重大生物灾害包括:在2个以上省(自治区、直辖市)病虫鼠草等有害生物暴发流行，或新传入的有害生物在2个以上省（自治区、直辖市）内发生，或在1个省（自治区、直辖市）内2个以上市（地）发生，对农业和林业造成巨大危害的生物灾害。

（2）重大生物灾害包括：① 因蝗虫、稻飞虱、水稻螟虫、小麦条锈病、草原毛虫、松毛虫、杨树食叶害虫和蛀干类害虫等大面积成灾并造成严重经济损失的生物灾害；② 新传入的有害生物发生、流行，对农业和林业生产等造成严重威胁的生物灾害。

三、社区自然灾害的特征

（一）群发性和链发性

自然灾害的发生往往不是孤立的，尤其在某些时段上集中发生的自然灾害，容易引发一些相同或不同类型的灾害接踵而至或相伴发生，造成多种灾害共存的局面。一个社区内发生多种、多起重大自然灾害事件并造成重大损失的现象，称为社区自然灾害群发现象，这种现象常会对社区稳定发展造成严重影响。自然灾害的群发性与相关性即形成了灾害链。自然灾害链是指某自然灾害发生而诱发并再发一连串的其他自然灾害事件。根据成因关系，灾害链可分为因果链、同源链和互斥链。因果链是指后一个或几个灾害的发生是由前一个灾害诱发或转化造成的，例如洪灾之后容易引起瘟疫等。同源链是指由同一因素诱发产生的一系列灾害。互斥链是指一种灾害发生后使另一种灾害不再发生或消失的灾害链。

（二）突发性和缓发性

地球及其表面的物质和环境是以突发和缓慢变化两种方式交替进行的，自然灾害根据成灾过程可以分为突发性自然灾害和缓发性自然灾害两类，这也决定着社区自然灾害具有突发性与缓发性双重特征①。社区突发性自然灾害是由于地域圈层的能量积累到一定程度后突然释放的结果，具有强度大、历时短、爆发力强、成灾快和破坏严重等特点，但其影响范围相对较小，例如地震、暴雨、台风、滑坡和泥石流等突发自然灾害。缓发性自然

① 高芙蓉. 突发公共事件应急管理[M]. 北京：经济科学出版社，2014.

灾害则是逐步发展而产生的灾害，其危害程度逐渐加重，涉及范围通常较广，对生态环境的影响较大，但不会在瞬间摧毁建筑物造成社区人员伤亡等危机。

（三）普遍性与必然性

自然灾害具有普遍性和必然性的特点，普遍性表现在自然灾害发生的空间区域和时间跨度两方面。空间上的普遍性促使灾害发生呈现逐渐扩大的态势，时间上的普遍性则造成了无年无灾的现象，每年几乎都会发生不同种类与不同程度的自然灾害。这种普遍性的自然灾害分布并不均匀，例如有些社区人口范围虽不大，但发生的自然灾害频度与损失度占比却很大，受灾损失可能占据大部分时段等。同时，由自然灾变引发的灾害是一种与人类共存的、不可避免的自然现象。自然灾变与地球运动一样是一种客观运动现象，其发生是人们无法回避的客观现象。这种活动在人类社会出现以后，既危害着人类的生存与发展，造成严重的人员伤亡与财产损失，也制约着社会经济的发展。

（四）社会性和易损性

自然灾害是在自然事件与人类社会相互作用下发生发展的，阻碍和破坏人类社会正常秩序。自然灾害实际上是人类社会对自然生态因子和社会经济因子变异的一种价值判断与评价，而社区自然灾害的核心是社区及其居民因灾害遭受的伤害、破坏和损害。社会性和易损性是两个相关联的概念，反映了自然灾害对社区造成的潜在损失，涉及人们的生命健康安全、物质生存条件及生态环境等方面的损失。这些损失不仅是社区的损失，也是整个社会的损失。由于自然和社区交互作用的复杂性，我们可以把社区看作复杂性场域，把自然事件看作引起这一过程的外力，并在这一过程中造成社区秩序的混乱、功能暂时或局部的缺失以及财富和价值的损失。随着经济发展及科技进步，人类社会防灾减灾的物质基础和技术能力显著提升，但社区自然灾害的发生频率仍居高不下，灾害造成的危害程度也无下降趋势。因此，自然灾害的社会性与易损性仍然需要社会的广泛关注①。

---

① 郭跃.自然灾害的社会易损性及其影响因素研究[J].灾害学，2010，25(1)：84-88.

■ 第三节　社区事故灾难

社区事故灾难是由事故的发生直接导致的，是事故灾难的具体化表现。近年来，事故灾难的发生越来越常见，特别是火灾、爆炸、高楼坍塌等社区常见事故，严重危害居民生命安全，造成巨大经济损失。因此，学习社区事故灾难的相关理论知识，加强对社区事故灾难的应急管理具有重要的现实意义。

一、社区事故灾难的概念

事故，原泛指事情，后引申为意外发生的损失、变故、灾祸或不幸之事。现实中事故不但包括人为灾害，还包含自然灾害。现代灾害学认为，自然力引起的意外损失当属于自然灾害，人为灾害是指人们在生产、科研及其他社会活动中，由于人为因素引发物质危险因素，进而阻碍、破坏人们活动正常进行，并使国家、集体或个人在政治、经济及其他方面遭受损失的事件。因此，事故的含义应该是：在工程建设、科研、生产、交通运输等活动中发生的，违背人的主观意愿，能够造成人员伤亡、物质损毁的意外事件。这种事件有的可能是由于目前人力所不能全部预防和控制的原因所造成的，有的则是由于设计、管理、施工或操作时的失误所引起的。

事故灾难，是指具有灾难性后果的事故，即在人们生产、生活过程中发生的，直接由人的生产、生活活动引起的，违反人们意志的、迫使活动暂时或永久停止，并且造成大量的人员伤亡、经济损失或环境污染的意外事件。事故灾难包括民航、铁路等重大交通运输事故；建筑工程、公共场所和公共设施（设备）发生的重大安全事故；造成重大影响和损失的供水、供电、供油和供气等城市生命线事故等。引发事故灾难的原因主要有两个：一是主观原因。如果说自然灾害是天灾，那么事故灾难则是人祸。人祸是事故灾难发生的主观原因，也是主要原因。这里所说的主观原因是人的过失行为和心理素质不高造成的，主要体现在相关管理者、执行者和政府监管者等安全意识淡薄。二是客观原因。客观原因主要是指人们在安全工作方面投入不足、相关设施设备落后等客观原因导致安全隐患众多。

社区事故灾难是事故灾难的缩影，是社区居民生活中发生的，直接由人的生产生活引起并造成重大人身伤亡和经济损失的严重事故。社区事故灾难由于发生地的具体性，其所包含的事故类型与我们的日常生活息息相关。如果从事故的性质上来看，发生较多的有交通事故、火灾事故和公共场所意外事故等；从事故造成人员伤害的程度来看，有轻伤事故、重伤事故、死亡事故等；从事故发生的成因上看，有意外事故、责任事故等。

二、社区事故灾难的分类与分级

（一）社区事故灾难的分类

1. 交通事故

交通事故是指交通工具在运行中引起或发生人员伤亡、财产损失的事故。根据交通工具和发生地点的不同，交通事故可以分为道路交通事故、铁路交通事故、水上交通事故和航空事故等，而社区交通事故主要集中于道路交通事故。据世界卫生组织统计，全球每年约有 125 万人因道路交通事故死亡，受伤人数达 5 000 万，经济损失约为 5 180 亿美元，居所有交通事故之首①。社区是居民生活的密集区，在公路里程和汽车保有量持续增长的现状下，想要有效降低社区交通事故的伤亡人数面临着巨大的挑战。

2. 火灾事故

火灾事故是伴随人类社会历史最长，也是人类认识最早的一类事故。火灾事故是指燃烧中的火失去控制，造成人身损害和财产损失的事故。根据成因，火灾可以分为电气火灾、生活用火火灾、违章操作火灾、放火火灾、自燃火灾、雷电火灾及其他火灾等类型。火灾高发场所一般为人员密集场所，社区作为人类的主要生活区，人员十分集中，日常生活用火概率也相对其他区域较高，火灾隐患随处可见。

---

① 黄开勇，杨莉. 道路交通伤害的流行病学研究进展[J]. 中国慢性病预防与控制，2012，20(2)：217-220.

3. 公共场所意外事故

公共场所意外事故是指在公共场所发生的事故，这类事故往往参与人数较多、成员复杂、对社会冲击力大，直接危及公众的生命财产安全和社会的公共安全。在社区内，群体性踩踏事故、建筑物坍塌事故等是比较常见的公共场所意外事故。群体性踩踏事故也叫作“挤踏事故”，是指在社区周边人员密集、人流量大的场所中，因现场秩序混乱无法控制而发生拥挤，导致出现大量群众被挤伤、踩踏致死或窒息而亡的事故。建筑物坍塌事故是由于建筑设计、建设技术失误所导致的事故，因此居民住宅区的建筑安全问题不容小觑。

4. 水电气网大面积中断事故

水电气网大面积中断事故与自然灾害有密切的联系，此类事故是与社区居民生活紧密相关且具有重大影响的事故之一。当洪涝、地震等较严重的自然灾害来临时，社区水电气网就面临着巨大的挑战。电冰箱、微波炉、电热壶……无一不需要电力，甚至燃气灶也离不开电力。失去了电力，就意味着失去了生活必需品。没有电视网络，就等同于丧失了信息来源。事实上，水电气网中断对于社区居民最大的伤害并非源于物质，而是源于恐惧，源于不知道灾难会持续多久，不知道灾难背后意味着什么。

（二）社区事故灾难的分级

2007 年国务院颁布《生产安全事故报告和调查处理条例》。该条例根据事故造成的人员伤亡或者直接经济损失，将事故分为以下四个等级。

(1) 特别重大事故，指造成 30 人以上死亡，或者 100 人以上重伤（包括急性工业中毒，下同），或者 1 亿元以上直接经济损失的事故。

(2) 重大事故，指造成 10 人以上 30 人以下死亡，或者 50 人以上 100 人以下重伤或者 5 000 万元以上 1 亿元以下直接经济损失的事故。

(3) 较大事故，指造成 3 人以上 10 人以下死亡，或者 10 人以上 50 人以下重伤，或者 1 000 万元以上 5 000 万元以下直接经济损失的事故。

(4) 一般事故，指造成 3 人以下死亡，或者 10 人以下重伤，或者 1 000 万元以下直接经济损失的事故。

三、社区事故灾难的特征

（一）因果性

事故灾难的起因是它和其他事物相联系的一种表现形式，是相互联系的各种不安全因素或潜在危险因素相互作用的结果。社区中存在着诸多危险因素，包括人的因素和物的因素。人的因素是指人的不安全行为和管理缺陷，物的因素是指物本身存在的不安全因素以及环境存在的不安全条件等。这些因素通常被称为安全隐患，社区事故是安全隐患在一定的时间和地点相互作用产生的结果。事故灾难的因果性是事故灾难必然性的反映，这一关系看上去是“因”的现象，实则是“果”的出现。同时，这一因果关系通常具有承接关系，第一阶段的结果往往是第二阶段的原因。

（二）破坏性

社区事故灾难的发生会给社区带来严重危害，这种危害的受害主体往往是多元的。从人的角度来看，一方面社区事故灾难的发生往往会伴随着社区居民的伤亡事件，同时也会对居民心理造成很大的创伤；另一方面社区事故灾难会对居民个人财产造成损失。从物的角度看，社区设施设备等的损耗是灾难发生时难以避免的结果。因此，事故灾难的发生会对社区产生一定的破坏性，这也是突发事件具有的普遍共性。

（三）随机性

社区事故灾难是指某种客观存在的安全隐患在时间的推移中产生某些意外情况，显现出的一种难以预知的现象。这种安全隐患向社区事故灾难的转化具有很强的随机性，在一定条件下可能发生也可能不发生，但一旦发生往往来势凶猛。事故灾难的随机性是客观存在的，不会因为人们了解事故的原因就不发生，这也决定了人们不可能掌握所有事故的发展规律，也不可能杜绝所有事故的发生。尽管如此，在一定范畴内，采用一定的科学理论、使用一定的科学仪器或手段，可以找出近似事故发生的规律，可从外部和表面上的联系探寻内部具有决定性的事故原因，从随机性中找出必然性，准确认识事故灾难发生的规律，从去除危险源入手，把事故发生的苗头扼杀于萌芽状态，将不安全因素转变为安全因素，化险为夷。

（四）潜伏性

社区事故隐患往往是隐匿而潜藏的存在，尚未发生或未造成损失之前，一切都处于“正常平静”的状态之中，但这并不等同于事故一定不会发生。如果事故隐患或潜在危险因素确实存在，却又没有受到重视并进行整改，一旦发生条件成熟就会让安全隐患显形而酿成事故。事故的潜伏性说明一个重要的问题：事故具有一定的预兆性，因为潜伏的事故（事故隐患）已经存在了，在等待一定的时机或条件暴发，在这“等待”的过程中就有可能发出一种预兆。事实上，事故在发生之前都是有预兆信息的，只是这些预兆有些是长时间的，而有些是一瞬而过的，但无论哪种情况，人们很少会察觉到这些事故来临前的预兆①。

■ 第四节　社区公共卫生事件

社区公共卫生事件不仅严重地威胁着居民的健康与生命安全，而且对社区乃至整个社会的政治、经济等产生严重的不良后果。例如，新冠肺炎疫情就是一次严重的公共卫生事件，引起了世界各地社区的高度重视。预防和控制社区公共卫生事件，加强相关应对研究，建立快速、准确、有效的应对机制，是全社会共同的责任。

一、社区公共卫生事件的概念

目前引用最多、影响最广的有关公共卫生的定义是美国学者温斯洛提出的。他提出，公共卫生是通过有组织的社区行动，改善环境卫生条件，控制传染病的流行，教育每个人养成良好的卫生习惯，组织医护人员对疾病进行早期诊断和预防性治疗，健全社会体系以保证社区中的每个人都享有维持健康的足够生活水准，实现预防疾病、延长寿命、促进机体健康的科学和艺术。1952 年，联合国世界卫生组织（WHO）采纳并使用这一定义。1995

① 于殿宝，唐紫荣. 事故学概论：事故研究与应急管理[M]. 北京：煤炭工业出版社，2011：28.

年美国医学会提出:公共卫生是履行社会责任,以确保提供给居民维护健康的条件。这些条件包括生产、生活环境、生活行为方式和医疗卫生服务。该定义侧重于影响居民健康的各种环境,明确了公共卫生领域的宽广范围及其与社会、经济、政治和医疗服务不可分割的关系。2003 年,时任国务院副总理吴仪在全国卫生工作会议上提出了公共卫生的新定义:公共卫生是指组织社会共同努力,改善环境卫生条件,预防控制传染病和其他疾病流行,培养良好卫生习惯和文明生活方式,提供医疗卫生服务,达到预防疾病、促进健康的目的。

公共卫生事件是指突然发生的,由自然、社会或人为因素引起的,造成或者可能造成社会公众健康严重损害的,需要立即采取预防控制措施的事件。从广义上说,只要公共卫生在突发事件中成为潜在的或现实的威胁或问题时,都可以将这类突发事件看作公共卫生事件。从狭义上说,只有当公共卫生问题是导致该突发事件的主要原因时,才能把该突发事件称之为公共卫生事件。《国际卫生条例(2005)》所定义的国际关注的公共卫生事件包括:① 通过疾病的国际传播构成对其他国家的公共卫生危害,其中"公共卫生危害"是指具有损及人群健康可能性的事件,特别是可在国际上传播或构成严重和直接危险的事件;② 可能需要采取协调一致的国际应对措施。2003 年,我国颁布的《突发公共卫生事件应急条例》明确规定:突发公共卫生事件是指突然发生,造成或者可能造成社会公众健康严重损害的重大传染病疫情,群体性不明原因疾病、重大食物和职业中毒以及其他严重影响公众健康的事件。

社区公共卫生事件是指发生在社区,需要社区着力去处理和解决的公共卫生事件。社区具有开放性的特点,居民的日常生产生活需要与外界进行交流,这是谁都无法控制的。不到万不得已,社区是不能封闭的。而且个体行为的发生具有不可控性,没有人能够实时掌控和准确预判某一个体的行动。由于社区的开放性和社区居民行为的不可控性,社区潜藏着各种隐患,公共卫生事件出现的概率较高。社区处于国家与社会的接点位置,是整个巨型应急体系的最末端,承担着动员民众和化解微型隐患的责任。因此,在应对社区公共卫生事件时,需要清晰界定社区职责,使其回归本位,共同建设同舟共济、守望相助的家园共同体。

二、社区公共卫生事件的分类与分级

（一）社区公共卫生事件的分类

1. 按事件表现形式分类

参照公共卫生事件分类标准，从事件表现形式角度可以将社区公共卫生事件分为两类：一类是在一定时间、一定范围、一定人群中，当病例数累计达到规定预警值时所形成的事件。例如：传染病、不明原因疾病、中毒（食物中毒、职业中毒）、预防接种反应等，以及县级以上卫生行政部门认定的其他突发公共卫生事件。另一类是在一定时间、一定范围，当环境危害因素达到规定预警值时形成的事件，病例为事后发生，也可能无病例。此类事件包括：传染病菌种、毒株丢失；病毒、生物、宿主相关事件；化学物泄漏事件及其他严重影响公众健康的事件（尚未出现病例或病例事后发生）。

2. 按事件的成因和性质分类

（1）重大传染病疫情，指传染病在集中的时间、地点发生，导致大量的传染病病人出现，其发病率远远超过平常的发病水平。这些传染病包括《中华人民共和国传染病防治法》规定的3类法定传染病；卫健委根据需要决定并公布列入乙类、丙类传染病的其他传染病；省、自治区、直辖市人民政府决定并公布的按照乙类、丙类传染病管理的其他传染病。

（2）群体性不明原因的疾病，指在一定时间内，某个相对集中的区域内同时或者相继出现多个共同临床表现患者，又暂时不能明确诊断的疾病。这种疾病可能是传染病，可能是群体性疾病，也可能是某种中毒。

（3）重大食物和职业中毒，指由于食物和职业的原因而发生的人数众多或者伤亡较重的中毒事件。

（4）新发传染性疾病，狭义上是指全球首次发现的传染病，广义上是指一个国家或地区新发生的、新变异的或新传入的传染病。新发传染性疾病的分类包括：第一类，早已存在并被认识，但未被认为是传染病，其病原体具有传染性；第二类，可能早已存在，但未被认识，近年才被人们发现和确认；第三类，新出现传染病。

（5）群体性预防接种反应和群体性药物反应，指在实施疾病预防控制时，现疫苗接种人群或预防服药人群的异常反应。这类反应原因较为复杂，可以是心因性的，也可以是其他异常反应。

（6）重大环境污染事故，指在化学品的生产、运输、储存、使用和废弃处理过程中，由于各种原因引起化学品从其包装容器、运送管道、生产和使用环节中泄漏，造成空气、水源和土壤等周围环境的污染，严重危害或影响公众健康的事件。

（7）自然灾害引发的突发公共卫生事件，例如地震、火山爆发、泥石流、台风、洪水等自然灾害的突然袭击会在顷刻间造成大量生命财产受损、生产停顿、物资短缺，灾民无家可归，进而产生种种社会问题。

（8）其他严重影响公众健康的事件，指针对不特定的社会群体，造成或可能造成社会公众健康严重损害，影响正常社会秩序的重大事件。

（二）公共卫生事件的分级

1. 按公共卫生事件分级

根据公共卫生事件的性质、危害程度和涉及范围，《国家突发公共卫生事件应急预案》将突发事件划分为特别重大（Ⅰ级）、重大（Ⅱ级）、较大（Ⅲ级）和一般（Ⅳ级）四级。

有下列情形之一的，为特别重大突发公共卫生事件（Ⅰ级）：

（1）肺鼠疫、肺炭疽在大、中城市发生并有扩散趋势，或肺鼠疫、肺炭疽疫情波及 2 个以上省份，并有进一步扩散趋势。

（2）发生传染性非典型肺炎、人感染高致病性禽流感病例，并有扩散趋势。

（3）涉及多个省份的群体性不明原因疾病，并有扩散趋势。

（4）发生新传染病或我国尚未发现的传染病发生或传入，并有扩散趋势，或发现我国已消灭的传染病重新流行。

（5）发生烈性病菌株、毒株和致病因子等丢失事件。

（6）周边以及与我国通航的国家和地区发生特大传染病疫情，并出现输入性病例，严重危及公共卫生安全的事件。

（7）国务院卫生行政部门认定的其他特别重大突发公共卫生事件。

有下列情形之一的，为重大突发公共卫生事件（Ⅱ级）：

(1) 在一个县(市)行政区域内,一个平均潜伏期内(6 天)发生 5 例以上肺鼠疫、肺炭疽病例,或者相关联的疫情波及 2 个以上县(市)。

(2) 发生传染性非典型肺炎、人感染高致病性禽流感疑似病例。

(3) 腺鼠疫发生流行,在一个市(地)行政区域内,一个平均潜伏期内多点连续发病 20 例以上,或流行范围波及 2 个以上市(地)。

(4) 霍乱在一个市(地)行政区域内流行,1 周内发病 30 例以上,或波及 2 个以上市(地),有扩散趋势。

(5) 乙类、丙类传染病波及 2 个以上县(市),1 周内发病水平超过前 5 年同期平均发病水平 2 倍以上。

(6) 我国尚未发现的传染病发生或传入,尚未造成扩散。

(7) 发生群体性不明原因疾病,扩散到县(市)以外的地区。

(8) 发生重大医源性感染事件。

(9) 预防接种或群体预防性服药出现人员死亡。

(10) 一次食物中毒人数超过 100 人并出现死亡病例,或出现 10 例以上死亡病例。

(11) 一次发生急性职业中毒 50 人以上,或死亡 5 人以上。

(12) 境内外隐匿运输、邮寄烈性生物病原体、生物毒素造成我境内人员感染或死亡的。

(13) 省级以上人民政府卫生行政部门认定的其他重大突发公共卫生事件。

有下列情形之一的,为较大突发公共卫生事件(Ⅲ级):

(1) 发生肺鼠疫、肺炭疽病例,一个平均潜伏期内病例数未超过 5 例,流行范围在一个县(市)行政区域内。

(2) 腺鼠疫发生流行,在一个县(市)行政区域内,一个平均潜伏期内连续发病 10 例以上,或波及 2 个以上县(市)。

(3) 霍乱在一个县(市)行政区域内发生,一周内发病 10~29 例,或波及 2 个以上县(市),或市(地)级以上城市的市区首次发生。

(4) 一周内在一个县(市)行政区域内,乙类、丙类传染病发病水平超过前 5 年同期平均发病水平 1 倍以上。

(5) 一个县(市)行政区域内发现群体性不明原因疾病。

(6) 一次食物中毒人数超过100人，或出现死亡病例。

(7) 预防接种或群体预防性服药出现群体心因性反应或不良反应。

(8) 一次发生急性职业中毒10～49人，或死亡4人以下。

(9) 市(地)级以上人民政府卫生行政部门认定的其他较大突发公共卫生事件。

有下列情形之一的，为一般突发公共卫生事件(Ⅳ级)：

(1) 肺鼠疫在一个县(市)行政区域内发生，一个平均潜伏期内病例数未超过10例。

(2) 霍乱在一个县(市)行政区域内，一周内发病9例以下。

(3) 一次食物中毒人数30～99人，未出现死亡病例。

(4) 一次发生急性职业中毒9人以下，未出现死亡病例。

(5) 县级以上人民政府卫生行政部门认定的其他一般突发公共卫生事件。

2. 按卫生救援事件分级

《国家突发公共事件医疗卫生救援应急预案》根据突发公共事件①导致人员伤亡和健康危害情况，将医疗卫生救援事件分为特别重大事件(Ⅰ级)、重大事件(Ⅱ级)、较大事件(Ⅲ级)和一般事件(Ⅳ级)四级。

有下列情形之一的，为特别重大事件(Ⅰ级)：

(1) 一次事件出现特别重大人员伤亡，且危重人员多，或者核事故和突发放射事件、化学品泄漏事故导致大量人员伤亡，事件发生地省级人民政府或有关部门请求国家在医疗卫生救援工作上给予支持的突发公共事件。

(2) 跨省(区、市)的有特别严重人员伤亡的突发公共事件。

(3) 国务院及其有关部门确定的其他需要开展医疗卫生救援工作的特别重大突发公共事件。

有下列情形之一的，为重大事件(Ⅱ级)：

(1) 一次事件出现重大人员伤亡，其中，死亡和危重病例超过5例的突发公共事件。

---

① 突发公共事件，即《突发事件应对法》中所称“突发事件”。

(2) 跨市(地)的有严重人员伤亡的突发公共事件。

(3) 省级人民政府及其有关部门确定的其他需要开展医疗卫生救援工作的重大突发公共事件。

有下列情形之一的,为较大事件(Ⅲ级):

(1) 一次事件出现较大人员伤亡,其中,死亡和危重病例超过3例的突发公共事件。

(2) 市(地)级人民政府及其有关部门确定的其他需要开展医疗卫生救援工作的较大突发公共事件。

有下列情形之一的,为一般事件(Ⅳ级):

(1) 一次事件出现一定数量人员伤亡,其中,死亡和危重病例超过1例的突发公共卫生事件。

(2) 县级人民政府及其有关部门确定的其他需要开展医疗卫生救援工作的一般突发公共事件。

三、社区公共卫生事件的特征

(一) 随机性和因果多样性

由于突发、群体、严重危害等概念都是相对的、难以准确定性与定量,因此界定突发与非突发以及危害的严重性较为困难。社区公共卫生事件发生前,很难预测其发展程度、速度、趋势和结局,而事件发生后,可能会因认识水平、关注度等而未被列为公共卫生事件,使事件难以及时处置而进一步扩大。若监测、预警与应急处置不力,事件会继续恶化并造成更大的危害。社区公共卫生事件的随机性,给现场救援、控制和医学救治带来诸多不利。导致社区公共卫生事件发生的原因多种多样,包括传染病暴发、食品药品污染等人为灾难,环境破坏、地质和气象改变等自然灾害以及人类行为和心理损害等心理原因等。除此之外,不同致病因子和事件原因所导致的危害规模、范围和严重程度不一样。

(二) 紧迫性和影响广泛性

社区公共卫生事件往往发生突然,如果某个环节应对不当,可能导致事件恶化,造成受灾人群出现恐惧、焦虑、认知变化,可能引发社会危机或政治动荡。在事发社区，任何居民都可能受到危害或威胁，若不能及时采取有效措施进行干预和控制，影响范围和程度往往可能迅速扩大和升级。由于难以在突发事件发生前进行准确的预测、识别和确认，因而难以及时有效预防其发生、控制其发展。尤其是伴随着科学技术的迅速发展和城市化、工业化、现代化进程的加快，一旦发生社区公共卫生事件，影响范围会更加广泛，会对公众的心理和社会生活产生长期的负面影响。

（三）群发性和危害严重性

社区公共卫生事件往往同时波及许多人，甚至整个社区的工作或生活群体。社区公共卫生事件不仅会给公众的身心健康造成严重危害，还会波及经济、政治、社会安定。一般来讲，突发公共卫生事件涉及范围广、影响大，会对公众身体产生直接的、即时的损害，导致发病、死亡等，使公共卫生和医疗体系承受巨大压力，甚至医疗卫生体系本身也受到冲击。社区突发公共卫生事件可能引起居民的恐惧、焦虑，破坏社会、经济、生产、生活秩序，甚至危及国家安全。因此，突发社区公共卫生事件不仅是一个卫生领域的问题，更是一个社会问题。

■ 第五节　社区社会安全事件

社区社会安全事件属于突发事件的范畴，具有自然灾害、事故灾难和公共卫生事件等突发事件的共同特征，但其发生受人为因素影响较大，具有较强的主观性和可控性。社区社会安全事件一旦发生，会给人们的生命财产造成严重威胁，给社区整体安全环境带来危害。

一、社区社会安全事件的概念

社会安全概念最初见于布赞的《人、国家与恐惧》一书中，20 世纪 90 年代哥本哈根学派提出将其作为一个理论。哥本哈根学派之所以提出社会安全理论，是因为冷战后欧洲的安全形势发生巨大变化。随着苏联解体、欧洲一体化的急速发展与欧洲民族主义、排外主义的再度兴起，传统的军事安全和意识形态问题被其他形式的冲突——社会安全所取代。尤其是东欧地区发生的民族分离主义、种族冲突和清洗发人深省，社会安全理论应运而生。社会安全理论认为，社会安全的客体是社会而不是国家。由此，以军事安全议程为主的传统安全研究范式——国家中心主义范式开始转向社会安全范式。

我国现行法律条文对社会安全事件并无十分明确的界定，学界也一直没有达成共识。有学者认为社会安全事件是严重危害社会公共安全秩序的突发事件，也有学者认为社会安全事件的本质特征是源于某些社会问题，恐怖袭击事件、经济安全事件、涉外突发事件和群体性事件等统称为社会安全事件，还有学者认为社会安全事件对应自然灾害、事故灾难、公共卫生事件，同属于突发事件范畴[①]。西方社会冲突论者以韦伯关于财产、权力、威望的三维分层标准作为分析冲突成因的基础，提出社会资源的稀缺性及其分配的不公平性是引发社会冲突的最终根源，而社会安全事件正是这种社会冲突和社会矛盾的具体体现和外化。本书认为，社会安全事件是指在社会冲突不可调和的情况下，由于冲突的暂时激化而导致部分社会成员不可预料性的突发行为，在主观上违背普遍的社会认同，在客观上违背国家安全政策。

随着经济的发展和社会的进步，社区已成为现代社会的基本社会群众组织，社区的安全关系到千家万户和整个社会的安定繁荣。近年来，危害社区安全的事件和刑事案件发生率居高不下，严重影响和制约了社区秩序稳定和现代化建设进程。参考社会安全事件的定义，本书认为，社区社会安全事件是指发生在社区安全领域，由各种人为因素导致，危害社区安全和发展，需要由政府及相关部门采取应急措施予以处置的重大事件。随着时代的发展，社区社会安全事件会以诸多新颖的形式出现，这就要求社区要持续根据实际情况修正预案，保障社区安全，加快建设和谐社会。

① 周定平.关于社会安全事件认定的几点思考[J].中国人民公安大学学报(社会科学版),2008,24(5):121-124.

二、社区社会安全事件的分类

（一）群体性事件

群体性事件是指在短时间内由某些社会矛盾引发，有相当数量人员参与，采用围攻、静坐、游行、阻挠等方式，破坏公共财物、危害民众生命财产安全、扰乱公共秩序的事件，西方国家称之为“骚乱”。这类事件具有原因复杂、快速聚众、目标一致、形式违法、危害社会、极易恶化等特征。发生在社区内常见的群体性事件，主要表现在征地拆迁、用电用水、政府管理、劳资纠纷、环境污染、交通事故、医患纠纷、涉法诉讼等方面，而且呈现出一些新的发展趋势：数量增加，发生起数、参与人数、事件规模呈上升、扩大态势；事件类型多样化，涉及范围广泛；事件中参与行为激烈、暴力对抗的程度显著提升，组织性明显增强；无直接利益群体大量介入等。

（二）盗窃抢劫事件

盗窃是指以非法占有为目的，大量或多次盗窃公私财物、入户行窃、携带凶器行窃、扒窃公私财物的行为。抢劫是以非法占有为目的，对财物的所有人、保管人当场使用暴力、胁迫或其他方法，强行夺取公私财物的行为。社区是居民生活的主要聚集场所，也是盗窃抢劫事件的多发地，具体又可分为入室盗窃案、窃车案、扒窃案、抢劫案等。盗窃抢劫事件是恶性程度较高的案件，涉嫌盗窃罪和抢劫罪，应当数罪并罚，一般判处三年以上十年以下有期徒刑，并处罚金，具体看情节严重程度判定。

（三）恶意报复社会事件

恶意报复社会事件是个体为发泄内心的不满，向社会释放自己的负面情绪而产生的一种社会问题，严重威胁到他人的生命安全和社会稳定。报复社会事件的主体以个人为主，行为人因在生活中受到挫折或无法实现其利益诉求而对社会产生怨恨。为了发泄内心不满的情绪，他们通常会对不特定对象实施凶杀、爆炸、纵火、投毒等严重危害公共安全的行为。由于这类报复性行为所造成的社会危害范围较广，具有极强的突发性以及损失的未知性，对社会稳定和秩序造成了极大的影响。因此，由这些行为和其社会反应所反映出的，实际上是一种威胁到社会安全和公众安全的社会问题。

三、社区社会安全事件的特征

（一）引发因素的人为性

社区社会安全事件多由人为因素引发，主要表现在两个方面。一是人为故意或恶意直接导致社会安全事件。自然灾害、事故灾难以及公共卫生事件是由自然因素、人为因素及其相互作用的结果，而社会安全事件则是人为因素引发的。如果说事故灾难的人为因素是非故意的、失误或错误操作，公共卫生事件的人为因素是故意与非故意兼具，那么社会安全事件则侧重于故意。这里的故意既包括直接的故意，也包括间接的故意。二是人为处置不当导致其他突发事件衍生、次生的社会安全事件。此外，社会安全事件的引发因素还包括自然灾害、事故灾难、公共卫生事件衍生、次生的动乱、暴乱等社会安全事件的人为处置不当。这里的人为处置不当，既非故意更非恶意，而是因疏忽大意等因素引发的处置不当。

（二）发生领域的特定性

社区社会安全事件主要发生在社区公共安全领域，冲击的是人与人之间形成的社会关系，具有极度的扩张性。从事件发生性质来看，这些发生的领域主要有：涉及不特定人员生命、健康、财产安全的领域，涉及多数人的生命、健康、财产安全的领域，涉及重大公私财产安全的领域，涉及重大生产安全的领域，涉及公共生活安宁的领域，涉及重大公共利益安全的领域①。从事件发生地点来看，社区社会安全事件发生地为社区，与居民日常生活关系紧密。

（三）事件发生的预谋性

社会安全事件的发生并不像其他突发事件那样突如其来，它经历了一个行为人预谋、计划或者从量变到质变的过程。这一特性体现在以下几个方面：一是社会安全事件发生之前往往要经历一个缓慢而平静的积累过程，其急速爆发只是集中展现一个缓慢积累的结果；二是有些社会安全事件的发生是因为社会结构、经济结构、法律结构失衡，经历了一个从量变到质变

① 李永清. 如何应对重大突发事件：以深圳经验为例[M]. 北京：中央编译出版社，2011：77-78.

的过程;三是尽管对社会安全事件的受害者或对政府或公众来说,社会安全事件的发生始料未及,但对于引发者而言却并不意外。因此,社会安全事件表现出来的"出乎意料",主要是从防治者的角度出发的。对引发社会安全事件的主体而言,则经历了一个预谋、策划或从量变到质变的过程。

同步思考题

1. 论述社区突发事件的概念、特征及分类。
2. 简述四类社区突发事件的类别和概念。
3. 简述社区自然灾害的分类及特征。
4. 简述社区事故灾难的分类及特征。
5. 简述社区公共卫生事件的分类及特征。
6. 简述社区社会安全事件的分类及特征。

3

第三章

社区应急管理过程

学习目标

1. 了解国内外社区应急管理过程划分的模式。
2. 掌握社区应急管理过程各环节的工作内容和原则。
3. 理解社区应急管理过程中可能出现的问题及对策。
4. 了解政府组织、非政府组织在社区应急管理过程中的角色定位。

案例引入

社区战疫“五个到位”

近日,郑州高风险地区清零,北京中高风险地区清零,多地本土病例零新增。这些来之不易的“零”让人倍感振奋。

社区防控作为疫情防控的第一防线,对严控疫情的增量至关重要。在此轮疫情防控和应对传染性更强的变异毒株当中,我国的社区防控延续了之前的哪些经验?增加了哪些措施?日前,国务院联防联控机制召开新闻发布会,介绍社区防控有关情况。

“五个到位”,做到联防联控、群防群控

“总体上,社区防控就是一句话——把相关的措施落实落小落细,做到联防联控、群防群控。”国家卫健委基层司副司长高光明在新闻发布会上表示,在过去几轮疫情防控中,各地不断总结经验,形成了一套卓有成效的防控措施。

高光明介绍,社区防控总的经验可以概括为五个到位:组织动员到位、社区封控到位、综合服务到位、集中隔离规范到位、健康监测规范到位。

高光明分析,社区封控管理之后,居民有两大需求:民生保障和基本医疗卫生服务。各地努力做好小区封控后,要保障居民基本的生活物资不缺,困难群众不愁,水电气暖不停。同时,基层社区卫生服务机构充分发挥家庭医生熟悉签约居民、贴近居民社区的优势,为居民提供健康宣教服务,加强孕产妇、儿童、老年人和慢性病患者的健康服务,做到社区居民看病就医有渠道、有保障。

“集中隔离点隔离的是高风险人群,所以也是高风险的集中点。”高光明说，在集中隔离观察点启动之前，请专家专门验收，要确保集中隔离点建设符合“三区两通道”要求，严格实施单人单间独卫等硬隔离措施，做到人物同防，坚决防止交叉感染。

“新冠病毒的感染者有很多是无症状感染者，但是毕竟有一部分感染者会出现一些早期的症状。”高光明说，虽然最终确诊的标准是核酸检测，但是如果能通过规范的健康监测早一步发现潜在感染者，就会使我们在疫情防控当中掌握很大的先机。目前各地在不断积累经验，制定统一的健康监测表格来规范健康监测。

“以快打快”，与病毒变异株抢时间

“德尔塔变异株的特点是传播力强、传播速度快，所以我们的疫情防控措施就突出一个‘快’字。”高光明说，“我们要以快打快，提高各项防控措施的速度和效率，一定要在疫情扩散之前筑好社区防控墙。”

高光明指出，科学分区决策要快，要利用大数据进行精准流调，迅速甄别社会的风险点，迅速科学划分中高风险封闭管理区，不同区域采取不同的防控策略，尽可能把疫情在最快的时间里压缩在最小的区域里。基层预警反馈要快，比如医疗机构，我们强调预检分诊、强调首诊负责制，要及时甄别到医疗机构主动就医的人群当中的高风险人群。密接等高风险人群集中隔离要快，这方面各地都在不断提高速度，调集资源，加大高风险人群的集中隔离力度。各方联动信息传递要快，疫情当地要构建高效无缝衔接的信息系统，确保信息传递精准及时。

“核酸检测 10 人份混合在一起，如果是阳性，需要进行复核，要回溯这 10 个人，听起来很简单。”高光明说，当检测数量上百万时，要想从茫茫人海中捞出这 10 个人，实际上难度非常大，就必须要求有精准的、无缝衔接的、高效率的信息系统。“如果信息系统到位，可能这个问题要解决只是几分钟的问题，如果没有高效的可靠的信息系统，回溯这几个人肯定要用小时来计算，所以信息系统非常关键。”

科技支撑，严防针尖窟窿漏斗大的风

“自疫情到来，病毒就像水泼地一样，哪儿有问题，它一定从短板这儿漏过去，这就会造成针尖大的窟窿漏过斗大的风。”高光明指出，这就要求各地、各部门的干部群众都要时刻绷紧疫情防控这根弦，克服麻痹思想、侥幸心理、放松心态、厌战情绪，对防控漏洞要再排查，对防控的重点要再加强，对防控要求要再落实。

社区防控要讲究科学防控，科学防控要有科学手段作支撑。北京、沈阳、南京等地尝试使用 24 小时监测的体温贴，“新冠肺炎感染者体温始终保持高温这种情况不是普遍现象，在定点常规体温监测中，有时候抓不住潜在感染者体温升高。”高光明说，但如果通过 24 小时的智能健康体温贴，它一直在监测人的体温变化，每天只要达到 6 个小时，它就会抓住人的体温变化模式，通过大数据比对，就可以提早一天左右把潜在的高风险感染者识别出来。这对我们把控疫情的先导权非常有效。

“社区封控时，要求居民足不出户。但是一般的居民楼不可能进行无死角监控，原来大多通过教育、走访的形式来落实，效率不高。”高光明介绍，现在北京、南京等地采取了门磁报警，对双方都是监督。

“这样的经验值得各地互相学习推广，通过科技手段的不断使用，不断提高社区防控的工作水平，以应对现在德尔塔病毒传播的新形势。”高光明强调，疫情面前没有局外人，只有真正形成群防群控、联防联控的良好局面，我们的疫情防控才会高效，才会尽早结束各个地方的疫情。

（资料来源　美华：《社区战疫“五个到位”》，载《人民日报》(海外版)2021 年 8 月 27 日，http://paper. people. com. cn/rmrbhwb/html/2021-08/27/content_3065362. htm。收入本书时有改动）

■ 第一节　社区应急管理过程概述

突发事件的暴发往往都要经历潜伏期、形成期、相持期以及消退期。应急管理不只是局限于突发事件发生后的应急救援行动，而是贯穿于突发事件发生前、中、后的各个过程，是对突发事件全过程的动态管理。在实际工作中，社区应急管理一般包括预防、准备、响应和恢复等 4 个阶段，这些阶段往往没有明确的分界线，彼此相互关联构成了应急管理循环过程。

一、社区应急管理过程的含义

过程是指事情进行或事物发展所经过的程序，可以理解为阶段、流程。在社区应急管理活动中，过程有两种不同的解释。一种解释是从具体的管理活动本身出发，将管理看作一个由不同管理职能组成的循环过程，包括计划、组织、指挥、协调、控制等不同功能，是为了完成某一任务（或目标）而进行的一系列相互关联、前后有序的输入与输出活动的集合。从这个角度来看，社区应急管理过程是为实现社区安全的意图和目标，以社区为主要角色的应急管理主体所实施的与应对突发事件有关的持续的组织、指挥、协调、控制等一系列活动。

另一种较为常见的解释是应急管理过程是从突发事件发展阶段的角度，将应急管理活动视为由应对突发事件发生发展不同阶段的功能性活动构成的循环过程。普林斯提出，社会对灾难的反应可以按照多个阶段来进行描述。20 世纪 30 年代，卡尔第一次明确提出灾害发展演变阶段，认为每一场灾难在其发生之前都有一个准备期或孕育期，这是灾难的第一阶段，接下来是灾难实际发生时使社会秩序发生错位和混乱的阶段，第三个阶段是灾后的调整和重组阶段。从这个角度来看，社区应急管理过程实际上是基于突发事件发展的周期所采取的一系列阶段性应对措施的循环过程。

二、社区应急管理过程的划分

应急管理是一个由不同阶段构成的循环过程，但对于这个循环过程具体由哪些阶段组成，历来有不同的看法，有 4 阶段论、5 阶段论等。本书介绍了其中的一些较为典型的观点。

（一）4R 模式

4R 模式是由希斯提出的一个理论模式。该理论模式将危机管理分成缩减、预备、反应和恢复等四个阶段。希斯的 4R 模式，见图 3-1。

1. 缩减阶段

在缩减阶段，管理者主要承担确认危机来源、进行风险评估与风险管理、预防危机发生和降低危机冲击力的责任，旨在从源头打造抵御力。缩减是有效的危机管理中的核心内容，贯穿危机管理的所有环节。在预备阶段，运用缩减管理确定可能失效的预警系统，并及时修正；在反应阶段，缩减管理帮助管理者识别危机来源，找到应对危机的有力方法；在恢复阶段，缩减管理评估恢复计划的潜在风险，从而提高恢复生产的效果。

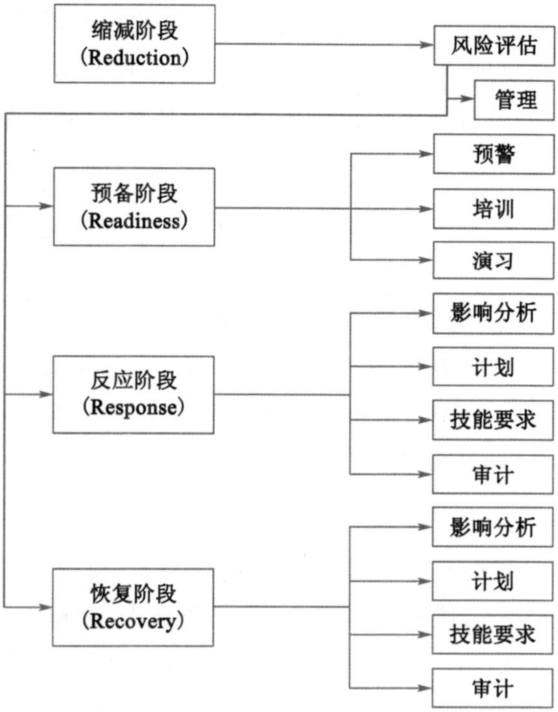

图 3-1　希斯的 4R 模式

2. 预备阶段

预备阶段主要是进行危机防范工作，通过建立监视和预警系统，针对特定环境的不良变化警示相关者做出快速反应。在危机发生前，组建危机管理团队，将危机演练融入日常经营中，通过培训与演练保证每一位员工都掌握一定的危机处理方法，危机当前能够从容应对。

3. 反应阶段

反应阶段强调危机爆发后管理者应以何种反应快速做出最佳决策，从而解决危机。反应阶段处于危机已经来临的阶段，管理者需要合理决策、主动作为，在短时间内遏制危机的发展，缩减危机的波及程度，防止事态进一步恶化。

4. 恢复阶段

在危机得到控制后，管理者应评估危机带来的冲击，制订恢复管理计划，使生产经营活动恢复到常态，同时着手后续形象的提升和恢复，总结危机管理工作，为今后的危机管理提供经验支持，进行必要探索，避免重蹈覆辙。

（二）PPRR 模式

PPRR 模式认为，以下四个阶段构成了危机管理的通用模式，即危机前的预防、危机前的准备、危机爆发期的应对和危机结束期的恢复。这四个阶段被称为 PPRR，即预防（Prevention）、准备（Preparation）、反应（Response）和恢复（Recovery）。美国联邦安全管理委员会将其修正为：缓和（Mitigation）、准备（Preparation）、反应（Response）、恢复（Recovery），故 PPRR 模式又称 MPRR 模式。

1. 预防

危机管理的最优解在于危机爆发前的预防，排除导致危机发生的各种可能性因素。在这一阶段控制潜在危机，花费最少，收益最大。预防危机包括以下两个步骤：第一，分析危机内外部环境，评估管理范围内的政治、经济、自然、社会等条件；第二，找出致灾因子，并尽可能提前解决。

2. 准备

危机发生后，需根据实际情况制订应急计划或选择合适的预案，预设危机的爆发方式、规模等，保障物资完备，建立危机预警机制。“凡事预则立，不预则废”，危机管理的关键在于预防。如果最终没有发生危机，就相当于做好了危机管理的全部工作。如果因为预防、预控工作而减轻危机带来的影响，那么就相当于做好了危机管理的一大半工作，后续的危机管理工作相对而言也会比较容易把控。因此，要加强危机前的准备工作。如果这一阶段的工作没有做好，容易导致原本局部性的、程度较轻的危机蔓延成为全局性的、难以把控的严重危机。

3. 反应

危机防不胜防，防患于未然易说难做。应急处置阶段是危机管理过程中最困难、最复杂的阶段，是在危机事件发生的紧急状态下进行的。在应急响应阶段，需要注意：首先，要遏制危机，平缓冲击。要求在极端困难的情况下为决策者提供准确且必要的信息，辅助决策者迅速找到危机要害，为遏制、缓解危机创造条件；其次，要注意隔绝危机，防止危机扩散、蔓延，保障损失最小化；再次，要加强媒体管理，防止谣言、虚假消息的传播与扩散等影响决策。在危机处理阶段，应急指挥体系、信息和通信系统、运输系统、媒体宣传系统等相关方面相互协调、优势互补十分重要，对于应急工作能否良性运作起决定性的作用。

4. 恢复

危机结束后，需要对受灾地区或群体的恢复与重建进行管理。恢复与重建不仅是平复危机中受灾区或群体所受到的物质损害，还要恢复受害群体的心理损失，尤其需要总结危机发生的原因和危机管理过程中出现的问题，弥补可能会发生危机的短板与漏洞，避免重蹈覆辙。

（三）米特罗夫和皮尔森的五阶段模式

美国学者米特罗夫和皮尔森提出五阶段的危机管理模式，即信号侦测、准备和预防、损害控制、恢复期、学习期等阶段。

1. 信号侦测期

危机的发生一般都存在早期的征兆，管理者可以通过经验或理论识别危机发生的警示信号，确定组织是否存在危机爆发的信号，并采取预防措施。

2. 准备和预防期

管理者要有危机意识，对可能发生的危机做好准备，探寻已知风险并尽力减少其潜在损害。

3. 损害控制期

危机发生后，组织必须尽力避免或减少危机给组织自身运作或组织外部环境带来的损失。

4. 恢复期

危机结束后，组织通过恢复管理，尽快让组织恢复过来，实现正常的运转活动。

5. 学习期

组织成员回顾与总结整个危机管理过程，提高日后的危机管理能力。

（四）奥古斯丁的六阶段模式

奥古斯丁将危机管理划分为六个阶段，并就不同的阶段提出了具体建议。

1. 危机的避免

危机的避免本质是防止危机的发生，预防则是控制潜在危机最经济、最便捷的方法。在这一阶段，组织管理者要注意和下级的信息沟通，共同努力将风险最小化。当组织不得不承担风险时，应遵循风险与收益相对称原则，并建立风险保障机制。当然，完全的预防大多可望而不可即。

2. 危机管理的准备

管理者往往忽视为可能发生的危机做准备，对此，管理者需要对危机做好制订行动计划、通信设备、实战演习等应急准备，以预防危机的袭击。同时危机管理的准备尤其需要注意细微之处，“千里之堤，溃于蚁穴”。

3. 危机的确认

在这一阶段中管理者根据多方收集的一些信号来判断或论证危机是否发生。一旦确认危机已经发生，组织应该尽快找出危机的源头，集中考虑内外部意见，必要时寻求专家帮助，为解决危机提供科学的思路。

4. 危机的控制

果断决策非常重要。当危机发生时，组织决策者必须要迅速做出反应，根据实际情况安排危机控制工作的优先次序，以最快的速度派高级负责人赶赴现场，尽可能地将危机的波及程度与危机导致的损失程度限制在最小的范围内。

5. 危机的解决

时不我待，在这一阶段，速度至关重要。管理层必须根据危机发生的原因，迅速采取对抗性、针对性强的对策，促使危机尽快、妥善解决。否则，可能使危机蔓延，加深其危害性。

6. 从危机中获利

这一阶段是对前五个阶段的总结与反思，找出对组织成长的有利成分，提供一个能够弥补部分损失和纠正错误的机会。

根据《突发事件应对法》，我国将应急管理过程划分成四个阶段：一是预防与应急准备，二是监测与预警，三是应急处置与救援，四是恢复与重建。以突发事件应急管理的全过程为主线，细化事前、事中、事后各阶段的应对方法。社区在开展应急管理活动时，除参照这四个阶段以外，还应重视反思与学习，具体管理过程见图 3-2。为了更好地研究我国社区应急管理工作，本章对上述五个过程分别进行阐述。

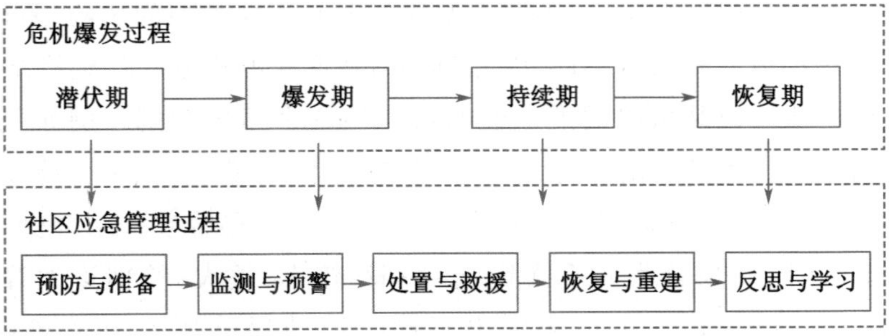

图 3-2　社区应急管理过程

■ 第二节　社区应急预防与准备

要战胜突发的公共危机问题，就要在安全隐患爆发之前做好充分的准备，避免在准备不充分的情况下被动挨打、造成损失、饱受伤害。在“关口前移，重心下移”的应急管理体系中，社区逐渐成为危机预防和应急管理的前沿阵地。预防和准备在社区应急管理过程中占据至关重要的地位，有效的预防和完善的应急准备工作可以减少甚至杜绝公共安全问题的发生。

一、社区应急预防

社区应急预防是通过政府领导和全社会动员，采取各种有效措施来消除隐患，降低风险，避免社区内发生公共安全问题，或在公共安全问题发生前做好充分的应急准备，防止（未来可能发生的）问题扩大和升级，尽量减少社区内公共安全问题发生所带来的损失。对此，应通过建立风险分级管控和隐患排查治理的双重预防机制来保障社区安全。

（一）风险分级管控

风险分级管控是指通过识别社区中的危险和有害因素，使用定性或定量的统计分析方法来确定风险程度，然后确定风险控制的优先次序和控制措施，以减少和杜绝社区安全事故、提高社区安全能力。预防的本质是管理风险，关键是建立风险意识。不同类型的问题有不同类型的风险，不同的风险问题产生的风险等级也不同，因此防范的强度和方式也有明显差异。

风险等级可以从风险的严重性及可能性两个角度辨别。例如，从概率角度可将风险发生的可能性分为罕见、很少发生、可能发生、很可能发生、几乎确定会发生等五级；根据事件发生后将产生的严重后果并结合受灾体的脆弱性，将风险后果分为几乎无影响、一般、较大、重大、特别重大等五级。将这两个维度相结合，可以辨别出不同类型的风险所具有的风险等级（表 3-1）。

表 3-1 风险等级划分

风险等级划分		严重性				
		几乎无影响	一般	较大	重大	特别重大
可能性	罕见	低	低	低	一般	较大
	很少发生	低	低	一般	较大	较大
	可能发生	低	一般	较大	较大	重大
	很可能发生	一般	较大	较大	重大	重大
	几乎确定会发生	较大	较大	重大	重大	重大

风险等级与预防和管控措施的力度成正比，风险等级越高，预防和管控力度越大。风险等级划分具体过程可以划分四步：一是调查风险点。组织社区力量，排查生活生产等场所和设施的风险点，重点排查易燃易爆、有毒有害生产经营场所，有限作业空间等设备、场所以及相关作业活动。二是识别风险因素。识别发现的风险点，明确可能的不安全行为、不安全状态、管理缺陷和环境影响因素。三是风险评估。识别风险因素，对风险点进行定性定量评价，根据分级标准确定风险等级。四是根据风险等级，对不同的风险采取不同力度的管控措施，对较大等级及以上的风险要制定专项预防和管控方案，并定期监督检查落实情况。

（二）隐患排查治理

隐患，就是潜在的危险，有可能发生的危险。隐患排查治理包含了隐患排查和隐患治理两项内容，前者全面查找社区内的潜在危险，后者是对查找出来的隐患采取针对性的治理措施，以达到消除危机提高安全的目的。隐患排查治理与风险管理有所不同，隐患主要来自风险管控失败或弱化，是风险管控失败或弱化后形成的缺陷或漏洞，因此隐患排查治理主要针对风险管控中的薄弱环节。隐患排查治理与风险管控之间存在着密切的关系。风险管控措施做得好，安全风险得到了有效控制，就会很少出现隐患，隐患排查治理的任务就会减少。

为提高预防效果，社区应定期组织综合检查、专业检查、季节性检查、节假日检查、日常检查等隐患排查。综合检查也可称为全面检查，对社区的风险点及风险管理措施进行全面的检查，发现是否存在漏洞，是否存在新的风险源等。专业检查也可称为专项检查，针对某一类的风险源及其管控措施进行专业检查，如消防设施检查等。季节性检查主要是针对一些季节性的灾害风险进行检查，如春节防雷防电、秋冬季防火防旱等。节假日检查主要是对与节假日的生活生产息息相关的一些安全事故和风险的排查。在排查的过程中，既可以采取抽样、不定期等点查的方式，也可以采取发挥社区工作人员及志愿者集体群查的方式。

二、社区应急准备

应急准备是应急管理的关键过程，是针对可能发生的紧急情况，提前做好各种准备工作与活动，确保危机发生时能够快速有效地开展各种应急处置行动。社区应急准备包括应急设备设施建设、应急物资储备、应急队伍建设、应急通信准备、应急人才和技术准备等。

（一）应急设备设施建设

社区福祉的增加有赖社区基础设施的改善，基础设施（建筑、服务、人力等）的冗余性、稳健性、可持续性对防灾减灾至关重要①。因此，在社区应急准备工作中，要通过科学、合法的方式强化社区的基础设施建设，保障应急救援设备的配备必须达到标准，且要注意保养和维护，使应急设施与设备处于可用状态，一旦发生危机能立即投入使用。

（二）应急物资储备

"兵马未动，粮草先行。"应急物资是进行应急处置过程中所必需的保障性资源，其种类与调度效率是应急能力的重要体现。社区应急物资储备主要分为三种模式：社区应急物资储备、协议企业应急物资储备、家庭应急物资储备。在应急物资储备的同时，还要注意应急物资的日常更新和管理，使应急物资更加全面有效地发挥作用。

1. 社区应急物资储备

社区应急物资储备主要包括应急救援设施储备和基本生活物资储备，应根据所在地区的灾害特点和事故风险，在辨识风险与总结历史教训的基础上确定所需配备的应急物资。在选择储备设施时，应根据其功能性、实用性等客观条件进行配置。平时注意保管应急救援设施，使设施保持良好状态。此外，合理安排物资储存地点也是应急物资储备的重要组成部分。物资储存地点应满足地址安全、交通便捷以及紧靠物源三个选址要求。

2. 协议企业应急物资储备

协议企业应急物资储备是社区相关部门与企业签订储备合同，委托给企业储备管理部分应急物资，确保灾害发生时物资有效供应的资源配置方式，实质上是一种社区、企业双赢的储备模式。例如，社区可每年购买救灾

① 廖茂林，苏杨，李菲菲. 韧性系统框架下的城市社区建设[J]. 中国行政管理，2018(4)：57-62.

食物、衣被、药品等救灾物资，确保救灾物资按时、按质、按量提供，在紧急情况下，经批准可直接与信誉度高的指定企业和制造商签订合同，确保物资储备和补充工作的快速高效运行。由于企业在公共物品的供给方面存在一定的私利性，其物资保障能力不如政府部门。因此，社区相关部门在与企业合作的同时，应加强对企业的监管。

3. 家庭应急物资储备

家庭不仅是直接受灾害影响和急需援助的群体，也是抗击灾害、自救互救的顽强力量。建立家庭应急物资储备是提升家庭应急能力最重要的措施之一。社区家庭应急物资储备主要有三种来源：一是要求社区所有家庭建立应急物资储备，社区给予适当补贴；二是社区购买应急物资，直接发放到家庭；三是加强防灾减灾宣传，鼓励家庭建立应急物资储备。家庭应急物资储备的类型主要包括：食品储备、防护储备、医疗储备、救援储备。救灾物品齐全的防灾应急包可以第一时间满足社区居民的自救需求，最大限度地延长受灾居民的生存时间，争取救援时间。

（三）应急队伍建设

我国多数社区都成立了由社区主要负责人担任队长，社区工作人员、民警、党团人员、退休人员、志愿者等组成的应急队伍①，但社区应急队伍缺少相关的应急培训和演练，也缺少专业的救援人员，应急组织救援能力不强，难以满足应急组织和救援的需要。因此，社区应急队伍的建设应通过政府的指导和支持，发挥社区自治组织的主导作用，深入挖掘志愿者组织的资源优势，充分动员居民，组建具有较强组织救援能力的应急队伍，定期培训演练，提供必要的资金支持，确保社区应急队伍“召之即来，来之能战，战之必胜”。

（四）应急通信准备

紧急情况的持续演变要求应急管理者动态决策，并根据事态发展不断发布指令，进行应急资源配置。通信则承担信息桥梁的任务。社区应急信息管理必须满足社区自救互助和与外部联系的需要，对此，区域应急办与相

① 李菲菲，庞素琳. 基于治理理论视角的我国社区应急管理建设模式分析[J]. 管理评论，2015，27(2)：197-208.

关部门要建立应急通信保障工作体系，建立和完善有线通信与无线通信相结合、基础电信网络与机动通信网络相配套的应急通信系统，确保应急指挥工作通信畅通。然而，在传统的社区环境中，各主体间的连接难以完全打通，部分主体存在信息壁垒，社区各主体往往难以及时把握灾害发展态势和预测其他主体行为，使得精准、及时地获取与传递信息困难重重①。

（五）应急人才和技术准备

人才储备是指储备与社区应急管理相关的专业人才，一旦需要某种特定的应急资源，能够迅速组建专业团队，提供专业咨询和指导，满足应急处置的需求。尤其要注意储备数量较少、分布较散且难以替代的专家。由于风险的复杂性与多变性，民政部门承担的基层社会治理工作（主体）需要加强专业人员建设，这不仅是应对风险社会的需要，也是提升基层社会治理水平的需要。

三、社区应急预案制定与演练

应急预案是针对可能发生的突发事件，政府组织管理、指挥协调应急资源和应急行动的总体规划和程序规范，旨在迅速、有效、有序地开展应急行动②。它要求在识别和评估潜在的重大危险、事故类型、发生的可能性、过程、事故后果的基础上，对应急管理机构与职责、人员、技术、装备、设施（备）、物资、救援行动及其指挥与协调等提前做出具体安排，用以明确谁来做、怎样做、何时做以及相应的资源和策略等。为保护社区居民的生命财产安全，社区必须采取预防措施，预设日常可能发生的紧急公共事件，制定可操作性强的应急预案，并定期开展应急预案演练。

（一）社区应急预案的现状

目前各基层社区已基本制定应急预案，不同的社区制定了相应的预防和应对方案，用以针对可能存在的风险。社区总体预案是最常见的社区应急预案形式，总括性强，覆盖面广。这类应急预案一般内容简单、形式单一、

① 梁珺濡，刘淑欣，张惠．从被动韧性到转型韧性：智慧社区的灾害韧性提升研究［J］．广州大学学报（社会科学版），2021，20(2)：47-54．

② 钟开斌．回顾与前瞻：中国应急管理体系建设［J］．政治学研究，2009(1)：78-88．

概念模糊，缺乏对关键信息和具体要素的描述，科学性、实用性以及操作性较差。一些社区在减灾方面做得较好，编制总体应急预案的同时，还根据实际情况和上级职能部门的要求编制相应的专项预案。然而，这些应急预案大多是根据职能部门的要求编制的，而不是基于社区的风险评估结果，大多脱离社区实际，与社区的联系不够紧密，未能充分体现社区自身的特质，可操作性有待提高。因此，社区在编制预案时，各职能部门应详细说明编制要求，明确指导社区在编制预案时应涵盖哪些内容，如何结合社区特点实施应急措施。

（二）社区应急预案的基本要求

1. 针对性

应急预案是政府组织管理、指挥协调应急资源和应急行动的整体计划和程序规范。对此，社区应急预案要根据事件的演变规律，针对风险隐患的特点和薄弱环节等科学制定应急预案，确保其具有针对性。

2. 科学性

编制应急预案必须坚守科学立场，需经过充分调查，结合专家论证与社区居民知情同意，制定决策程序和处置方案，确保应急预案科学合理、切实可行，符合社区实际情况，能够起到应急效果。

3. 完整性

应急预案的完整性主要体现在三个方面：一是功能完整。应急预案应明确规定有关部门职责职权，包括应急准备、应急响应、恢复与重建等，并明确支持性职能以保障上述功能的正常运行。二是应急过程完整。应急管理分为预防、准备、响应和恢复等四个阶段，每个阶段的工作以前一阶段的工作为基础，可能会涉及减灾计划、行动计划、防灾计划和灾后恢复计划等。三是适用范围完整。应在应急预案中明确预案的适用地理范围。

4. 可操作性

应急预案应具有可操作性或实用性，以事故风险分析为前提，结合实际应急资源与应急能力，系统描述应急过程中的关键信息，确保相关应急组织、人员能够按照应急预案快速、有序、有效地开展应急救援行动，同时应确保社区应急所需的人力、财政、设备等必要资源。

5. 可读性

社区应急预案应抓住应急管理的工作流程、救援程序、处置方法等关键环节，包含基本应急信息，使用规范化语言并尽可能使用地图、曲线图、表格等形式表述预案内容，尽量引用普遍接受的原则、标准和程序，使应急预案通俗易懂、便于操作。

(三) 社区应急预案的编制

社区应急预案的编制过程是一个系统工程，具备系统性、科学性、规范性等特点，主要包括应急预案的规划、组织、评价和编写等内容。社区应急预案的编制过程(图 3-3)具体可分为以下几个步骤[①]。

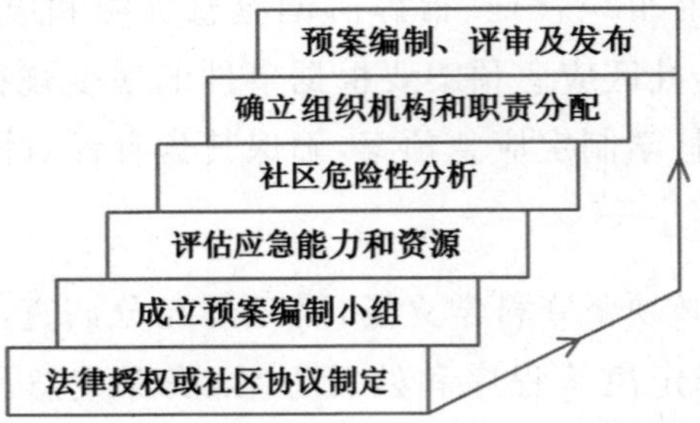

图 3-3 社区应急预案的编制过程

1. 法律授权或协议

社区应急预案的编制应在分析国家法律法规、调研现有预案内容的基础上，通过政府指导、专业部门配合或社区协议共同制定，确保其法律地位和权威性。

2. 成立预案编制小组

编制社区应急预案，首先要有相关职能部门的广泛参与，联合成立预案编制小组，明确小组职责，划分职权。预案编制小组的主要任务是确定应急政策、收集应急信息和制定应急预案过程中的具体操作细节，并及时修订预案。

① 佟瑞鹏. 中国安全社区建设方法与实践[M]. 北京：中国劳动社会保障出版社，2015：161-165.

3. 评估应急能力和资源

预案编制前应分析评价该社区应急资源和应急能力，充分考虑各种应急需求并妥善解决，包括应急人员、应急设施和设备的确定等。

4. 社区危险性分析

社区危险性分析是编制社区应急预案的基础，需要社区和地方政府人员、专业人员和群众的共同参与。社区危险性分析应进行社区安全调查，识别与分析危险源并确定其风险等级，提出降低或控制风险的安全对策，制订预测预警计划和初期处置方案。

5. 确立应急组织机构和职责分配

社区整合辖区内各种应急资源，组织建立政府、基层组织、基层企事业单位以及上级救援机构间的应急联动机制，同时充分发挥非政府组织及志愿者在基层应急管理中的重要作用，实现预案联动、信息联动、物资联动、团队联动，形成基层应急管理的合力。

6. 预案编制、评审及发布

应急预案的编制包括：选定格式，起草综合预案、说明书等基本内容；陈述初稿并听取各单位意见；编制风险分析结果、资源清单等相关信息；编制各功能预案和相关预案；组织各岗位制定各自实施程序的检查表及现场预案；修改应急预案，确保整体一致性；生成最后草案并评审；召开最终会议讨论、修订并最终定稿，获得上级职能部门的批准；印刷和分发预案；制订应急演练计划，检验其有效性并后续修订。应急预案制定完成后，可以通过当地媒体、社区团体，采取公众号推送、刊印成册等方式向公众宣传。社区应急预案基本框架，见表3-2。

表3-2 社区应急预案基本框架

一级指标	二级指标
总则	编制目的；编制依据；适用范围；工作原则
应急组织机构与职责	应急指挥机构；应急指挥机构职责；应急指挥机构组成单位职责；专家组及职责
预防预警机制	预防预警信息；预防预警行动；预防预警支持系统；预警级别发布

表 3-2（续）

一级指标	二级指标
应急响应	应急响应级别；应急响应行动；信息报送和处理；指挥和协调；应急处置；信息发布；应急结束
善后工作	善后处理；社会救助；后果评估
应急保障	人力资源；财力保障；物资保障；通信保障；交通运输保障；医疗卫生保障；人员防护；技术装备保障；治安维护
监督管理	宣传与培训；预案演练；奖惩与责任；监督检查
附则	名词术语解释；预案管理与更新；预案解释部门；预案实施时间
附件	操作手册；应急联系方式、各项名单等

（四）社区应急预案的实施与演练

结合灾害应急预案，社区可以充分利用体育广场、休闲场地、学校等场所已有的设施，结合或预设辖区内可能发生的灾害，定期组织居民和辖区单位进行应急演练，使居民熟悉预案，了解避难安置路线、场所等。通过社区居民和辖区单位的积极参与，不仅可以强化社区各方主体在应对灾害时的协同合作，还可以提高社区居民在应急情况下的反应能力与自救互助能力。应急预案可以根据演练的实际效果进行修正与调整，使其更符合实际应急需要。

■ 第三节　社区应急监测与预警

社区作为灾害发生的第一现场和直接应对者，如果能在风险萌芽状态或初起时期采取针对性举措，那么能够适当减缓风险或防止公共安全问题的发生与升级。因此，建立一种基于社区的全面有效的监测与预警系统对灾害管理具有重要意义。

一、社区应急监测与预警的含义

监测是预警的前提。监测是指通过风险分析、风险评估，实时、持续、动态监视与测量致灾因子及其表象，收集相关信息，判断危机发生的可能性。

社区应急监测旨在测量和评估社区可能面临的各种灾害及其可能的后果、社区的脆弱性与应对能力等,并据此设计出适合本社区的防灾减灾规划,从而使社区能够有的放矢,减轻灾害的负面影响。

预警原意为"预先警告"。应急管理中的预警,是指通过收集各种数据、情报和材料等,运用逻辑推理或科学的预测方法、技术,提前发现、分析以及评估风险,并根据风险评估的结果发出准确的预警信号或信息,从而及时采取必要的行动,预防或消减灾害可能带来的不良后果的一系列活动。联合国国际减灾战略认为:基于社区的预警系统应该是一个以人为本的系统,旨在增强面临风险或威胁的个人和社区在允许的时间内采取行动的能力,并促进其采取合适方式减少生命财产损失以及环境损害的可能性。

从社区应急管理的整个过程来看,监测与预警以危机预防体系中的安全预测和危机识别为前提,以危机预警体系中的预测和报警为任务,以应急处置系统中的反应、处置、救援为后续工作。监测预警的最终目的,就是使社区居民能够依据监测与预警的结果及时地采取应急准备行动,从而最大限度降低突发事件带来的损失与伤害。社区应急预警功能网络,见图 3-4。

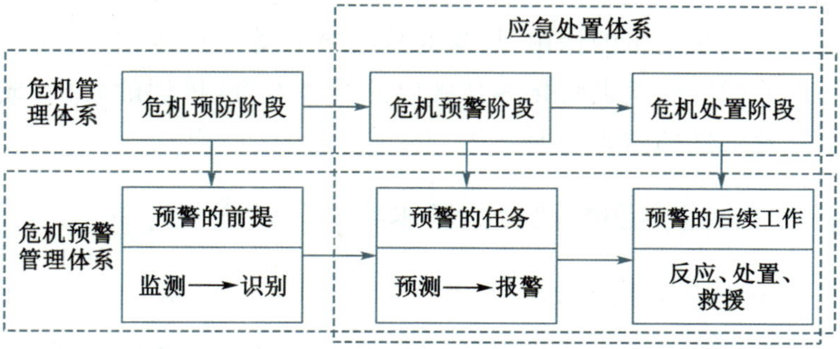

图 3-4　社区应急预警功能网络

二、社区应急监测与预警的功能

(一)预测功能

通过对社区中自然、政治、经济、社会等领域相关指标的监测,可及时发现社区中存在的安全隐患或异常情况。当出现偏差或异常情况时，可通过评估突发事件发生的可能性以及严重程度，进而发出警告信息，使相关部门掌握主动权，以便更为主动、迅速地应对问题，减少灾害风险对社区居民造成的不利影响。

（二）警报功能

当监测情况异常，突破预设指标时，监测预警机制将实现从监测到预警的转变，及时警示相关方做好应急准备。

（三）评判功能

对比分析跟踪、监测结果，利用现代应急管理分析评估技术研判危机的发展状态，找出组织运行中的弊端及根源，对症下药。

（四）减缓功能

有效的监测与预警能减缓风险的扩大与升级，从而在一定程度上避免风险演变为突发事件或一般事件演变为重大事件，减轻突发事件造成的损失。

（五）教育功能

监测与预警系统能够培养社区居民居安思危的风险思维。基层应急管理部门通过对风险发生的缘由、后果与应对过程等进行总结，将应对过程中的偏差与过失的经验教训转化为社区应急管理教育、培训的案例，成为未来应对类似突发事件的前车之鉴。

三、社区应急监测与预警的基本原则

（一）科学性与系统性相结合

科学性原则是指运用科学理论和技术评估突发事件的性质、类别和影响，并按照预先制定的科学程序提出防控措施。系统性原则是指监测预警是一个由指标管理、信息收集、数据管理与专家评估等子系统构成的有机整体系统，贯穿社区应急管理事前、事中、事后等阶段。科学性与系统性原则要求预警信息收集和传递真实可靠，也要求各子系统程序上的连续性以及功能上的依存性①。

（二）权威性与公开性相结合

监测与预警工作必须在政府部门的主导下进行，相关预警信息的发布必须交由政府或政府授权的权威机构。多种渠道发布预警消息会导致信息之间一致性的缺乏。在权威信息无法满足公众需求之际，会给谣言提供滋生传播空间，政府的公信力也会受到影响。在应急管理的过程中，不涉及机密的信息要尽可能地让公众知情。公开透明的工作不仅可以争取到社会各方的理解与支持，还可以为有效应对突发危机事件创造有利的环境。

（三）及时性与准确性相结合

及时性是指监测预警活动的反应与运转速度要灵敏。突发事件通常都具有突发性、社会性、危害性、复杂性、不确定性等特点，如果监测预警机制不能及时发现潜在风险，那么将无法为提前应对危机争取到宝贵时间，监测预警系统便失去存在的价值与意义。在保证及时性的前提下，监测与预警也必须从客观实际出发，准确地进行预测与警报。如果预警不准确，不仅可能使收益不如预期，甚至可能错过最佳的危机应对时间，同时也会降低社会公众对监测预警的信任度。

（四）动态性与参与性相结合

监测预警机制必须符合动态性原则，科学判断复杂多变的信息，同时快速收集和识别环境信息。因此，应及时更新设备、技术等硬件系统，适时修正基本理念、指标体系、组织架构等软件系统，以确保监测预警机制真实可靠。参与性原则主要是指参与监测预警群体的多样化，这要求政府及其相关部门加强与利益群体的联系，全面调动各方参与，形成监测预警的多样化、立体化与网络化，提升信息收集、警情监测和危机预控能力。

四、社区应急监测与预警的工作流程

（一）监测与数据收集

在这一阶段，通过指标管理子系统及时收集信息并规范化整理，以确保

① 岳清春.协同应急视阈下的监测预警机制研究[J].消防科学与技术，2016，35(1)：126-129.

评估工作的快速性与科学性。借助信息收集子系统，24 小时不间断地对各监测点进行持续监测，并注意收集相关部门的预警联动信息，将收集到的信息或数据报送至监测分析部门。应定期报送常规数据，一旦监测到异常情况，必须第一时间向上传递。

（二）信息处理与评估

这一阶段是监测与预警的首要任务，通过对信息收集子系统收集的数据进行归类和总结，识别危险源，掌握突发事件发展的微观趋势。科学评估危机管理的薄弱环节以及外界环境的不确定性，帮助社区应急管理提前采取必要的预防措施。

（三）生成与发布预警

这一阶段包括预警决策与预警执行。预警决策是根据监测过程获取的信息和评估流程提出的建议，为不同群体生成预警信息，结合事件特点和决策规范，制订和实施计划的过程。预警执行是将计划落实到具体单位和人员，反馈执行和危机情况，适应环境变化，纠正评估偏差。

■ 第四节　社区应急处置与救援

应急处置与救援是社区应急管理的核心环节。当突发事件发生时，社区需要在精心准备的基础之上，根据突发事件的特点、性质与危害程度，及时组织相关部门，调动各种应急资源，对突发事件进行有效的处置，以降低突发事件对社会公众生命、健康与财产的危害程度，消除突发事件带来的各种影响①。

一、社区应急处置与救援的含义

社区应急处置与救援是指突发事件发生后，基层应急处置部门采取一系列具有针对性的应急行动和措施，干预和抑制事态发展，以确保社区居民

① 姜平. 突发事件应急管理[M]. 北京：国家行政学院出版社，2011：56-57.

的生命与财产安全，从而减少突发事件的负面影响。应急处置与救援是社区应急管理在事中阶段的关键环节，直接决定社区应急管理效果。突发事件发生后，首要任务是立即进行有效的处置与救援，防止事态扩大升级与次生、衍生事件的出现，因此应急处置与救援面临着时间紧、任务重、信息短缺、决策质量要求高的工作环境。

二、社区应急处置与救援的基本原则

（一）以人为本，安全第一

在社区应急处置与救援中，所有的应对举措都应该紧紧围绕“人”这一根本对象。无论在什么情况下都要以拯救生命、保障生命安全为根本，坚持“先救人，后救物”的原则，不能本末倒置①。社区在临时安置阶段应从老百姓的实际需要出发，尤其应关注政府管理的盲区和弱势群体，使政府的救援救助全方位覆盖。

（二）信息及时，公开透明

信息及时与否在社区应急处置与救援过程中至关重要。突发事件发生后，基层政府需要将应急信息上传下达，抓紧第一时间抢险救援、先期处置。基层政府在应急处置与救援阶段要确保信息及时，首先是要了解信息，通过网络、电话等建立多种沟通渠道；其次，基层政府应将收集到的灾情及时上报，在上报灾情的过程中，不得瞒报、谎报、虚报。基层政府在突发事件的处置与救援过程中，要对相关信息具有一定的敏感度，抓住突发事件初始阶段的最佳处置时间进行科学决策。信息的公开透明原则在社区应急处置与救援的过程中也非常重要，如果不及时、如实地公布相关信息，难免会使公众产生各种猜疑，甚至散播各种虚假、不真实的消息。

（三）积极应对，快速高效

基层政府在社区应急管理中起着主导作用，但由于政府体系庞大，不可避免地会出现调度失灵、协调不力、行动迟缓等现象。基层社区熟悉突发事件发生的地理位置、交通状况、语言交流，能够在政府力量尚未触及的情况

---

① 张俊，许建华．突发事件应对中地方政府的处置原则研究[J]．灾害学，2014，29(1)：182-187.

下尽快到达现场，提供早期救援。以“4・14”玉树地震为例，当地海拔较高、交通复杂，而且人们有着特定的生活方式和风俗习惯，这给政府的救援增加许多困难。青海雪域社会救助发展中心首批奔赴玉树灾区抗震救灾，为政府大规模展开救助赢得了宝贵的时间和机会成本。

（四）科学应对，协同合作

科学应对是指社区在应急处置与救援的过程中，专业人员通过充分利用专业装备、专业知识、专业技术进行专业处置与救援，从而将灾害损失降到最低。科学应对，强调高度重视救援人员的自身安全。国内外抢险救灾经验充分表明，在应急处置与救援中，需要通过专业的培训、良好的技术装备以及心理训练，不断提高救援人员正确处置和防止损害的能力，避免不科学的蛮干，防止给受灾群体造成二次伤害。在社区应急处置与救援的过程中，指挥、协调各参与主体与部门协同合作，形成政府领导、多元主体参与的应急处置与救援管理机制。只有形成高度集中、统一领导、多元共治的应急局面，才能实现资源整合，避免各自为战，实现社区应急治理效能的最大化。

三、社区应急处置与救援的流程

（一）接警与初期研判

应急管理部门及相关单位的值班人员在收到事发现场报警后，应详细询问并记录事件发生的时间、地点、性质、规模以及损失，同时及时展开跟踪、核查并研判事态发展趋势。报警情况得到初步核实后，应该在第一时间发布预警信息和警报。

（二）信息报告

各事发源的第一目击者应当根据突发事件的严重程度，及时向有关部门和领导报告，并在后续应急处置过程中及时更新情况。有关领导和部门收到报告后，应当尽快对突发事件的级别和管辖范围进行初步研判。突发事件超出自身管辖范围的，应迅速向上级机关报告。

（三）先期处置

社区管理者在核实突发事件已经或即将发生的信息后，应立即赶赴现场，组织指挥社区应急队伍根据实际情况进行先期处置。先期处置的主要任务是：先避险，再抢险；组织紧急疏散；划定警戒区域，转移周边群众；排除明显险情，维护现场秩序，做好后勤保障。现场工作人员在处置突发事件时，应将最新信息传递给应急管理部门。

（四）事中处置

事中处置是应急管理的重要阶段。事中处置是否恰当直接影响应急处置效果。事中处置要成立社区应急指挥部、进行抢险救援、确保后勤保障畅通。

1. 现场指挥

社区突发事件发生后及时启动社区应急指挥部，是有效处置事故的前提。应急指挥部是事故现场应急处置的最高决策指挥机构，实行总指挥负责制，负责指挥、监测、协调事故现场情况，对社区现场实际情况进行科学判断，下达救援命令。

2. 抢险救援

抢险救援是社区突发事件应急处置中的关键环节。抢险救援面临着时间紧、信息不明等情况，由此须等到应急指挥部经慎重研判发出救援命令后，社区救援人员才能开展疏散群众、封锁现场、监测危险源、消除危险源、组织居民自救互救等具体营救工作。

3. 后勤保障

社区后勤保障部门是确保受灾社区尽快恢复生产、生活、工作和社会秩序的有力依托。社区后勤保障部门依据现场情况及社区应急预案组织调集应急物资，为受灾居民与救援人员提供基本生活保障，确保受灾社区与外界保持正常信息联系，协调各方应急物资顺利进入受灾社区。

（五）事后处置

1. 应急结束

应急结束标志着受灾社区日常生产生活基本恢复正常。社区应急处置结束后，经过专业人员评估，确定次生、衍生灾害消除后，指挥部宣告应急处置终止，现场应急指挥部可予以撤销，清点损失物资，撤离有关人员，解除警戒。

2. 善后工作

社区应急小组在应急指挥中心的领导下组织善后处置，主要任务是清理、监测现场，排查隐患；妥善安置受灾群众；灾后恢复与重建；统计上报人员伤亡与损失情况，并给予受灾区域以及受灾群体补助和抚恤；向受灾群众提供司法和心理等援助。

3. 调查总结

社区在上级职能部门指导下，协同开展事故调查，调查评估事件性质、起因和责任等，并追究到相关责任人，提出整改措施。通过全面调查、评估突发事件积累经验，形成规范化的书面材料，并上报备案。

社区应急救援工作流程，见图 3-5。

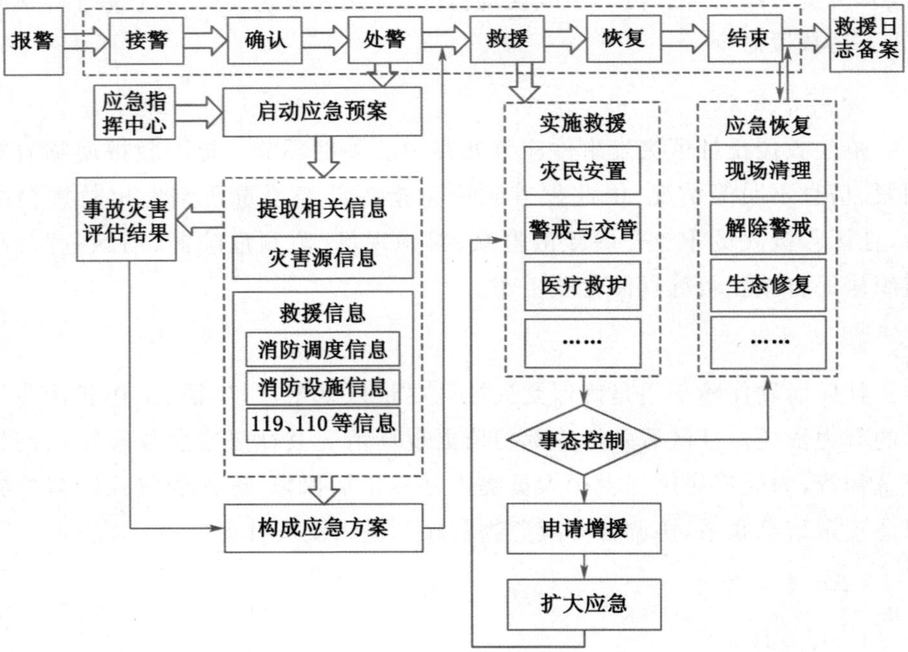

图 3-5　社区应急救援工作流程

■ 第五节 社区灾后恢复与重建

一般认为,当突发事件得到有效控制,其不会再对公众的生命和财产造成大的损害后,应急管理应进入恢复与重建阶段。但实际上,交通、通信、供电、供水等基础设施对抢险救灾十分重要,亟须优先考虑恢复与重建。提高社区在突发公共危机后的恢复重建能力,改变其过度依赖政府与外来资源的现状,切实加强其事后恢复重建能力,对维护人民的切身利益和社会稳定具有重要意义。

一、社区灾后恢复与重建的含义及内容

(一)社区灾后恢复与重建的含义

社区灾后恢复是指让受灾害影响的社区恢复至灾前或更好状况的社区建设活动,恢复管理则是指政府及管理者在公共危机紧急情况控制后,努力消除公共危机造成的物质与精神的负面影响,恢复组织正常运转的一系列活动。灾后社区重建是指通过社区居民的广泛参与、社区意识与组织的建立,响应灾后重建(如房屋、环境、产业、文化等)需求,在政府相关部门的领导和策划以及民间机构与相关专业团队的支持协助下付诸行动的过程及其成果①。社区重建是一个逐步消除突发事件给社区带来负面影响的过程,既意味着修复与补救,也蕴藏着发展与机遇。

(二)社区灾后恢复与重建的内容

社区灾后恢复与重建主要包括四类活动:一是最大限度地限制灾害的升级,尽可能地将灾害带来的损失最小化;二是弥补灾害对社会带来的创伤或损失;三是紧抓机遇,适时调整,满足人们的需要;四是降低或削减未来社会所面临的危机风险。社区灾后恢复与重建的实质既包括“硬件”部分的恢复重建工作,例如基础设施、生产生活等方面的恢复与重建,也包括“软件”

---

① 刘斌志.5·12震灾后的社区重建:含义、策略及其服务框架[J].城市发展研究,2009,16(4):50-55,62.

部分的恢复重建工作,例如预案修订、民众心理创伤的安抚、责任追究、社区秩序的恢复、经验总结等方面的内容。总体来看,社区灾后恢复与重建主要包括社会秩序的恢复与重建、物质基础的恢复与重建、精神心理的恢复与重建三个方面。

1. 社会秩序的恢复与重建

危机的出现和爆发严重影响社区的正常运行,社区易处于一种失序状态,社区居民最基本的生活方式受到冲击,人与人之间的社会支持网络随之发生变化。如果不能有效控制这种失序状态,则可能引发更加严重的社会危机。因此,社会秩序的恢复与重建是社区灾后恢复与重建的核心要务,应该采取多种有效方式为受灾人员、受灾组织和受灾地区提供更为长远的恢复机制:一是政府及时、有效、全程干预社会秩序,有效解决社会失序造成的危机;二是加强危机潜伏阶段的社会秩序监测和预警,及时修复现有秩序的防御功能;三是提高危机爆发和持续阶段建设新秩序的能力,发挥新秩序的应急功能;四是加强危机后期社会秩序的恢复和重构,重新发挥社会秩序的长期保障功能。

2. 物质基础的恢复与重建

公共危机爆发,在对社区居民的生命财产造成损失的同时,也对社区内的重要基础设施造成了破坏,使得社区日常生产、生活难以继续正常进行。因此,社区物质基础的恢复与重建也是社区灾后恢复重建工作中的重要内容。物质基础的恢复与重建主要包括基础设施的恢复与重建、居民财产的补偿等,例如对被破坏的住所、交通要道、通信设施等的恢复与重建。对社区居民生命安全的关注主要指依靠医生、救援组织及有关专家对受伤群众进行救助和治疗。对社区居民财产的补偿主要有三种方式:社会各界的支持和救援、保险的支付和赔偿、政府主导的重建工作①。

3. 精神心理的恢复与重建

完善心理救助机制,重视灾后心理危机,是人性的内在要求,也是社会稳定与进步的需要。由于突发事件很容易对受灾人员的心理带来明显冲击

① 张永理,李程伟.公共危机管理[M].武汉:武汉大学出版社,2010:175.

或创伤，甚至是巨大的精神打击。因此，在社区灾后恢复与重建阶段，应当对社区居民特别是受灾群体进行心理干预和心理救助，帮助他们逐步走出危机的阴影。危机过后，社区居民往往表现出低落的心态，对此要及时开展心理介入工作，在给予必要的物质帮助的同时，多注意与他们沟通，帮助他们排解心中的抑郁情绪。精神心理的恢复与重建是社会秩序良性运转的基石①。

二、社区灾后恢复与重建的原则

（一）政府主导与公众参与相结合的原则

政府应发挥主导作用，在短时间内调动各种资源，组织各方力量尽快投入恢复灾区生产生活秩序的活动中去，以最快的速度消除公共危机的负面影响。同时，企业、社会组织、社区居民等也是社区恢复与重建必不可少的力量之一，在恢复重建阶段，政府还应该积极开展社会动员，鼓励多方主体积极参与灾后自救互救，并呼吁其他团体组织援助灾区。

（二）科学重建与民生优先相结合的原则

社区灾后恢复与重建应遵循客观规律，根据实际情况协调生活和生产、当前和长远、经济发展和生态保护等之间的关系。由于民生是社区恢复重建的基础，尤其需要合理安排重建时序，严格按照规划要求，着重恢复重建影响社区居民生产生活和可持续发展的关键领域和至关重要的生命线系统，将有限的人力、财力、物力有重点地投入，加快公共服务体系的恢复，提升社区居民生产生活水平。

（三）注重效率与兼顾质量相结合的原则

突发事件在带来巨大经济损失的同时，还会滋生不利于社会稳定的因素，在短时间内恢复受灾社区的正常生产生活秩序的重要性不言而喻。但是，恢复与重建相对来说又是一个长期的过程，诸多工程的建设与社区未来安全的发展息息相关。因此，在注重恢复与重建效率的同时，绝不能忽视重建的质量标准。如果质量出了问题，不仅是一种巨大的资源浪费和低效率

---

① 王骚，李如霞. 面向公共危机与突发事件的政府应急管理[M]. 天津：天津大学出版社，2013：164.

活动，也会埋下新的安全隐患。

（四）生产自救与多样补偿相结合的原则

灾后恢复与重建不仅需要政府组织提供人、财、物等方面的支持，还需要社区多元主体发挥能动性，积极参与到灾后恢复与重建中来，重塑灾区社会关系形态和群众社会支持网络。启动多样化的灾害损失补偿机制，如为受灾社区居民提供创业支持、贷款优惠、减免税收、就业技术培训、社会保险等一些政策优惠，增强受灾社区居民自我救济的能力，促进社区灾后生产生活的顺利恢复。

（五）立足当前与兼顾长远相结合的原则

社区灾后恢复与重建工作要立足当前，稳妥恢复受灾群体正常的生产、生活条件，但恢复与重建工作不仅仅是为了消除某一次灾害带来的不良影响，也是为了提高灾区的防灾、减灾与可持续发展能力。因此，在恢复与重建的过程中，除了要立足受灾社区实际外，还应从长远且可持续发展的角度来设计、实施重建项目，协调当前与长远、灾后重建和扶贫、经济发展与综合减灾等方面的关系，提高灾区自我发展能力。在灾后恢复与重建过程中，人们要善于抓住机遇，展望未来，使灾后恢复与重建成为新起点，使社区踏上发展新征程。

三、社区灾后恢复与重建的过程

在社区恢复与重建工作中，应以回归常态治理为主，遵循科学、合理的恢复程序，有计划、有步骤地推进恢复与重建工作的实施。不同的社区在不同的突发事件面前有着不同的恢复过程，但总结起来，大致包括准备阶段、计划阶段、实施阶段、验收与评估阶段、总结与反思阶段。

（一）准备阶段

准备阶段的主要工作是成立恢复重建领导小组，全面评估受灾地区的状况，并做出评估报告。灾后评估是一种有效的治理手段，不仅可为恢复与重建工作提供一定的数据支持，确定社区恢复与重建所需要的资源、类型与数量，又能够提升社区参与应急管理的能力。在具体的评估工作中，可以建立起由组织架构、风险管理、人力资源、应急物资、资金管理、预案管理、培训演练、应急响应、公共关系、能力评估等内容构成的社区安全治理综合评估框架，并依据实际情况对评估内容进行调整。值得注意的是，当前基层社区灾后工作总结大多只停留在具体工作及所面临的问题描述上，缺乏对应急管理能力和应急管理工作的评估①。

（二）计划阶段

根据评估结果，由相关部门编制具体的恢复与重建计划，使受影响地区尽快恢复正常的生产生活秩序。恢复与重建计划的制订要求包括：一是统一部署，分工负责。制订统一的工作计划，明确编制的任务与时间，将编制责任落实到相关部门和地区，分工负责，限期完成。二是区分缓急，突出重点。从受灾社区最迫切需要解决的问题入手，优先建设与受灾群众生活紧密相关的基础设施和公共服务。三是相互衔接，上下协调。做好各个部门、各个规划之间的衔接，形成合力。四是依法规范，有序推进。考虑到灾害重建规划的特殊性，要遵循相关法律法规，依法规范编制程序，做好各个环节的工作。

（三）实施阶段

在计划实施阶段，要积极开展社会动员，整合各种资源，并严把项目质量关，严格执行恢复与重建计划。同时，根据灾区在灾后的发展情况，在实施过程中渐进修改完善恢复与重建计划。在当地政府的统一领导下，基层组织和单位应协助有关部门做好善后处置、物资分配、抚恤补偿、医疗康复、心理指导、环境整治等工作，组织群众自力更生、重建家园，确保灾后生产生活秩序尽快恢复②。

（四）验收与评估阶段

按照法规条例规定对恢复重建工程进行核查验收，并进行质量评定。根据评估结果，制订对于项目后续开展的改进、完善计划。对于不合格的项目，要依法问责并要求返工。同时，要跟踪灾后恢复重建资金和物资的筹

① 徐淑华，陈建新，祁慧．基层网格化应急治理：主要问题及改进路径[J]．中国安全科学学报，2021，31(1)：8-17．

② 颜德如，张树吉．基层党组织统筹社区应急治理的组织化整合路径[J]．探索，2021(1)：125-138．

集、分配，定期公示资金和物资使用情况，并公布最终的审计结果。

（五）总结与反思阶段

总结与反思阶段应站在社区应急管理的整体角度，总结并反思恢复与重建工作的有效性与科学性，并将经验教训纳入防灾减灾规划。对此，总结反思各方在参与恢复与重建工作过程中是否充分发挥了各自的作用、实现了社区应急能力提升的目标。

■ 第六节　社区应急反思与学习

“前事不忘，后事之师。”社区应急反思与学习是社区应急管理中不容忽视的环节，但是在实践中却常常被忽视。突发事件的应对处置本质上是一个暴露问题、发现问题、解决问题的过程，社区通过客观公正的调查，对风险预防、危机管理的知识、经验以及教训进行总结、反思与拓展，总结管理过程中的有益经验，举一反三，查漏补缺，并付诸实践，为应对未来不确定的风险蓄能。只有这样，才能真正地化“危”为“机”。

一、社区应急反思与学习的含义

“反思”是一个回顾的过程，即思考过去并从中总结经验教训。突发事件的调查学习是指客观评估突发事件的发生原因、应对过程等，针对短板和不足，总结经验教训，提出整改措施，避免类似事件再次发生的过程①。因此，社区应急反思与学习是指通过科学全面的深入调查，系统地反思和改进社区在应急管理各阶段的不足，总结和宣传各阶段的有效战略。反思与学习衔接着恢复与准备这两个关键阶段，有助于实现社区应急管理全过程的闭环运转和动态循环。反思与学习阶段可以与恢复阶段同步进行，也可以根据实际需要延续更长的时间，不能急于开始、草草结束。整体而言，建立基于危机的持续反思学习机制是提高社区对风险动态适应性的优先选择。

---

① 钟开斌．应急管理十二讲［M］．北京：人民出版社，2020：312．

二、社区应急反思与学习的功能与作用

（一）查漏补缺

危机的解除，并不意味着社区应急管理的终结。在突发危机结束后，社区需要对危机治理的主体、过程、体系、政策、方法、技术等进行全方位总结与反思，找出过去认知上的偏差与错误，为以后改进社区应急管理工作提供依据。因此，反思与学习是应急管理全过程的重要一环，该环节弥补了社区应急管理体系在全过程机制上暴露的短板与缺陷。

（二）优化整合

在社区应急管理过程中实现社区应对公共危机风险相关知识、信息的实时共享，多向流动与交互学习，有利于应急管理系统的战略调适与转换。通过反思突发公共危机的教训，并将应急管理全过程作为共同的知识基础，有助于实现应急管理的内在整合。

（三）增强基础

应急管理人员的专业能力与应急管理法律法规是应急管理体系和能力现代化的两大基石。通过评估学习系统，将公共危机风险治理框架与社区常态化治理有效融合，有助于提高社区应急管理主体的应急知识与能力。相关负责人也可以学习借鉴其他地区或国家成功的案例与经验，提高自身应急管理的意识以及应急处置与救援的能力。同时，基于突发事件应对的危机学习也可能触发相关法律法规的制定和完善[①]。

（四）缩减危机

对于生活在危机高发频发区域的群体而言，认识和了解危机并将其视为日常生活的一个部分，有利于消减突发公共危机带来的负面影响。通过反思与学习，建立调整相应的优化机制，有助于提高社区整体应急管理能力，将风险消除在萌芽时期。

---

① 张海波.应急管理的全过程均衡：一个新议题[J].中国行政管理，2020(3)：123-130.

三、社区应急反思与学习的措施

（一）学习主体层面

认同社区和社会力量可以有效弥补政府救灾的局限性，把公共部门和社区内个人与组织、社会专业力量、志愿力量、企业事业单位等主体有效联结，形成协同合作网络，积极推进不同主体间的资源和信息共享，对危机开展多主体、多角度的综合审视和学习。

（二）学习机制层面

从风险预防到事后恢复、从主责单位到跨部门再到跨区域，建立以问题为导向的全周期、立体化学习机制。学习机制具体包括由危机管理部门封闭式编制走向社会共同参与的开放性编制，从应急部门的单一学习到社会共同学习，从单一灾害的对焦学习拓展到复合灾种的交叉学习等。

（三）学习内容层面

转变传统应急管理中由于危机初期情况不明且信息过载形成的事后学习模式，让学习贯穿危机管理的整个过程。通过建立动态更新的集成案例数据库，政府、专家、个体、社会组织可以从多个主体和多个视角探讨各种应急实例，形成情境—策略式的案例输入与对策输出，为全过程学习提供支撑①。

四、社区应急反思与学习的注意事项

艰难困苦，玉汝于成。危机后的反思与学习过程是提高全民安全意识和应对能力的最佳机会。因此，突发事件发生后，要针对暴露出来的短板和不足，深入总结经验教训，抓重点、补短板、强弱项，善于变危机为转机。

（一）查因与追责

突发事件调查主要分为查实型和问责型两类。查实型，是指以查找证据、还原事实为取向的调查模式，其目的是还原事件，找出事件原因，并提出

① 王东杰，谢川豫，王旭东．韧性治理：城市社区应急管理新向度[J]．江淮论坛，2020(6)：33-38，197．

适当的建议防止类似事件的重复发生。问责型，是指以界定性质、分摊责任为导向的调查模式，其目的是处理人员。在问责型调查模式下，对突发事件应对情况进行调查的过程，可能异化为各级官员平息社会舆论的过程，异化为各方之间相互妥协、进行责任划分的过程。与查实型相比，问责型调查更注重分摊责任，而不是还原事实。

突发事件发生后，容易出现“推责游戏”：相关部门和官员极力为自己辩护，推卸责任，“甩锅”他人。如果社区应急反思与学习主要定位为责任追究、人员处理，则反思学习的过程很可能会异化为一个各方进行责任分摊的博弈过程，结果往往是逃避责任而不是对事件的严肃调查，由此严重降低组织从危机中学习的能力，甚至出现二次危机，产生次生、衍生危害。

突发事件调查，既要“处理人员”，也要“还原事件”。两者相比，突发事件调查最根本的目的，是“还原事件、反求诸己”，彻查原因，总结经验教训。为此，突发事件调查要坚持“四个明白”——“查明白、写明白、讲明白、听明白”；要坚持“追寻真相比迅速问责更重要，从事件中学习比单纯处理人更重要”，避免简单的政治性问责取代全面细致的技术性调查。

（二）速度与质量

突发事件调查工作在启动后往往具有显著关注度，也造成在调查过程中速度和质量之间往往存在矛盾。取舍和平衡是必须面对的现实难题：在短时间内完成调查，速战速决，可以尽快给全社会一个交代，但调查可能不太深入，质量可能不是很高；在长时间内完成调查，精耕细作，虽然调查的质量有保证，但公众可能等不起。

突发事件调查分为质量型调查和速度型调查两类。质量型调查，是以质量为先，尽可能还原事件真相，然后提出改进对策的调查模式。质量型调查强调精耕细作，过程与结果同样重要：一方面，科学规划调查方案，通过现场勘验、调查取证、实验分析、专家论证等手段，科学设定调查进度，全面搜寻事件证据，尽可能全面还原事件原貌；另一方面，调查结果向社会公开，让事件相关方参与质询，公众参与监督。速度型调查，是强调速度优于质量，结果重于过程，尽快完成调查以及时回应社会关切、消除各方质疑的一种调查模式。

在现实中，出于回应社会关切的需要，速度型调查往往取代质量型调查。此时，速度压倒质量，异化为突发事件调查的首要目标。对速度的过度追求容易使调查过程呈现出“短、平、快”的特点，搜寻、验证证据走马观花，最终的调查报告内容空泛、问责笼统。然而，突发事件调查是一项耗时费力的工作，需要精耕细作。应当根据事件的性质、复杂性和证据搜寻的难度等科学合理地设定进度，全面完整、客观公正地还原事件，发现事件背后存在的问题。

（三）制定与执行

从事故中总结经验教训，是指向所有相关人员提供事故原因、损失和后果等方面的信息，提炼和分析事故，目的是阻止类似事故再次发生，从而减少损失，提升工作生活的安全性。因此，只有充分利用调查结论，才能真正发挥以查促改、以改促变、以变促进的作用；如果将调查结论束之高阁，弃之不用，则可能会重蹈覆辙，重复犯错。

以新冠肺炎疫情防控为例，社区在疫情防控初期暴露出缺乏防疫专业指导、公共资源支配有限、利益相关者配合不力、应急决策处理能力弱等弊病。因此，此时有必要对社区在突发公共卫生事件治理中的定位、优势、困境、作用路径与机制等进行复盘研究，推动问题梳理，探索改进路径，以备不时之需。

俗话说“从哪里跌倒，就从哪里爬起”。调查结束后，必须针对问题全面整改，堵塞漏洞，才能避免继续犯错，如果搞表面整改、虚假整改、敷衍整改，最终可能导致类似事件重复发生。

同步思考题

1. 社区应急准备有哪几个方面？
2. 社区应急培训与应急演练的基本任务是什么？
3. 简述社区监测与预警的基本原则。
4. 简述社区应急处置与救援的基本流程。
5. 社区恢复与重建规划包括哪些内容？在恢复与重建过程中应注意哪些问题？
6. 社区应急反思与学习的功能是什么？具体包括哪些内容？

4

第四章

社区应急预案管理

学习目标

1. 掌握社区应急预案和预案管理的核心概念和基本内容。
2. 掌握社区应急预案编制的基本要求、内容和流程。
3. 掌握社区应急预案评估的准则和内容。
4. 了解社区应急预案演练的概念、分类和过程。

案例引入

蚌埠市大庆社区应急预案管理实例

大庆社区地处蚌埠市西部，位于禹会区，东起长征路，西濒 206 国道，南与锦绣社区交界，北抵淮河。

据了解，该社区内建有柴油机厂、棉麻仓库厂等生产企业。因此，社区内存在发生生产安全事件的可能性。除此以外，该社区的餐饮场所较多，发生食物中毒及传染病疫情的可能性较大。与此同时，该社区还将盗窃、抢劫等社会安全事件，火灾、气体泄漏爆炸、坠物、坠亡等偶发事故，纳入社区风险隐患排查范围。

面对社区 3 万多居民的生命财产健康安全，大庆社区根据前期调研情况，制定了符合社区实际情况的社区应急预案，主要包括以下三点内容。

1. 社区应急预案体系建设

社区应急预案体系是大庆社区及驻社区生产企业针对可能发生的不同类型的突发公共事件制定的应急预案，主要包括：突发公共事件总体应急预案、突发公共事件专项应急预案、突发公共事件部门应急预案、突发公共事件基层应急预案、企事业单位应急预案、重大活动应急预案。其中，突发公共事件总体应急预案是大庆社区应急预案体系的总纲，是大庆社区应对各类突发事件的规范性文件，由大庆社区制定并公布实施。

2. 社区应急预案组织体系建设

① 领导机构。大庆社区是突发事件应急管理工作的最高行政领导机构。社区按照“精简、统一、高效”的原则，设立大庆社区突发公共事件应急委员会，作为社区突发公共事件应急领导机构。② 办事机构。大庆社区突发

公共事件应急委员会下设办公室,办公室作为社区突发公共事件应急委员会的日常办事机构和指挥协调机构,履行应急值守、信息汇总、综合协调职能,发挥运转枢纽作用。③ 基层机构。大庆社区及驻社区企业是本辖区突发事件应急管理工作的基层机构,主要负责本辖区各类突发事件的应对工作。④ 专家机构。大庆社区建立各类专业人才库,根据实际需要聘请有关专家组成专家组,为应急管理提供决策咨询和建议,必要时参加突发事件的应急处置工作。

3. 社区应急预案运行机制建设

① 预警系统。大庆社区建立统一的突发公共事件信息系统,负责汇集、储存、分析、传输有关突发公共事件的信息,并与省、市、街道相关职能部门的突发公共事件信息系统实现互联互通,加强信息交流与情报合作。② 应急响应。社区突发事件发生后,要立即组织、调动应急救援队伍和社会力量,依照有关法律、法规、规章制度,采取各项具体应急处置措施。③ 应急结束。突发事件现场应急处置工作完成后,经现场领导小组批准,结束现场应急处置工作,应急救援队伍撤离现场。现场领导小组应及时完成应急处置总结报告,报送社区办事处和上级相关应急指挥机构。④ 善后处置。突发公共事件的善后处置工作在街道办事处及省、市有关部门组织和指导下,由大庆社区积极稳妥、深入细致地开展,做好善后处置、重建工作。⑤ 调查评估。大庆社区会同街道有关部门,对突发事件的起因、性质、影响、后果、责任、经验教训和恢复重建等问题进行调查评估,并向街道办事处报告。

随着社会治理重心的不断下移,社区作为基层的社会治理单元,做好社区应急管理工作,对保障居民生命财产安全具有重大现实意义。大庆社区分别在社区应急预案体系建设、社区应急预案组织体系建设、社区应急预案运行机制建设等方面做了大量提升应急管理能力的工作,切实提高了社区居民应急意识,增强了居民的自救互救能力,应急管理预案工作取得了显著成效。

(资料来源　大庆社区应急总体预案,https://www.bengbu.gov.cn/public/24201/39443821.html[EB/OL],载蚌埠市禹会区人民政府网 2019-09-18。收入本书时有改动)

■ 第一节 社区应急预案概述

社区应急预案是政府部门组织、管理、指挥、协调应急资源、开展应急行动的整体计划和程序规范,能够为社区应急管理提供处理突发事件的“通用式”方法和行动指南。不断在实践中修订和完善社区应急预案体系,继续拓宽社区应急预案应用的广泛性,持续增强社区应急预案的针对性和实用性,对提升社区应急预案质量具有重要意义。本节主要对社区应急预案的概念、特征、类型、作用及管理进行系统介绍,以使读者加深对社区应急预案的了解。

一、社区应急预案

(一)社区应急预案的概念

日常生活中,广泛存在着一些术语和用语,它们表达着近似的或蕴含着社区应急预案的思想。例如:文件、应急指南、操作手册、管理工具、经验总结、预测……这些词语实际上已经触及了社区应急预案的一些要素。预案是随着经济社会发展而出现的一种计划性文种,应急预案则是预案在应急管理领域的特殊运用,它是经风险识别、风险评估后对在特定区域内可能发生的突发事件进行处置的应急方案。

应急预案是政府或组织针对紧急事态所采取的全部行动的方案,它规定了政府或管理部门在事前、事发、事中、事后的工作内容。应急预案作为应急管理的重要组成部分,在应对突发事件的过程中形成了多样化的理论阐释,且不同类型的突发问题其定义也呈现出不统一的特点。比如,在宏观层面一般将应急预案解释为一份经相关部门审批的文件,认为这份文件包含突发事件处置全过程、全要素以及与外部应急组织间的协调支持关系。广义上,应急预案是指依据法律规定并结合本地实际情况和突发事件的类型,为有效应对突发事件而预先制定的行动方案。狭义上,应急预案是采用技术力量并结合相关经验,对正在发生或可能发生的事故进行模拟分析研判,以确保可以随机应对。

根据《突发事件应对法》，应急预案分为自然灾害应急预案、事故灾难应急预案、公共卫生事件应急预案以及社会安全事件应急预案。以应急预案的体系结构进行维度划分，则可分为国家级应急预案、省级应急预案、市级应急预案和企业（社区）应急预案等四类。其中，国家级和省级的应急预案主要从宏观角度对应急管理进行总体布局；市级应急预案更加具体，包含整个应急管理的全部环节；企业以及社区应急预案非常重视现场指挥和协调。

社区应急预案为社区应急管理实践提供了处理突发事件的行动指南。本书认为，社区应急预案是在社区范围内，针对可能发生的突发事件，为迅速、有序地开展应急行动而预先制定的行动方案。从内容上来看，社区应急预案预先制定了社区内突发事件发生时的处置方案，规定了社区要做的应急准备，明确规定谁来做、何时做、怎样做以及相应的应急资源、物资、设备和策略等内容。

（二）社区应急预案的特征

1. 预测性

社区应急管理工作者在充分调研社区曾发生或可能发生突发事件的基础上，依据社区应急预案，对潜在风险隐患进行风险识别、风险分析和风险评价①，进一步做出预防、安排与部署，有效应对社区突发事件，体现出社区应急预案明显的预测性特征。

2. 全程性

社区应急预案的内容包括突发事件事前预测、事发识别、事中救援、事后恢复等过程。社区应急预案为社区突发事件提供全过程的支持与指导，做到有效协同、正确应对、缩减损失，为社区应急预案的继续完善提供借鉴。从这一流程来看，社区应急预案表现出全程性的特点。

3. 系统性

社区应急预案不仅涉及不同层级的政府机关，还涉及企事业单位和广

---

① 朱秀梅，林晓玥，王天东．基层社区数字化应急管理系统构建研究[J]．软科学，2020，34(7)：67-74.

大民众。不同专项之间的应急预案通常存在相互衔接的关系，由此构成了系统性的社区应急预案体系①。这一过程有助于形成社区应急管理的合力，也体现出了社区应急预案的系统性特征。

4. 权威性

社区应急预案作为社区应对突发事件的行动纲领，一般由各级政府部门制定实施。从编制依据方面来看，社区应急预案的编制以法律法规为前提，具有法律效力，对突发事件中的各主体行为具有法律上的约束性。从应急效力方面来看，社区应急预案表现出权威性的特点，保障了社区应急预案制定中的全面性与预案执行时的畅通性。

（三）社区应急预案的分类

1. 按适用范围和功能分类

依据适用范围和功能可以将社区应急预案划分为综合预案、专项预案、现场预案。综合预案在整体上规定了处置突发事件的程序和要求，明确了应急预案体系建设目标，是应对各类突发事件的纲领性文件。专项预案是根据社区突发事件的类型特点而制定的具有明确应急救援性质的应急处置方案，更具有针对性。现场预案是针对本身就带有风险特征的特定场所，根据现场具体情况所制定的应急处置措施，更符合现场处置的特点。

2. 按突发事件类型分类

按照突发事件的不同类型，可将社区应急预案分为自然灾害类应急预案、事故灾难类应急预案、公共卫生类应急预案和社会安全类应急预案。自然灾害类应急预案主要包括旱涝、地震、海洋和森林灾害等应急预案。事故灾难类应急预案主要涵盖各类企业安全事故、设备设施、交通、环境等应急预案。公共卫生类应急预案主要包括食品、疫情、突发性疾病等应急预案。社会安全类应急预案主要包括恐怖袭击、经济危机和涉外突发事件等应急预案。

---

① 周永根. 中国社区应急管理预案法制体系研究[J]. 湖南社会科学，2018(5)：110-116.

二、社区应急预案的作用

(一)社区应急预案的必要性

1. 公共安全形势的迫切要求

随着经济社会的不断发展,社会结构的变化使得社会风险不断聚集。作为基层的社会治理单元,社区正面临着新的风险和挑战。如何做好社区公共安全问题的预测、预防,把风险隐患降到最低水平,是亟须探讨的现实问题。对此,形成规范、完备的社区应急预案显得尤为必要。

2. 安全是民众的基本需求

安全是人类生存的基本需求,缺失了安全,人的生存就失去了保障。突发事件的发生直接影响社区居民的安全,进而影响社区居民的获得感、幸福感和安全感。面对日益复杂的社会风险,提升社区居民的获得感、幸福感和安全感,降低社区风险隐患水平,需要做好完备、全面的社区应急预案。只有这样,在面对社区突发事件时才能有据可依,进而提升社区应急管理能力。

3. 编制社区应急预案是社区应急责任所在

法律法规对社区应急预案的建设有明确的要求,即要求社区(村)建设完备有效的应急预案,以便有效应对突发事件。安全、有序和稳定是地方经济社会发展的必然前提,各级政府要求社区"守土有责",有效预防、处理各种突发事件,降低危害和损失。

4. 应急预案是建设应急管理体系的前提

应急预案是应急管理体系建设的首要前提和重要抓手,应急管理体系指导着应急预案工作的完成,推动着应急预案操作流程的科学化、规范化以及法治化[①],从而提高社区应急管理的实际操作水平。

---

① 闪淳昌,周玲,秦绪坤,等.我国应急管理体系的现状、问题及解决路径[J].公共管理评论,2020,2(2):5-20.

（二）社区应急预案的具体作用

1. 有利于科学规范应对突发事件

为了有效预防突发事件的发生，缩小影响范围，避免人员伤亡和财产损失，提高社区全员积极防范风险的意识，编制和完善社区应急预案具有重要意义。社区应急预案明确了应急救援的措施，明确了社区各部门在应急体系中的职能，形成了精简、统一、高效、协调的预防处置突发事件应对机制，使社区应急管理有据可依、有章可循。

2. 有利于提高应急决策的科学性和时效性

突发事件的特征，如紧迫性、信息不对称性、不确定性等，要求决策者在事件动态情景下迅速做出应急决策。因此，社区应急预案的制定为决策者研判突发事件的走势与规模，及时做出防御决策提供了参考依据。应急预案明确了突发事件的应急处置程序，有助于应急救援各方参与主体迅速进入紧急状态，确保应急力量以最快速度投入应急救援过程中。

3. 有利于提高社区居民风险防范意识

社区居民因自身知识局限而表现出风险感知能力较低、风险思维敏感性较差、应急响应较缓的特点。社区应急预案的编制，实际上是识别风险隐患后做出防御决策的过程。因此，社区应急预案的评审、发布和宣传，有利于社区居民了解可能面临的社区风险，有利于促进社区居民提高风险防范意识和能力。

4. 有利于宣传普及应急常识，提升社区居民自救互救能力

社区应急预案不仅具有指导处置突发事件的作用，同时也具有向社区居民宣传应急常识的功能。社区应急常识既可以通过社区居民喜闻乐见的形式进行宣传，也可以通过线下宣传栏及举办社区应急常识问答有奖竞猜活动等形式鼓励社区居民进行主动学习，以提高社区居民的应急素养，提升自救互救能力。

三、社区应急预案管理

（一）社区应急预案管理的定义

社区应急预案管理包含社区应急预案编制、评估、修订、完善等过程。具体来说，社区应急预案管理是指社区应急预案的编制主体或使用单位，为保证应急管理活动的有序、有效展开，在相关法律法规的框架下，借助文本管理、信息预测和实验检测等方法所进行的社区应急预案编制、评估、演练和修订的动态过程，有助于确保社区应急主体在应对突发事件时能够有效根据社区应急预案采取适当的应对措施。

（二）社区应急预案管理的内容

1. 社区应急预案编制

社区应急预案管理是根据社区应急预案，预测社区风险隐患，通过将风险关口前移，以实现既定的减损目标的管理过程。社区应急预案管理主要是通过科学的程序和方法，在充分研判社区实际情况的前提下，对社区应急预案进行编制。社区应急预案编制是社区应急预案管理的前提，只有存在社区应急预案，才能对社区应急预案进行管理。

2. 社区应急预案评估

社区应急预案管理是社区应急管理的组成部分，是提高社区应急能力的重要抓手。然而，社区应急预案并不能完全保证社区、社会组织和社区居民等主体对突发事故做出有效的响应和应对。为保障社区应急预案的可操作性、有效性、科学性，社区应急预案文本生成后，要对其进行评估，以鉴定是否符合社区实际情况。在社区应急预案编制、演练、实施后，需要对社区应急预案进行评估，以便为社区应急预案的改进和修订提供参考。

3. 社区应急预案演练

若社区应急响应人员不清楚在应对处置突发事件中的自身职责和应急响应程序，在实际应对处置突发事件时会不知所措。因此，需要定期对社区应急预案进行演练以检验实际效果，从而不断完善社区应急预案。社区应急预案具有相对的稳定性，但随着社会公共安全态势的发展和公众对公共安全认识水平的提高，需要根据相关法律规范、应急管理经验等及时调整社区应急预案，使社区应急预案更加符合社区实际需求。

■ 第二节　社区应急预案编制

社区应急预案同社区应急管理能力紧密相关，充分重视社区应急预案编制工作是加强基层社区应急管理的应有之义。不同类型社区应急预案的内容和程序因目的、要求不同而有所差异。本节介绍了社区应急预案的编制流程，主要包括成立编制小组、社区风险识别和风险评价、评估社区应急能力、建立社区应急救援体系、编写社区应急预案文本、社区应急预案审定、社区应急预案发布以及社区应急预案备案等八个环节。

一、社区应急预案编制的基本要求

（一）完备性

确保社区应急预案要素完整，是推动社区应急管理工作正常运行的重要保障。编制社区应急预案需对社区突发事件进行全过程的梳理和把握，主要包括危机发生前的预防和准备工作、危机发生时的迅速反应以及危机发生后的恢复重建。一般而言，社区应急预案编制内容主要包括总则、组织指挥体系、预警预防机制、应急响应、善后工作、监督管理和附件等内容。

（二）逻辑性

面对风险社会中的不确定性，必须以严谨的态度对待社区应急预案的编制工作，应通过全面调查社区突发事件的信息，开展科学的论证分析，制定富有逻辑性的预案流程。社区突发事件具有多发性、长期性等特征，这使得社区应急预案中的各项措施往往需要更加紧密的逻辑关联。

（三）可操作性

在预案编制过程中，应充分吸收社区居民和专家意见，根据社区居民文化素质水平，设计图文并茂、引人入胜的社区应急预案手册，以保障社区应急预案的规范性、科学性。由于社区应急人员很难在各个领域都具有充足的应急处置经验，因此在社区应急预案编制过程中，一是应吸纳社区常见风险领域的具有丰富经验的专业技术人员作为编制小组成员，确保预案内容的专业性；二是社区应急预案的处置方案可广泛吸纳各类技术标准内容，明确应急任务的主体、时间、地点、具体的应急行动计划与规范等；三是在事件处置过程中，证明过能成功发挥处置效果的预案也可修编转化作为技术标准发布①。

（四）衔接性

社区应急预案的编制必须坚持上下贯通、部门联动、地企衔接、协调各方的原则，以建立纵向到底、横向到边、外延到点、内展到面的社区应急预案体系。因此，在编制社区应急预案时应注意预案的启动条件、资源调配、响应措施。社区应急预案不仅要与同级和上级应急预案相衔接，也要将驻社区单位，包括学校、医院、党政机关等单位的应急预案紧密联系起来，协调好各自的资源和服务，做到各方应急预案的有机衔接。

（五）法律规范性

社区应急预案是一种具有法律权威性的文件，是法律法规在应急管理领域的具体执行方案。因而，要保证社区应急预案的编制目标、编制流程等符合法律规范。《突发事件应对法》明确要求建立从中央到地方的五级应急管理预案，庞大的应急预案体系必然要求其在编制过程中既要符合相关法律法规，也要契合各地实际情况，进而通过应急预案的顺利实施，提高各级政府的应急管理能力。

二、社区应急预案编制的内容指南

社区应急预案具有概括性强、覆盖面广的特点。这些特点要求社区应急预案的编制至少应包含以下六个要素：社区基本情况、社区应急组织机构与职责、社区预防预备情况、社区基本应急程序、社区应急保障、恢复善后程

① 杨瑱，孔胜利，贾音，等．三位一体视角下应急预案修编要点探讨[J]．消防科学与技术，2021，40(5)：754-758.

序。通常,社区总体应急预案包括七个部分(表4-1),可以将其归纳为应急组织、应急准备、应急响应、善后工作等四个过程(图4-1)。

表4-1　某社区突发事件总体应急预案框架

一级目录	二级目录
1 总则	1.1 总体目标;1.2 工作目标;1.3 编制依据;1.4 突发事件分类;1.5 适用范围
2 组织体系	2.1 组织体系;2.2 组织体系框架;2.3 应急联动机制
3 预测、预警	3.1 信息监测与报告;3.2 预警
4 应急响应	4.1 响应分类;4.2 信息共享和处理;4.3 通信;4.4 指挥协调;4.5 应急结束
5 后期处置	5.1 善后工作;5.2 社会救助;5.3 调查与总结
6 保障措施	6.1 应急队伍保障;6.2 应急经费保障;6.3 应急物资保障;6.4 基本生活保障;6.5 医疗卫生保障;6.6 交通运输保障;6.7 通信保障;6.8 治安维护;6.9 科技支撑保障;6.10 指挥场所保障;6.11 应急避难场所保障
7 宣传、培训和演练	7.1 预案演练;7.2 宣传教育;7.3 培训;7.4 责任与奖惩

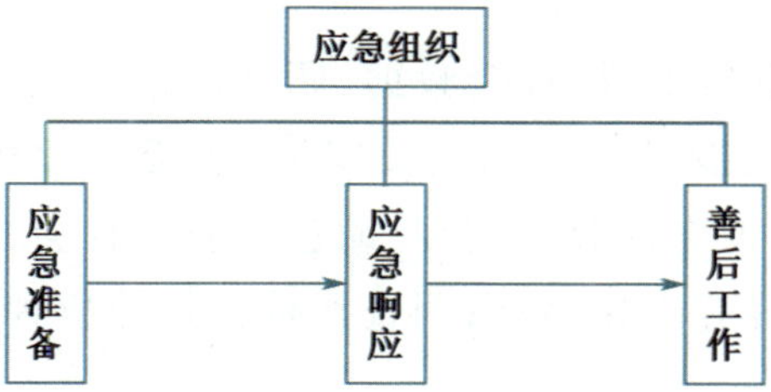

图4-1　社区应急管理过程

(一)应急组织

应急组织是社区应急管理的核心组成部分,也是社区应急预案编制的重点内容。社区应急预案编制要按照社区实际情况建立社区应急组织体系。社区应急组织通常包括领导指挥机构、办事机构和专家组等①。在社区应急预案编制过程中，社区应急组织要以社区应急管理过程为主，以社区应急准备和应急保障为辅，并推动其他相关协作组织的积极参与。

（二）应急准备

社区应急预案编制的情景预设是以假定发生的突发事件进行分析，并在此基础上做好相关应急准备。应急准备通常包括两方面工作：一是风险监测，即确定风险信息监测，收集、报告、发布程序，建立常规的风险监测、风险分析、风险分级等制度安排。二是风险预警，即明确风险预警方法、渠道，建立风险信息交流与通报程序，做好相关应急准备工作②。

（三）应急响应

应急响应是社区应急预案编制的核心内容，它反映了社区应急主体面对社区突发事件时的反应能力。社区突发事件发生时，社区应急主体应按照社区应急预案调用应急力量和应急资源，防止事态恶化，尽可能将突发事件的破坏力和影响范围控制在最低限度。根据突发事件的严重程度和影响范围，可将应急响应分为一级、二级、三级、四级等四个响应级别，分别用红色、橙色、黄色和蓝色标示，每个响应级别分别对应不同的应急响应主体③。

（四）善后工作

善后工作包括善后处置、社会救助、调查评估三大类工作。其中，善后处置包括突发事件处置结束后的人员安置、物资补偿和劳务补偿、卫生防疫、保险理赔等相关工作内容；社会救助包括协调社会、个人等捐赠机构捐赠款物的管理与监督等工作事项；调查评估包括分析评估、总结经验、吸取教训。

① 于晴，张毅. 应急管理应将防控力量下沉社区[J]. 人民论坛，2020(15)：152-153.

② 曹海军，陈宇奇. 社区公共卫生应急协同网络体系及其建构[J]. 理论探索，2020(5)：91-98.

③ 谌丽，许婧雪，张文忠，等. 居民城市公共安全感知与社区环境：基于北京大规模调查问卷的分析[J]. 地理学报，2021，76(8)：1939-1950.

三、社区应急预案的编制流程

（一）成立编制小组

成立社区应急预案编制小组是社区应急管理的基本前提。应急预案编制小组由参与处置过突发事件的人员组成，一般包括社区管理人员、行业专家、应急专业人员等。社区应急预案编制小组成员在工作期间应有成文的管理规定，且必须经专业培训并取得相应资格证书。一般而言，社区应急预案编制小组要在编制过程中定期举办讨论班，以提升专业素养；通过组建工作群、每周例会等形式来保证成员间的相互交流，以提升成员间的工作默契度。

（二）风险识别和风险评价

风险识别和风险评价是社区应急预案编制的基础性工作，该步骤的本质是明确“事”，即预测和分析发生了或会发生什么？多大规模？什么性质？后果怎样？风险识别要求社区应急预案编制者对社区潜在的各种风险、有害因素和事故类型进行系统分析、归纳和全面识别。风险评价是采用科学的评估指标确认风险的危险程度，评估事故发生的可能性以及可能导致的破坏程度。

（三）评估社区应急能力

评估社区应急能力是指依据社区风险分析结果对现有的应急资源和应急救援能力进行全面评估，明确应急处置中的需求和不足之处。在此基础上，让社区应急管理主体能够确切知道人、财、物在哪里，如何在第一时间调集，如何选择最优化的应急救援措施，从而为实现社区应急预案的有效编制奠定基础。从社区应急能力评估内容来看，社区应急能力评估主要包括社区应急物资评估、社区应急人员评估。

（四）建立社区应急救援体系

建立社区应急救援体系包含指挥、消防、设备抢险、急救等多方面工作。社区应急救援体系主要是指要明确社区应急救援的组织机构、参加单位人员、应急救援总负责人、具体行动负责人、外援相关机构等组织在突发事故应急救援中的职责。建立科学完备的社区应急救援体系，需要根据社区应急流程分解任务，并为每个任务确定责任主体。

（五）编写社区应急预案文本

按照相关法律法规和社区应急预案编制的相关要求，对社区应急预案文本进行编写，此环节要特别注意三个要求①：第一，社区应急响应分级尽可能定量化，职能职责定位尽可能具体化，应急处置措施尽可能简单化，文字语言表述尽可能通俗化。第二，应遵循实事求是、实际管用、小社区大应急的思想原则，从实际出发，与社区应急处置工作实际情况相符合，应急预案文本尽可能体现社区特色。第三，社区应急预案文本应主题鲜明、内容充实、结构严谨、表述准确简练，既便于掌握熟悉，又便于具体操作。

（六）社区应急预案审定

社区应急预案审定是指编制完成的应急预案文本要经过特定的程序进行把关和敲定。社区应急预案在备案和发布之前需要进行必要的审定程序，以保障社区应急预案编制的科学性。一般来讲，社区应急预案的审定内容包括九个方面：形式和用语的规范性、要件的完整性、法律依据的恰当性与相符性、情景设置的适当性、响应主体的精确性、响应程序的合理性与完整性、响应行动的具体性和可行性、应急资源的落实和保障、与其他预案的兼容性。

（七）社区应急预案发布

编制应急预案文本的单位只有履行了发布程序，其编制的应急预案才具有法律效力。应急预案评审结束后，方才有资格进入预案的发布程序。一般的发布程序包括以下六个方面：装订规范应急预案文件、社区主要负责人签字、准备批准材料、按行政审批程序上报、主管部门审议、主管行政人员签发。

（八）社区应急预案备案

社区应急预案备案是社区按照相关管理制度的要求到指定主管部门将

① 曹海军，梁赛. 社区公共卫生应急管理的“精控”之道：现实困境、逻辑理路和治理策略[J]. 理论探讨，2020(3)：149-157.

预案存档(备查)的程序。社区应急预案备案对于应急预案本身并不具备审查职责,但对于不符合实际情况的备案申请,上级主管部门有权否定。

社区应急预案编制流程,见图4-2。

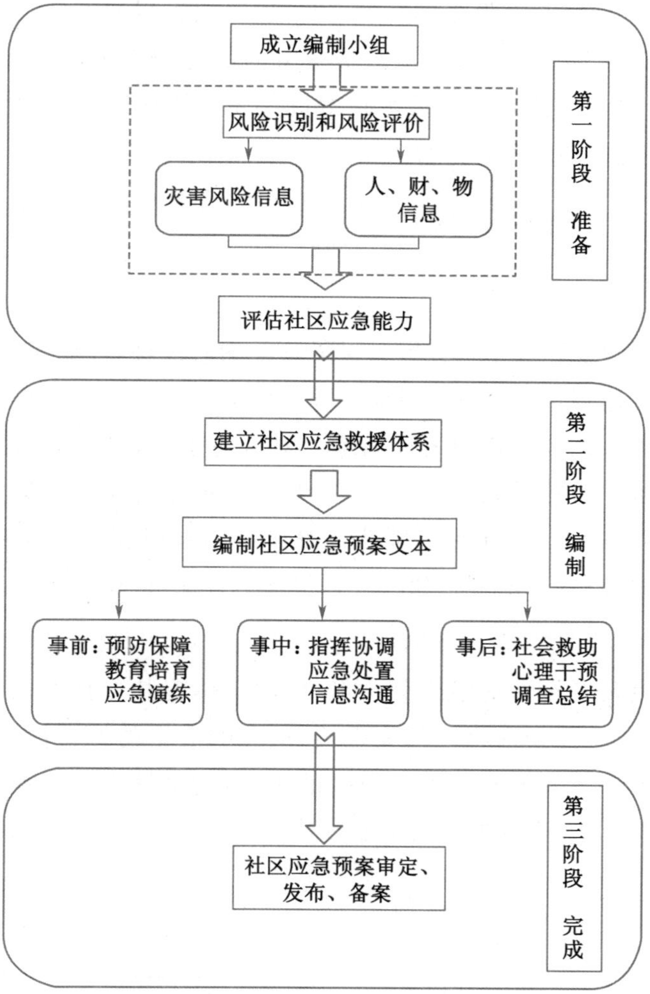

图4-2 社区应急预案编制流程

■ 第三节 社区应急预案评估

社区应急预案评估既能够检验应急预案所编制的内容和结构是否符合实际要求，也能够对社区发生的突发事件进行解析，以便评估社区应急管理主体在应急准备、应急处置、应急救援等方面的能力水平，进而发现不足之处，不断修改和完善社区应急预案。本节主要介绍社区应急预案评估内涵及标准、评估机制和步骤等内容。

一、社区应急预案评估内涵及标准

（一）社区应急预案评估的内涵

社区应急预案评估是指社区为保障预案的有效性，按照预案评估指标，组织相关人员运用科学化方法对应急预案的有效性、规范性、内容及结构进行研判的过程。社区应急预案评估除了对应急预案内容进行评估外，还会对应急预案所适用的场景进行评估，以便进一步完善应急预案。对社区应急预案进行评估有三大功能：一是提高社区应急管理水平，二是完善社区应急预案的编制过程，三是检验社区应急预案的实施效果。

（二）社区应急预案评估的标准

社区应急预案作为基层应急预案，应注重体现基层预案的特点。从评判标准来看，具有预案内容上的完整性、应急响应上的可行性、应急保障上的充分性且能够与其他专项预案衔接的预案，才是符合基层社区应急要求的预案，才能在突发事件的应对中发挥作用。社区应急预案评估指标体系，见表 4-2。

表 4-2　社区应急预案评估指标体系

一级指标	二级指标
预案内容的完整性	适用范围的合理性
	职能分工的明确性
	预案内容的符合性

表 4-2（续）

一级指标	二级指标
应急响应的可行性	实施流程的逻辑性
	信息上报的及时性
	各部门工作的可协调性
	事故处理的快速性
应急保障的充分性	救援保障的全面性
	救援资金的充足性

1. 预案内容的完整性

社区应急预案的内容应具有完整性，应包括社区基本情况简介、应急预案总则、组织指挥机构、风险识别、应急响应、善后处置、应急保障和附录等内容。适用范围的合理性是指应急预案定位是否合理，目标是否清晰，是否符合社区实际情况。职能分工的明确性是指在涉及多个组织共同协作处置的突发事件时，各组织处置事故的应急能力水平及分工的明确性、协调性。预案内容的符合性是指应急预案的编制不仅应遵守现行应急预案法规政策标准和要求，还要注意与不同层级预案之间的衔接程度。

2. 应急响应的可行性

应急响应是社区应急预案中最重要的部分，其响应过程贯穿整个突发事件处置过程。实施流程的逻辑性是指社区应急预案在处置突发事件步骤上是否合理，是否按照预案流程开展应急处置工作。信息上报的及时性是指决策者是否能够及时掌握突发事件信息并以此判断事件走势。各部门工作的可协调性是指各部门是否具有暂时替代其他部门工作的能力或协助其他部门开展工作的能力。事件处理的快速性是指在突发事件发生时，决策者能否及时采取正确措施，遏制事件恶化发展。

3. 应急保障的充分性

应急保障恰似解决社区突发事件的营养供给，也是社区应急预案编制的重点内容，贯穿应急处置全过程。救援保障的全面性是指在发生突发事件后，社区内应急救援人员、设备、器材、物资等是否到位。救援资金的充足性是指在社区储备的救援物资不足以供给的情况下，是否有充足的专项应急救援资金作为后期应急救援的保障。

二、社区应急预案评估机制和步骤

（一）社区应急预案评估机制

评估的原因、评估的内容、评估的人员、评估的步骤、评估的结果等是社区应急预案评估机制的基本内容。

1. 调查评估的对象（评估什么）

调查评估是社区应急管理主体工作的主观过程，也是发现社区风险隐患的过程。因此，社区应急预案评估往往表现出评估对象多元化、调查角度多样化的特征。通过评估调查对象，从而使评估目的充分体现在评估框架和评估体系中，使评估结果更加贴近社区应急管理实际。

2. 调查评估的主体（谁去评估）

社区应急预案是评估调查机制建立的基础，由谁筹建评估组、由谁负责组织指挥、哪些人员或者组织应该参加调查评估是社区应急预案评估机制的核心问题。

3. 调查评估的流程（如何评估）

清晰顺畅的调查评估流程是社区应急预案调查评估顺利开展的保障。科学规范的调查评估流程体现在调查评估周期、调查评估程序、调查评估报告等方面。调查评估流程是否合理、是否符合社区实际，既决定了社区应急预案后续的完善性又影响了评估结果的客观性。

4. 调查评估所采用的指标体系（怎样评估）

从何种角度对社区应急预案进行评估、采用哪种指标体系对社区应急预案进行评估，对社区应急预案调查评估质量的高低有重要影响。

5. 调查评估所要达到的结果（评估报告）

社区应急预案调查评估的结果，一般包括直接评估成果和间接评估成果。调查评估的目的不仅限于对社区应急预案的真实状况进行分析，还包括在对评估结果进行分析的基础上得出存在的不足并及时完善社区应急预案。因此，为顺利完成评估工作，得到真实的评估结果，就需要在负责部门的统筹下，有效推进评估方案的顺利实施。

（二）社区应急预案评估步骤

1. 制定评估方案

在评估方案中明确评估目的、评估部门、评估人员，评估原则、评估重点、评估方法、评估周期等内容，并在实施中根据实际情况进行动态调整。

2. 开展评估研究

根据社区突发事件类型，制定符合社区实际的评估方法。评估人员通过对社区居民进行问卷调查等多种方法，对社区应急预案可行性进行精确研判。

3. 进行分析评估

评估人员要客观公正地对社区应急预案进行评估。评估时应结合具体案例，对社区应急预案中的应急措施进行逐条分析，既要对社区总体性应急预案做出整体性评价，又要对社区专项应急预案做出针对性评价。

4. 形成评估报告

评估报告的主要内容包括：社区突发事件的发生原因、变化过程、波及范围、应对策略等；社区突发事件的深层次原因、影响因素；社区应急预案的作用及总体判断；下一步的预防措施和解决方法。

三、基于编制过程的社区应急预案评估

（一）社区应急预案编制前的评估

社区应急预案编制前的评估是指社区在编制新预案之前，组织专家在充分调研和掌握社区具体情况的基础上，对社区之前出现过的各类突发事件进行分析研究，对社区可能出现的致灾因子进行综合评判和预测，对影响社区突发事件的各种因素进行评估。评估内容具体分为脆弱性评估、风险性评估、社区应急能力评估、社区组织体制评估。根据评估进行分类、分级，明确社区潜在风险和当前脆弱点，从而确定社区风险源的覆盖面和优先级，以便采取不同的方法和措施。

（二）社区应急预案编制中的评估

社区应急预案编制过程中的评估是指对应急处置流程与应急组织体系所做的评估。应急处置流程评估，通常使用事故树分析法，重点研判风险分级的合理性、处置流程的逻辑严密性、各级流程间的衔接性以及不同应急处置流程之间的快速转换。应急组织体系评估，一方面重点关注领导指挥机构、专家咨询机构和执行机构的设置是否科学合理，是否有利于指导社区应急管理活动的有效开展；另一方面重视应急资源保障评估。社区应急预案编制过程中的评估是为了评估社区应急预案是否有利于应急救援活动的顺利开展。

（三）社区应急预案演练后的评估

社区应急预案演练后的评估旨在通过应急演练来检验社区应急预案的实际效果，以此来反映社区应急预案存在的不足。由专业评估人员在不干扰社区应急预案演练的前提下协助社区人员按照预定的演练方案进行评估。具体评估内容包括应急响应时间总评估、应急预案完整性总评估、应急组织体系再评估、应急处置流程再评估、应急资源保障再评估。

（四）社区应急预案实施后的评估

社区突发事件处置结束后，需要对社区应急预案进行再评估。全面评估各种社会力量实际参与救援的情况，包括其拥有的各种应急资源和应急能力，以进一步完善社区应急预案，为同类型突发事件的再次发生做好预防。评估的主要方面有：评估通过启动社区应急预案是否有效遏制了社区突发事件的发展，是否减少了经济损失和人员伤亡；评估社区应急预案的实施是否真正有利于后期处置，能否积极展开重建工作，可否及时安抚民心，减轻负面影响。

■ 第四节　社区应急预案演练

社区应急预案编制完成后，通常会通过演练的方式来检验预案的可行性及有效性，以提高应急处置能力。社区应急预案的演练，可有效检验社区应急管理体系的适用性、完备性与实效性。通过演练，不仅可以强化社区居民的应急管理意识，提升社区居民的应急反应能力与实战水平，还可以在演练中暴露出社区应急预案的缺陷。

一、社区应急预案演练概述

（一）社区应急预案演练的含义

社区应急预案演练是指社区相关单位及人员，依据社区应急预案，模拟应对突发事件的演练活动。社区应急预案演练的主要内容包括：一是预案演练的主体和参加人员。应急预案演练主体不仅包括属地政府部门及社区全体居民，也包括相关志愿者组织、协助单位。二是预案演练的情景。演练的情景是模拟场景，既可以是有计划、有组织的真实情景模拟，也可以是纯文字、音像的形式模拟。三是预案演练的情节。演练的过程是在模拟的情境下检验突发事件发生时不同部门履行职责的情况。对于参与的各种角色而言，属于典型的“假戏真做”。

（二）社区应急预案演练的原则

社区应急预案演练一般应遵循以下原则：一是依照预案，遵守法律。社区应急预案演练在模拟演练情景、演练频次等内容时，必须遵守相关法律政策的规定。二是注重实效，全程仿真。社区应急预案演练主要对突发事件进行模拟，只能尽可能地接近真实事发状态，不可能预测到真实事态发展的全部可能性。因此，演练中要尽量进入角色，演练后及时总结复盘。三是不定期举行，反复演练。只有不定期进行应急演练，才能发现社区应急预案在应急处置过程中的缺陷并及时完善。不应将社区应急预案演练手册束之高阁。

（三）社区应急预案演练的分类

1. 桌面演练

桌面演练是指演练主体采用文字、图片等有形资料描述突发事件情景，指引演练人员以口头或书面形式提出关于应急处置措施的意见。桌面演练的优势是演练时间短，可重复演练单个流程，易于发现不足、总结经验，且易于明晰应急责任、理顺应急响应流程，适合基层组织进行模拟演练。

2. 实战演练

实战演练是指演练主体通过逼真的现场布置，模拟突发事件现场情况，参与演练人员通过具体行动或沟通等方式对突发事件进行处置。实战演练的优点是可以通过现场模拟来检验演练人员的现场应急处置能力，适用于基层自救互救演练、应急队伍拉练、媒体信息沟通演练等①。

3. 指挥演练

指挥演练是指演练主体采用系统流程图、模拟沙盘、角色扮演等方式，虚拟动态的突发事件场景，指引演练人员全程参与突发事件应急处置过程。指挥演练的优势是规模小、机动灵活，便于指挥人员之间的沟通交流，适用于各级应急指挥领导体系的演练。

二、社区应急预案演练的功能

社区应急预案在编制过程中，由于编制人员经验、理论水平的限制以及事故发展方向的不确定性，把突发事件的真实情况完全编制进应急预案是不现实的。因此，不定期进行社区应急预案的模拟演练，可以检验和完善社区应急预案的功能有效性。根据《突发事件应急演练指南》，社区应急预案演练的功能主要表现在以下五个方面（图 4-3）。

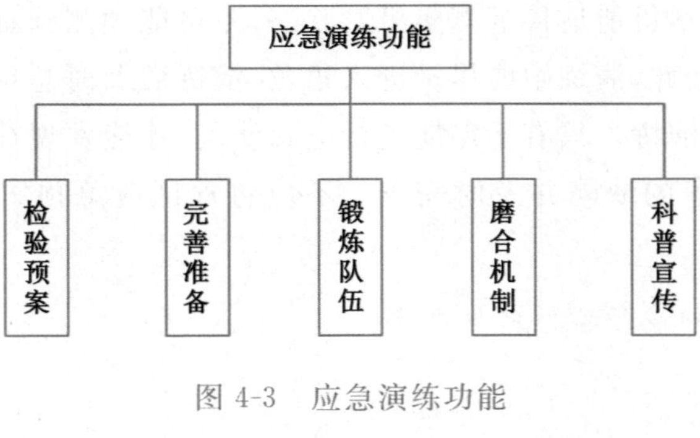

图 4-3　应急演练功能

① 李雪峰.应急演练类型、设计、实施与评估[J].中国减灾，2019(23)：14-17.

（一）检验预案

通过应急演练的方式检验社区应急预案，既可以提高社区居民应急素养，又可以检验社区应急预案中的应急措施是否有效，以验证社区应急预案的实施效果。

（二）完善准备

通过开展社区应急预案演练，掌握社区在应急人员、应急技术、应急力量、应急物资等方面的薄弱环节并及时加强，做好应急准备工作。

（三）锻炼队伍

突击开展社区应急预案演练，提高应急队伍对应急处置流程的熟悉程度，加强应急队伍面对突发事件时的心理素质，增强应急队伍工作契合度。

（四）磨合机制

不定期进行社区应急预案演练，可以提高不同类型专项应急预案之间的协调性，加强上下层级应急预案的衔接性，磨合应急预案实施机制。

（五）科普宣传

经过社区公开演练，既能促使社区居民掌握应急常识，又能使社区居民意识到预防社区突发事件的重要性，提升应急意识。

三、社区应急预案演练过程

社区应急预案演练过程主要包括演练组织准备、演练计划准备、演练实施准备、演练总结评估（图 4-4）。

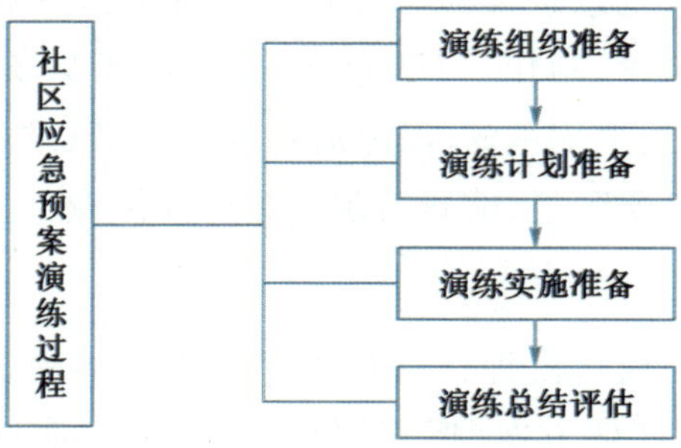

图 4-4　社区应急预案演练过程

（一）演练组织准备

社区应急指挥领导机构负责组织开展社区应急预案演练，其主要任务是策划演练、指挥演练、实施演练、确定演练人员的职责和任务。社区演练组织一般包括领导小组（指挥部）、策划部、保障部、评估部和参演部。对于不同类型、不同规模的应急演练，可以根据社区实际情况对演练中的职能部门予以动态调整。

1. 领导小组

领导小组由社区应急预案编制单位牵头，协作单位负责人作为小组成员，领导小组负责预案演练过程中的指挥工作，拥有审批决定重大事项的权力。领导小组组长通常由社区一把手担任，副组长一般由协办单位一把手担任，小组其他成员一般由参与过应急处置、具备一定经验的人员担任。在应急预案演练启动阶段，社区一把手、协作单位一把手分别担任演练总指挥、副总指挥。

2. 策划部

策划部主要负责社区应急预案演练策划、演练方案设计、演练组织协调、演练评估总结等工作。策划部的负责人一般由具有演练组织经验和突发事件处置经验的人担任。为了达到更好的演练效果，根据社区应急预案规划，策划部下面可以设置文案组、协调组、控制组、评估组和宣传组来负责具体策划工作。

3. 保障部

保障部是为社区应急预案演练提供物资和后勤保障的部门，主要任务有应急物资装备的购置、制作、调试和维护，负责演练场地、道具、场景等方面的工作，也负责调集演练车辆、保障演练人员生活、维持演练现场秩序等。保障部一般分为技术保障组、编导摄制组和后勤保障组。

4. 评估部

社区应急演练完成后由评估部负责评估指标的确定，评估人员根据前期的观察记录，策划评估方案，撰写评估报告，总结演练不足，提出改进建议。评估部组成人员主要是应急专业人士等具备一定应急评估经验和应急处置经验的专业人员，但应急预案演练人员不应参与评估。此外，评估部也可聘请第三方全程参与。

5. 参演部

参演部是管理参加社区应急预案演练的应急响应人员、群众演员和观摩人员的部门。参演部的主要任务包括组织被检验的参演队伍招募和培训群众演员，联系和借调观摩人员。

（二）演练计划准备

在社区应急预案演练计划准备阶段，各演练单位根据自身职责，组建演练工作班子，重点进行演练计划和脚本的确定、演练方案设计等演练筹备工作。演练计划准备主要包括制订演练计划、设计演练方案和编写演练方案。

1. 制订演练计划

演练计划又称演练筹备方案，是社区应急预案演练的基本框架和详细安排。演练计划由策划部负责具体制订，经指挥领导小组审核批准后方可实施。演练计划包括演练原因、演练目的、演练内容、演练范围、演练经费、演练问题、演练效果、演练总结、演练改进等。

2. 设计演练方案

演练方案是指在演练目标的指导下，对演练人员、演练条件、演练行动、演练标准和演练周期等方面的总体设计。演练方案的设计一般包括演练情景布置与演练步骤实施、演练评估标准与方法制定等内容。

3. 编写演练方案

编写演练方案是演练方组织人员参与、实施应急预案的前提，其内容应涵盖应急处置全过程。演练方案由四个部分构成：演练人员手册、演练控制指南、演练评估指南、演练方案脚本。演练方案编写完成后，应在演练正式启动前半个月将方案发放到参演人员手中，以便提前学习，达到更好的演练效果。

（三）演练实施准备

1. 演练启动

社区应急预案演练正式启动前要举行简短的仪式。演练总指挥应说明此次社区应急演练的重要性，然后宣布演练开始，由总策划启动演练活动。根据社区实际情况，演练方可以选择桌面演练、实战演练、指挥演练之一，也可以选择三种演练方式综合进行。

2. 演练指挥与执行

社区一把手即总指挥应负责全程指挥与监督。总指挥按照社区应急预案演练方案的要求，宣布演练开始后，随即进入指挥状态。总策划通知演练人员后，按照选定的突发事件应急处置方案，快速进行应急处置行动。如果演练过程中出现与演练计划不符的问题时，总策划可通过临时调整控制以保证演练按计划顺利进行。

3. 演练终止

演练人员在规定时间内完成演练方案中的演练任务后，由总策划通知演练人员退出演练，由总指挥宣布所有演练任务结束。所有演练人员按要求进行集合，由指挥领导小组进行讲评总结，然后所有演练人员有序组织解散，后勤保障部负责对演练场地进行恢复和清理。

（四）演练总结评估

社区应急预案演练结束后的主要任务是总结演练的结果和改进应急管理机构的日后工作。演练结束后，评估组负责编写演练评估报告，对演练效果做出总体评价，指出演练存在的问题并提出改进建议。社区应急演练评估报告要按照演练目标体系和评估指标体系，分门别类地将各类别的评价意见进行汇总形成演练总体评价报告。

同步思考题

1. 简述社区应急预案的作用原理和具体作用。
2. 简述社区应急预案编制应遵循的原则和流程。
3. 简述社区应急预案评估的准则和过程。
4. 解释社区应急预案演练的概念和目的。

5

第五章

社区应急文化宣传

学习目标

1. 掌握应急文化、社区应急文化、社区应急文化宣传的相关概念与内容。

2. 了解社区应急文化宣传的主体与客体。

3. 把握不同社区应急文化宣传媒介的特点及其规律。

4. 掌握社区应急文化宣传的主要内容与效果评价。

案例引入

北京什刹海街道的安全文化宣传网络建设

在2020年首都应急管理创新案例征集大赛中，北京什刹海街道安全文化宣传获市级创新奖。该街道参赛的《党建引领构筑街道安全文化宣传网络》经区应急管理局推荐，获得市级创新奖。

什刹海街道在社区应急文化宣传工作中主动创新，推出社区应急读书角项目。未来，社区应急读书角项目将覆盖什刹海街道的22个社区，从而形成什刹海街道的社区应急宣传网络。“小小读书角、党员大舞台”的宣传海报在什刹海街道的各大社区随处可见，跟随海报走进读书角，就能看到“应急读书角”的标识，书架上整齐摆放着近百本与社区应急管理相关的书籍，不仅包括《消防安全管理300问》《谨防惊雷闪电》《儿童安全与急救》这样的入门必备读物，也有《自然灾害景区的开发和管理》等专业书籍。此外，应急读书角还摆放着各种操作性强的宣传折页，方便社区居民随时随地学习社区应急常识。

应急读书角的创建是什刹海街道落实社区应急管理工作的重要举措之一。据了解，什刹海街道小微企业多、老旧平房多，人口稠密，一旦发生安全事故就可能造成巨大的损失。提高社区居民安全应急知识和安全意识，能够从根本上减少人为安全隐患，从而提升街道安全管理水平。什刹海街道负责人透露：“社区居民常常到社区办事，就把读书角设在了社区。应急读书角项目也不仅仅是阅读，我们还定期举办应急讲座。”

什刹海街道制定了一套完整的应急读书角建设、管理、运行标准。在未来的建设中，什刹海街道将委托第三方服务机构定期组织专家到社区开展安全讲座、安全知识竞赛、隐患排查等活动，并结合社区“党员报道”活动，定期邀请社区内有专业知识和技能的党员结合应急读书角开展宣讲活动，向社区居民普及安全、应急、防疫等安全科普知识，为党员服务群众提供平台，展现党员先锋模范作用。

什刹海街道负责人表示：“解答居民日常生活、工作中遇到的安全问题的同时，还将通过邀请第三方服务机构来大力开展实践体验活动，真正把应急知识和安全防范意识装进每个居民心里。”此外，在消防宣传日、安全生产月，还将开展相应的群众活动，并定期开展线上、线下居民意见测评，收集社区居民反馈意见，优化和完善应急读书角的运行管理，更好地为社区居民服务。

（资料来源　江帼涓：《什刹海街道安全文化宣传网络获市级创新奖》，载北京市西城区人民政府官网 2021 年 2 月 21 日，https://www.bjxch.gov.cn/xcdt/xxxq/pnidpv883797.html。收入本书时有改动）

■ 第一节　社区应急文化宣传概述

社区应急文化建设是现代城市建设的文化支撑和精神保障，也是应急管理建设中的关键一环，具有重要的战略地位。厘清应急文化、社区应急文化等相关概念，是开展社区应急文化宣传工作的前提条件。本节将在阐述应急文化以及社区应急文化的基础上，来系统阐述社区应急文化宣传的内涵、要素以及理论基础，从而为社区应急文化宣传实务奠定理论基础。

一、应急文化

（一）应急文化的定义

文化是人类在漫长的社会历史发展过程中创造的物质财富和精神财富的总和，是一个非常庞大、丰富和动态发展的概念①。作为文化体系的重要

① 王郅强. 风险、危机与灾害：基于文化视角的解读[M]. 北京：中国书籍出版社，2020：263.

组成部分，应急文化是在突发问题解决过程中，长久以来形成的庞大的、丰富的、动态的、发展的意识形态层面的认知，和物质、行为、技术等具体形态的总和，且会在不同的社会转型阶段呈现出不同的特征状态[①]。研究人员从人类学、组织学、社会学、性别学、灾害管理学等角度，提炼出灾害认知文化、应急组织文化、社区应急文化、灾害应急文化心理、应急响应文化等概念及外延。一般而言，狭义上的应急文化是指在长期的应急管理实践中不断创造的以应急中防灾、减灾、救灾为目的且被社会广泛认同和遵循的应急思维观念、应急行为方式、应急法规制度、应急体制机制和应急物资保障的总和[②]。广义上的应急文化是指在应对突发事件的应急实践中产生的精神、制度、物质、行为、技术的文化形态总和。

（二）应急文化的特征

应急文化不仅涉及人们生活和生产的方方面面，还是维护人们身心安全与健康的重要保障。作为人类文化宝库中的重要构成，应急文化一般具有六种特征。

1. 应急性

由于事故灾害具有突发性，故应急文化具有功能上的应急性这一特征。应急文化建设意在用应急理念潜移默化地影响公众，将理念转化为公众的危机意识和迅速行动的能力，使公众在危急时刻能够迅速做出反应，尽可能减少人员伤亡和经济损失。

2. 预防性

应急文化属于一种“居安思危”的预防型文化，具有鲜明的事前预防性特征。应急文化建设要求在突发危机事件还处于萌芽阶段时，就能通过前期观察和一定的技术手段来未雨绸缪，提前做好应急物资、应急技术、应急能力等方面的防范策略。预防型的应急文化旨在从思想观念和行为习惯上锤炼公众，帮助公众形成预防型思维，用科学的应急思维指导应急行为，致

① 李晚莲，刘思涵．基于层次分析法的社区医疗卫生机构应急能力评价[J]．湖南社会科学，2018(2)：142-147．

② 王秉．以先进的应急文化为引领[N]．中国应急管理报，2019-12-21(7)．

力于将应急预防与应急处置的关口前移。

3. 协同性

应急文化是指导应急管理建设的顶层设计，覆盖社会安全领域的全过程，包括预防、准备、应急响应和善后等四个阶段，同时也渗透到参与各个环节的各方力量，是一项需要政府部门、企事业单位、民间组织及普通公众合作共建的系统任务，故应急文化在实践发展中具备了多主体协同性的特征。

4. 实践性

文化往往在社会实践中诞生，应急文化也不例外。应急文化源于人类的生产、生活等实践活动，而应急实践活动中产生的各种各样的经验又会反作用于各种应急实践活动，经过实践的检验与完善后，进而升华为系统的、科学的应急文化内容。可以说，没有应急实践活动，就没有应急文化的产生。应急文化是一种从应急实践中来并最终能够指导应急实践发展的文化，故应急文化具有实践性的特征。

5. 系统性

应急文化是应急物质形态、应急政治制度、应急精神文明、应急行为方式的辩证统一，是拥有自身运作逻辑的文化整体，具有系统性的特征。应急文化的内涵与外延十分丰富，涉及管理学、新闻传播学、工程学、心理学等众多不同学科领域。因此，应急文化实质上是一个具有庞大系统的科学领域，涉及应急文化技术系统、社会系统、经济系统等，是自然科学与社会科学交叉的一个系统。

6. 人本性

以人为本是应急管理的出发点和落脚点，应急文化的建设是人本文化的生动诠释，故应急文化应包含生命安全至上的人道主义精神。应急文化建设应以维护人民群众身心安全与生命健康为出发点和落脚点，以保护人民群众生命权、健康权、生存权等合法权益为根本目标。应急文化的核心要义包含人权、人文与人性，是充满了自尊、自信、自强等应急精神并体现了时代主流文化方向的人本文化。

（三）应急文化的构成

一般而言，各级政府、社会组织、社区、学校、家庭等，均是应急文化涉及的重要主体，应急文化可以看作组织文化的重要组成部分。应急文化的结构层次分为应急文化表现层、应急文化规范层和应急文化观念层(图 5-1)。

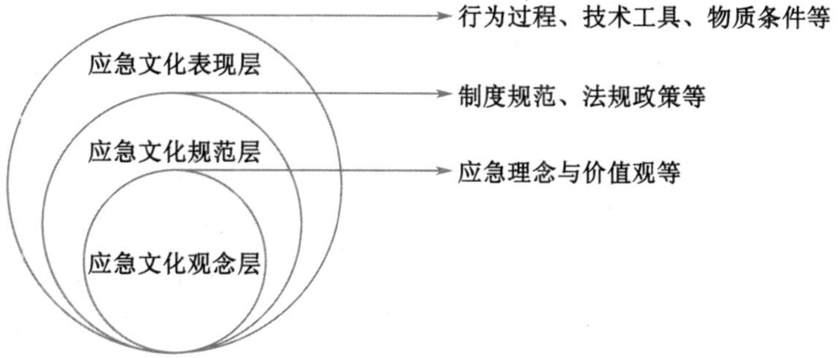

图 5-1　应急文化的层次构成①

1. 应急文化表现层

应急文化表现层是应急文化的外部事物层面，主要是指突发事件应急管理过程中的物质条件、技术工具，以及具体的行为过程等。应急文化表现层具体包括应急管理过程涉及的应急组织结构功能、应急组织运作过程、应急标语图示、应急避难场所、应急设备设施等。应急文化表现层属于应急管理过程的外在表现形式。

2. 应急文化规范层

应急文化规范层是表现层和观念层的中介，向上连接着应急文化观念，向下指导着应急行动过程。应急文化规范层是应急文化的中观层面，具体是指应急管理的制度规定和规范措施。应急文化规范层主要包括应急管理相关的法律法规、应急管理标准、管理体制机制、应急管理战略和目标等。应急文化规范层规范并约束着人们的应急行为方式。

3. 应急文化观念层

应急文化观念层是指“以人为本”“生命至上”“预防为主”“居安思危”等应急价值观及应急理念，是整个应急文化的中枢神经系统。它不仅指挥着

① 王郅强. 风险、危机与灾害：基于文化视角的解读[M]. 北京：中国书籍出版社，2020：266.

应急管理以及应急行为，是应急文化的深层次因素，而且旨在强化社会公众的人本意识和忧患意识，刺激社区居民自觉养成预防型思维，进而指导应急实践中社区居民的应急行为。

二、社区应急文化

（一）社区应急文化的定义

社区是突发事件应急处置的基层组织，在基层应急管理中发挥着不可或缺的关键性作用，是应急救援的冲锋力量。然而，目前社区应急管理建设还存在诸多不足，其中一个重要问题是社区应急文化工作的缺陷。在风险社会背景下，加强社区应急文化建设对于提升社区应急效能具有重要意义。作为应急文化的重要组成部分，社区应急文化多指在城市社区间形成的，服务于社区居民的应急文化。基于其重要意义，相关治理主体应通过各种渠道和形式加强社区应急文化教育和应急宣传培训，为社区居民普及应急文化常识，帮助社区居民树立应急文化观念，提升社区居民对应急文化的认识与理解，使其在面对突发事件时可以及时准确地做出正确的选择。

（二）社区应急文化的特点

社区是社会治理的基本单位，是应对突发事件的第一道防线，要推动应急管理力量下沉到社区，守严守牢社区防线。作为应急文化的一个具体领域，社区应急文化具有特定的应用价值。明确社区应急文化与应急文化的区别和联系，有利于节约社区应急文化宣传的成本，提高相关工作效率。作为应急文化的具体构成部分，社区应急文化与应急文化之间既有联系，又有自己的特点。

1. 地域性

一般而言，社区应急文化具有地域性特征。究其原因，在于各社区所处的地理位置不同，容易受当地经济、政治、文化等因素的影响，并会由此形成不同主题、风格的社区应急文化。把握社区应急文化地域性这一特点，有助于结合不同地区的实际情况，建设独具特色的社区应急文化。

2. 实用性

社区应急文化是为社区应急管理工作而服务的，故其根本目的是提高社区居民的应急意识，树立先进的社区应急理念，掌握社区应急知识和技能，从而助力安全社区的构建。因此，社区应急文化的产生和发展多围绕着实用性的要求，以图有效指导社区的应急实践活动。

3. 群众性

社区应急文化的作用对象是社区居民，而后者多呈群体性行动倾向，故社区应急文化本质上应是群众性的文化。社区应急文化的出发点和落脚点都应是在最大程度上服务于社区居民，从群众中来到群众中去，并贴近群众的真实需求。

（三）社区应急文化的作用

一般而言，社区应急文化是培养居民应急文化的精神理念，有助于帮助人们将应急文化内化为行为规范和秩序，进而转化为其本身的自觉行动。

1. 导向作用

社区应急文化有助于居民在应急管理活动中产生文化认同，不仅具有理念指导性和内在的价值导向性，而且具有行为上的示范性和引导性。社区应急文化所倡导的应急价值观和应急行为规范，能够潜移默化地对社区居民产生影响，使社区居民主动学习应急文化精神内容，并自觉将其转化为日常生活中的应急行为方式，使个人生活、生存目标与社区安全、稳定目标相契合。

2. 凝聚作用

社区应急文化倡导的应急价值观和应急行为准则一旦被居民认同，就会产生强大的文化同理心，从各方面把社区居民团结起来，在社区形成巨大的向心力和凝聚力，确保社区居民在社区应急管理中做到事前共同预防、事中合作应对、事后共建共享。

3. 激励作用

文化具有精神塑造和激励作用，社区应急文化同样如此。积极的社区应急文化能使居民从内心产生一种积极向上的力量和情绪，并通过发挥人的主动性和创造性，使人产生前进的动力和勇气，积极主动地投入社区应急文化宣传中，共同推动安全社区建设。

4. 约束作用

社区应急文化是文化的衍生物，其文化中蕴含的行为准则和认知规范对人的行为具有规范性和约束性。与传统观念中强调规章制度的硬性约束不同，社区应急文化更希望从深层次影响人的思想和行为，以试图将硬性规定转化为人的自觉行动，潜移默化地对居民形成积极影响，进而改变其不良行为。

三、社区应急文化宣传

（一）社区应急文化宣传的原则

宣传是指行为主体借助媒体传播特定内容，旨在影响他人意识和行为的一种社会传播活动①。作为宣传领域的重要组成部分，社区应急文化宣传是社区应急文化建设中的重要一环，是落实社区应急文化各项措施的有力手段。通过科学有效的社区宣传，能够大大拓宽社区应急文化的覆盖面并提高其推广度。一般而言，社区应急文化宣传需要遵循一定的宣传工作原则：一是要坚持创新社区应急文化宣传的方式方法，营造良好的社区应急文化氛围；二是将以人为本视为基本原则，将人民的生命健康权作为应急文化宣传工作的基本出发点、落脚点；三是要坚持服务大局，形成操作性强的城市社区应急文化宣传工作系统；四是坚持媒体融合发展，内容至上，达到应急文化宣传效果的最大化。

（二）社区应急文化宣传的要素

积极有效的社区应急文化宣传有利于在日常生活中向人们传播自觉防灾减灾、预防为主的应急常识和思想，从而减少社区灾害风险带来的危害，降低突发事件导致的经济、人员损失。作为应急文化建设的重要环节，社区应急文化宣传是个系统工程，涉及多个要素的整合与交流。其中，社区应急文化宣传要素主要包含社区应急文化宣传的主体、客体、内容、媒介与效果。

1. 社区应急文化宣传的主体

社区应急文化宣传的主体主要是利用各种宣传媒介，以多种多样的形

---

① 高群. 新闻学概论课程导学[M]. 合肥：合肥工业大学出版社，2019：66.

式向社区居民普及各种应急文化知识，将风险教育、应急技能引入社区，并通过社区应急演练活动、教育宣讲等方式帮助社区居民树立风险意识、提高风险应对能力。社区应急文化宣传的主体主要包括政府、媒体、社会组织、社区、学校等。当然，不同主体的性质和功能不同，故应采取与自身相契合的措施，以便在社区应急文化宣传中发挥更大的作用。

2. 社区应急文化宣传的客体

社区应急文化宣传的客体主要是指社区应急文化宣传作用的对象，即接收社区应急文化信息的受众。从一般意义上来说，社区应急文化宣传的客体特指社区居民，并具有自主性、集群性、互动性、多重性等特征。在传播过程中，社区居民既是应急文化宣传的主体，同时也是客体。按照不同的角度来分，社区应急文化宣传客体存在不同的类型。应针对不同类型的客体，采取不同的宣传策略，以实现最佳的宣传效果。

3. 社区应急文化宣传的内容

参照应急文化的构成层次标准，社区应急文化宣传主要包括“以人为本”的社区应急精神文化、“行政引导”的社区应急制度文化、“功能齐全”的社区应急物质文化、“与时俱进”的社区应急技术文化、“自救互救”的社区应急行为文化等五个部分。这些文化环环相扣，共同维护着社区的稳定和安全，不仅有利于提升社区应急文化建设水平，也推动着和谐社会的建设。

4. 社区应急文化宣传的媒介

社区应急文化宣传媒介主要是指社区应急文化信息传播的载体，也是信息传播的渠道或工具，并具有中介性、扩张性等特点。随着网络社会的持续崛起，以及大数据、人工智能等新媒体技术更新换代进程的加快，“三微一端”等新媒体得到了快速发展。

当然，由于报纸、杂志、广播、电视、互联网等不同媒体的特征存在差异，故社区应急文化宣传应在媒介的选择上深谙各种媒介的特点，并针对社区居民中的不同群体需求来进行优化组合，才可能达到最佳的传播效果。

5. 社区应急文化宣传的效果

社区应急文化的宣传效果主要是指社区应急文化宣传活动对居民的影

响程度及其目的的实现程度，并可以用抽样调查法、总体评估法、目标判断法等来进行测量。它具体体现在社区居民的应急文化认知、应急文化理念和应急文化行为向宣传主体期盼的方向改变的程度。同时，测量宣传效果可以达到检验宣传决策、校正宣传目标、提高宣传效益等目的。

■ 第二节　社区应急文化宣传的主体与客体

社区应急演练活动、教育宣讲等社区应急文化宣传，可以潜移默化地让应急文化逐渐内化为居民的自觉行动，提升社区居民的风险意识、风险应对能力等，有效减少危机事件带来的损失并助力安全社区建设进程。因此，社区应急文化宣传主体的主要任务是利用各种宣传媒介，以多种多样的形式向应急文化宣传客体普及各种应急文化知识，并将风险教育、应急技能引入社区并内化为社区的自觉行为。

一、社区应急文化宣传的主体

（一）基层政府

基层政府是社区应急文化宣传的重要主体力量，并在社区应急文化宣传工作中扮演领导者的角色，主导着社区应急文化宣传的发展方向。第一，应明确社区应急文化宣传目标，基层政府在应急文化宣传中应做到“以人为本”，提高社区居民对突发事件的防范意识；第二，基层政府应健全社区应急文化宣传的组织领导机构，构建“政府主导，街道为辅，社区落实，居民参与”的工作格局；第三，基层政府应完善社区应急文化宣传的责任制度，保证社区应急文化宣传顺利推进，将社区应急文化宣传的整体情况纳入基层政府领导干部的工作考核之中；第四，基层政府应加强社区应急文化宣传引导，提升包括应急宣传文化的阵地建设、社区应急产品研发以及典型人物和典型事件的宣传效能；第五，基层政府应强化社区应急文化专业队伍建设，带头推动社区应急文化宣传队伍建设，主动落实社区应急文化宣传①。

（二）媒体

媒体不仅是社区应急文化宣传的主力军，也是新时代社区应急文化宣传必不可少的主体。媒体不仅能将政府关于社区应急文化建设的相关精神传递给社区居民，还能帮助社区居民向社会、向政府部门表达自身的利益诉求。在社区应急文化宣传过程中，主流媒体首先应在充分履行自身舆论监督等职能的基础上，积极主动配合政府部门开展好各项社区应急文化宣传工作。媒体在信息传播的广度和深度上均占据优势，理应担当起宣传的主体责任，积极配合政府，将准确、实用、客观、全面的信息传递给社区居民，正确引导社区应急文化宣传方向。其次，媒体应积极开展正能量报道，广泛宣传社区应急先进典型，用榜样的力量引领居民重视社区应急文化，树立忧患意识，塑造应急理念。最后，媒体应支持社区居民参与应急文化宣传工作，利用媒体平台的便利，开发移动手机社区应急 App 软件、微信公众号等契合多种传播场景和用户需求的应急文化传播工具。

（三）社区

社区不仅是社会治理的基本单元，而且是应急文化宣传的关键主体。社区应做到能干事、干实事，严格遵照基层政府的要求，联合社区自治性群众组织，落实具体的应急文化宣传工作。在具体任务方面，首先，社区应切实做好日常宣传工作，帮助居民树立以预防为主的社区应急文化宣传理念，把好社区应急文化宣传关，全面提高社区居民应急文化素质和相关能力。其次，社区应开展应急文化宣传教育活动，在社区显著位置粘贴应急文化常识小贴士、自救互助技巧、应急设施的使用说明等；定期开展应急文化进社区的教育科普活动，促进社区应急科普事业；针对不同人群，制定方案开展社区应急演练的行为文化教育；开展“讲好中国应急救援故事”的教育活动等。

（四）社会组织

社会组织具有志愿公益性、互益性的特征，提供应急文化进社区讲座、

① 李仲良.加强应急文化建设可从五个方面入手[N].中国应急管理报，2020-04-28(7).

应急文化公益宣传等应急文化类公共服务。非营利性大幅降低了相关社会组织在提供应急文化宣传的公共服务时可能陷入的逐利陷阱。社会组织具有民间性和服务性等特征，且其能够提供如各类突发事件自救技能科普活动、社区应急文化免费体验馆等多样且异质的应急文化宣传服务。社会组织常在自然灾害、事故灾难、公共卫生、社会安全事件等领域具有专业性，并有利于相关领域风险的治理。社会组织的专业性、公益性等特征，使其在参与相关社区应急文化宣传事务中常具有某种独特优势、而其通过多种方式对社区居民的多维宣传互动，也有利于对后者的观念、态度和行为形成有利改变，并可以推动社区应急文化宣传领域相关公共政策的落实。

（五）学校

学校作为社区内拥有特殊地位的宣传教育平台，是社区应急文化宣传的主体之一，也是基层应急文化教育的有力抓手。针对不同年龄段的学生开展不同的安全教育课程，增长学生应急知识，帮助学生树立应急意识与理念[①]。随着总体国家安全观的提出，我国越发重视应急文化教育。一般而言，学校在推动社区应急文化宣传的过程中，可以从下列多个方面进行切入。首先，学校可以结合“5.12 防灾减灾日”“全国中小学生安全教育日”等某个特定的安全宣传日，开展针对性的教育活动。其次，学校可以统一开发必要的幼儿园和大中小学教材、视频、课件和影视作品、纪录片和宣传片、宣传手册等；重点确立相关高校或科研院所开展社区应急文化教育培训及教材研发。此外，各地正在筹备建设各类公共安全教育基地，包括突发事件应急救援体验活动中心、应急管理科教馆等。学校通过向社区内学生群体普及应急文化常识，加强自救互救技能培训，做到应急教育从小抓起，提高社区应急文化宣传的效率和质量。

二、社区应急文化宣传的客体

（一）社区应急文化宣传的客体类型

社区应急文化宣传的客体指应急文化宣传作用的对象，即接收应急文

① 苏国锋，许欢，魏娜，等. 中国应急管理发展研究 2020[M]. 北京：应急管理出版社，2021：159-164.

化信息的受众个体或其他相关组织。社区应急文化宣传活动由相关宣传主体来运作，针对社区应急文化建设或宣传客体的需求进行有关的应急文化宣传活动。

一般而言，在社区应急文化宣传中，其客体就是社区居民。但是，基于“三微一端”等新媒体“传播者”与受众相互结合的特征，在传播过程中的社区居民同时扮演着应急文化宣传主体与客体的复杂角色。

按照不同的性质来分，社区应急文化宣传客体存在不同的类型，故应该针对不同类型的宣传客体来采取富有针对性的宣传策略，以取得相对较好的宣传效果。其中，按不同的年龄段来分，社区应急文化宣传的客体可以分为儿童群体、青少年群体、中年群体、老年群体。按不同的职业来分，社区应急文化宣传的客体可以分为企事业单位群体、自由职业群体、农民工群体、无职业群体等。按不同的学历来分，社区应急文化宣传的客体可以分为高等学历群体、中等学历群体、低学历群体等。

（二）社区应急文化宣传的客体特征

社区应急文化宣传客体的数量众多，故掌握社区应急文化宣传客体的响应特征有利于针对性地对其开展社区应急文化宣传，推动社区应急文化宣传的主体与客体间有效联动，进而实现社区应急文化宣传效果质的飞跃。例如，企事业单位群体文化水平相对较高，接受度普遍较高，适合更有深度的应急文化宣传内容；自由职业群体工作时间相对灵活，思想较为活跃，接受新事物较快，适合紧贴时代前沿的宣传方式；农民工群体和无职业群体可以以传统宣传方式为主、新旧结合为辅的宣传方式进行社区应急文化宣传。

1. 自主性

社区应急文化宣传的客体受众是具有主观意识、区别于他人的不同个体。他们与宣传主体一样拥有自主意识，能够对各种宣传信息进行理性的选择和判断，并不会轻易被传播主体发布的信息左右；他们接收的信息或参与的宣传活动不是被动的，而是根据自我需求积极主动寻求的。社区应急文化宣传主体以居民的需求、喜好为导向，同时宣传主体的工作成效受到社区居民的检验。因此，社区应急文化宣传客体在宣传活动中具有自主性的特征。

2. 集群性

社区居民在接受应急文化宣传相关内容时，常以个体或者家庭成员的方式出现，故相对来说处于分散的模式。但是，由于个体往往存在于群体中并受社区集群文化的影响，故居民个体之间又会形成在思想和行动上极为相近或相同的群体。因此，社区应急文化宣传的过程不仅仅是面向单个的社区居民，还应该照顾到固定群体的需求和特点，进行集中宣传，以提高宣传效率和效果。

3. 互动性

在社区应急文化宣传的过程中，社区居民是受作用的一方，也是发挥作用的一方。这是因为，社区居民在社区应急文化宣传过程中是能动的，且能够对宣传活动中的主体产生反作用并与其互动。换言之，社区居民需求的变化会促进宣传主体调整宣传策略，改进应急文化宣传质量。同时，社区居民的应急文化接受现状又是制定宣传策略的根本依据。

4. 多重性

多重性是指应急文化宣传的客体扮演着多重角色。具体而言，在社区应急文化宣传过程中，社区居民既是应急文化宣传的主体，也是客体，故其不仅接受着应急文化的相关信息，也向身边人传播着应急文化。同时，社区居民既是社区成员，也是家庭成员和社会成员——每一重身份都决定了社区居民个体在应急文化宣传中会发挥不同的作用。

第三节　社区应急文化宣传内容

社区应急文化宣传涉及的内容较多且复杂，故厘清各部分内容归属并对其进行合理的分类，才能达到事半功倍的宣传效果。同时，社区应急文化宣传内容也是社区应急文化重要的宣传要素之一，而全面掌握这一要素则是科学开展社区应急文化宣传工作的前提条件。根据应急文化的构成层次标准，一般认为社区应急文化宣传包括应急精神文化、应急制度文化、应急物质文化、应急技术文化、应急行为文化等五个部分(图 5-2)。这些文化环环相扣，共同维护着社区的稳定和安全，推动着和谐社会的建设[①]。

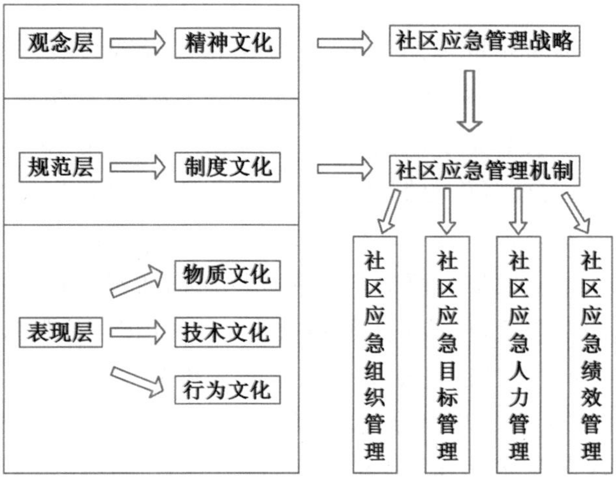

图 5-2　社区应急文化宣传内容

一、“以人为本”的应急精神文化

发展“以人为本”的社区应急精神文化，一是要提高社区居民的应急意识，积极主动地通过各种宣传媒介，以宣传、教育的方式向社区居民灌输现代社会风险无处不在的理论常识，强化社区居民的底线思维[②]；二是要帮助社区居民全面认识突发危机事件，形成先进的应急理念。社区居民应掌握必要的应急技能和逃生能力，锻炼心理承受能力，做到在突发危机事件中处变不惊，不惧突发危机事件，也不能低估其影响，争取时间获得最大的生存机会[③]；三是培养社区居民正确的应急价值观，对其进行生命价值观教育。在社区应急文化宣传过程中，要呼吁社区居民学会尊重自己与他人的生命健康权和生存权，提高对“以人为本”“集体主义”“效率优先，兼顾公平”等应急原则的理解深度。

---

① 王郅强. 风险、危机与灾害：基于文化视角的解读[M]. 北京：中国书籍出版社，2020：267-271.

② 孙颖妮. 培养风险意识和应急能力　加强应急文化建设[J]. 中国应急管理，2019(5)：18-19.

③ 蒋连霞. 新时代应急文化建设的路径[J]. 人民论坛，2020(25)：140-141.

二、“行政引导”的应急制度文化

在应急管理不断被重视的今天，应急文化已经成为各基层社区治理必不可少的环节。因此，完善社区应急制度文化，不仅需要明确应急制度文化建设和应急文化建设的关系，还需要形成以“政府为主导、社区为主体、居民参与”的多元共治的社区应急制度文化建设格局，推动社区应急文化宣传工作的落实。政府要完善应急文化宣传教育、发展保障体制机制等法律法规，建立健全应急文化建设的行政架构。在社区层面要建立严明的应急文化宣传组织机构和制度规范，形成一套可操作的社区宣传工作制度体系，进一步规范、明确相关主体在社区应急文化宣传中的相关权利、义务。政府和社区要紧密合作，积极探索行政引导、表彰奖励、宣传教育等柔性管理模式，提高社区居民在社区应急文化宣传中的积极性，发挥社区居民的主人翁作用。

三、“功能齐全”的应急物质文化

“功能齐全”的社区应急物质文化建设，首先要保证应急硬件设施的配套和完善，以及硬件设施与社区整体环境的融合与搭配。社区应急硬件设施的建设要满足突发事件的事前预防、事中应急处置、事后重建与恢复等各个阶段的需要。社区应急物质文化建设要加强社区多功能实体建设，满足社区居民的日常生活与应急状况的双重需要。在社区规划阶段，可以考虑建设多功能场地和设备。社区应急物质文化建设应该与城市整体建设、城市环境保护相结合，构建协调高效的城市应急体系，并直接提升社区突发事件应急处置能力的现代化水平。

四、“与时俱进”的应急技术文化

信息化是新一轮世界科技革命浪潮下各行各业加快现代化建设的核心要素，而应急技术文化建设与发展也不例外。建立“与时俱进”的社区应急技术文化，要把技术发展观念摆在第一位，形成正确的安全观和应急技能观。要着重加强应急教育培训，严格培训要求。通过充分利用互联网、手机、电视、广播、报纸、宣传栏、宣传册等新旧应急文化宣传媒介的作用，向广大社区居民普及应急技能和应急文化知识，并通过长时间的宣传教育、培训、实地演练等方式，潜移默化地影响社区居民的应急观念和日常行为，进而不断提高社区居民的应急文化素养。

五、“自救互救”的应急行为文化

“自救互救”的社区应急行为文化建设要借助应急精神文化的价值引领功能与应急制度文化的约束功能，并通过社区内部的激励机制、奖惩制度、宣传教育、榜样引领、实地演练、自主学习等方式潜移默化地引导社区居民自发、自觉培育应急行为文化。作为相关应急主体在长期应急实践进程中相关经验的结晶，应急行为准则对相关应急活动、应急准备等应急管理工作中的具体行为内容、方式等具有重要参考价值。社区居民的应急行为在很大程度上受其应急意识水平的影响，且不同个体的行为表现存在着巨大差异。因此，应通过健全相关的城市社区应急法律法规、规章制度、标准体系等来进一步约束和规范社区居民的应急行为。

第四节　社区应急文化宣传媒介

社区应急文化宣传媒介是社区应急文化宣传的关键要素之一，也是开展社区应急文化宣传工作的重要支撑。掌握社区应急文化宣传媒介的相关理论知识，深谙各种媒介的优缺点，针对社区内不同特色群体的需求，在社区应急文化宣传实践中进行相关资源的优化组合，才可能达到最佳的传播效果。

一、宣传媒介概述

（一）宣传媒介的类型

宣传媒介是指信息传播的物理手段，包括电子媒体、纸质媒体等与技术相关的媒体，也指关系到相关信息的搜集、筛选、加工、合成、传递的报社、电视台等某些组织或机构。依据不同的标准，可以将宣传媒介分为不同的类型，其中，根据宣传媒介作用于受众的感官，可以分为听觉媒介、视觉媒介、视听媒介;依据宣传媒介产生的时间顺序,可以将其分为早期符号媒介、语言媒介、文字媒介、印刷媒介、电子媒介、网络媒介等类型;依据宣传媒介的不同传播方式,可将其分为直接媒介和间接媒介;根据宣传媒介的不同传播目的,可将其分为公益性媒介和营利性媒介。

(二)宣传媒介的特点

一般而言,宣传媒介具有以下的特点:第一,实体性。无论是传统的报纸、杂志等媒介,还是电子媒介中的广播、电视、计算机等媒介都是以实实在在的物质形态而存在,是有形的、真实的、可触摸的实体。第二,中介性。媒介的中介性主要体现在其处于信息传播者和信息受众之间。传播者和受众双方需要通过媒介进行信息交流,从而建立联系。第三,负载性。负载符号既是宣传媒介的本质特征,也是宣传媒介进行信息传播的必要前提和最终要完成的使命所在。第四,还原性。作为信息和受众的中介,宣传媒介的主要任务是将负载符号的原声、原形、原样原封不动地传播出去,由受众进行主观的判断和筛选,而不允许对信息符号做任何加工处理,并以此保持信息传播的客观性。第五,扩张性。宣传媒介不仅可以进行点对点的传播,还可以扩张到点对面、面对面的传播。

二、社区应急文化宣传媒介的运用

(一)社区应急文化宣传媒介的种类

在传统媒介和新兴媒介并存的时代,传统媒介也在不断改变,以适应受众的需求,故仍然有其受众群体。即便是新兴媒介,因其表现形式不断更新,受众也不是一成不变的①。社区应急文化宣传媒介的类型多种多样,根据一般分类标准,社区应急文化宣传媒介主要包括传统纸媒、电子媒体以及新兴的第五媒体。其中,第五媒体特指近年来随着科技的发展出现的移动客户端和移动网络。

1. 传统纸媒

传统纸媒主要包括报纸、杂志、宣传册等相关纸质传播媒介。社区应急

① 张继延,薛峰. 提升高职院校招生宣传策略与质量[J]. 中国高等教育,2017(23):46-48.

文化宣传运用到的传统纸媒主要包括报纸、杂志和社区宣传栏等。

(1) 报纸

报纸是指定时、定量向社会公众发行的纸质出版物或电子类刊物。它以刊登时事新闻和热点评论为主，是社区应急文化宣传的重要载体，具有反映社区应急文化宣传重点和引导社区居民形成应急意识的功能，深受社区中老年群体的喜爱。

(2) 杂志

杂志与报纸类似，注重信息宣传的时效性，但增加了更加详细的关于新闻时事的评论解读。杂志在社区应急文化宣传中比报纸更具优势，而其受众也一般集中于社区订阅杂志的固定群体。

(3) 社区宣传栏

社区宣传栏是社区在公共场所进行自我宣传的有效手段，它巧妙地将文字和图片相结合，经过精心排列设计，简洁明了地将应急文化信息展示给社区居民，有助于营造浓厚的社区应急文化氛围，因而是社区应急文化重要的宣传阵地。

2. 电子媒体

电子媒体主要包括传统的广播、电视和新兴的互联网平台。虽然互联网平台在如今的社会已经占据宣传的主导地位，但广播和电视覆盖的人群依然大量存在并呈稳定发展态势。

(1) 广播

在互联网发达的今天，广播使用群体虽日渐缩小，但仍然存在部分听众。社区广播可以利用其对象广泛、传播迅速、功能多样、感染力强等优势进行社区应急文化宣传，故有助于将应急文化与社区居民的日常生活进行有机结合。

(2) 电视

电视可以利用视觉残留效应将众多连续的静止图像显示为动态图像，即时向受众传送，达到传达图像信息的目的。随着科学技术的快速发展，电视在曾经的一段时间内得到飞速发展，并凭借其声音、光影等要素于一体的特征得到广大民众的喜好和接纳。如今，多数居民家中都有电视，而电视作为家庭娱乐、文化交流的重要媒介，对于社区应急文化宣传也具有重要作用。

(3) 互联网平台

近年来，互联网平台成为社区居民了解社区应急文化的重要工具。随着互联网的迅猛发展，社区应急文化宣传也开始加大电子媒介的使用力度，网站、微博和微信等新媒体平台正在成为社区应急文化宣传的“新媒介”。从运用的情况来看，互联网平台虽尚未能有效满足宣传工作的需求，但作为网络社会基本组织的网络社群正以势不可挡的趋势成为重要宣传途径。

3. 第五媒体

随着技术的飞速进步、民众需求的快速变化和媒介形态的迅猛革新，传统的部分媒体已经不能够有效满足民众的最新需求，第五媒体应运而生。其中，移动客户端(手机、平板等)与移动网络的发明，让“人人都是记者”“随时随地发现新闻”成为可能。在新旧媒介共存的今天，传统和新型宣传载体应相辅相成，发挥各自优势，综合运用图、文、音、视频等多种形式，实现社区应急文化宣传内容从可读到可听、可视，从静态到动态，从一维到多维的升级融合。

(二) 社区应急文化宣传媒介的运用

在现代社会，无论是专业宣传队伍还是普通居民都能成为信息的生产者和传播者并在社区应急文化宣传中扮演重要角色。如何正确使用宣传媒介是提高社区应急文化宣传素养的重要环节。

1. 提升媒介素养并熟悉使用媒介的科学方法

媒介的类型繁多，且各具特征。在运用媒介进行社区应急文化宣传之前，首先要掌握基础的媒介知识，例如常用的宣传媒介有哪些、各种宣传媒介区别于其他媒介的特征、不同媒介间优缺点的比较、不同媒介适用的群体等；其次，要了解各类媒介的使用方法，掌握媒介基础知识只是第一步，学会有效使用媒介才是最终目的。在科技飞速发展的今天，各类新兴媒介层出不穷，新媒介相比于传统媒介功能更全面、宣传体验更好、使用难度也较大。要想满足社区应急文化多样的宣传需求，在媒介的选择上就要灵活多变、新旧结合，满足相关宣传需求并契合时代的发展。

2. 理解媒介信息传播的意义和价值

宣传媒介是信息发布的重要载体,也是传播文化的重要工具。社区应急文化宣传的目的是向社区居民普及应急文化知识、提高社区居民应急文化素养、使社区居民树立应急文化理念、帮助社区居民形成应急文化自觉,全面推动我国应急管理建设。宣传媒介在选择和使用上要坚持正确的媒体观,端正媒介使用的动机,对利用媒介发布的内容负责,以加强社区应急文化宣传为出发点和落脚点,正确理解媒介信息传播的意义和价值。同时,宣传主体在使用媒介进行社区应急文化宣传时一定要以严谨的态度校对每一次的信息发布内容,避免出现不当或错误言论。

3. 熟练掌握媒介宣传的知识和技巧

要学会合理运用新旧媒介来最大限度地辐射不同居民群体。不同年龄段、不同文化水平和不同职业的居民接触信息的渠道不尽相同,故要想让社区应急文化宣传覆盖更多的人群,就要从信息传播源头着手,尽量运用多种多样的媒介发布信息,最大限度满足不同群体的喜好和需求。学会创新宣传形式和内容,用社区居民喜闻乐见的方式进行社区应急文化宣传。宣传主体在使用媒介发布信息时,要注意选取新颖的题材、有价值的话题,激发社区居民讨论交流的欲望。同时,还要注意结合运用文字、图片、音频、视频等不同的宣传形式,增加内容的可读性和趣味性。

三、社区应急文化的宣传效果评价方法

社区应急文化的宣传效果是指社区应急文化宣传活动对居民的影响程度及目的实现程度,是衡量和评价社会应急文化宣传工作成效的重要依据。只有掌握正确评价社区应急文化宣传效果的方法,才能高效、准确地对社区应急文化宣传工作进行评价,并在此基础上加以修正与完善,进而持续提升宣传效果。

(一)抽样调查法

抽样调查法是指从所有社区中按照一定的原则抽取一定数量的社区进行统计与分析,并根据抽取的这部分社区的分析结果去推测所有社区特征的一种调查方法。其中,所有社区是抽样调查的“总体”,从所有社区中抽取

出来的部分社区是抽样调查的“样本”。在实际的运用过程中，特别要注意样本社区选取的科学性和可操作性。

（二）总体评估法

总体评估法要求由第三方的专业信用评估组织出面，根据定性、定量等研究方法为评估对象建立科学合理的不受主观意志影响的概括性评价。一般情况下，主要由研究领域内的专家学者、政府代表、企事业单位代表、媒体代表、社区居民代表等多方人员组建成第三方评估机构。根据社区应急文化宣传的第三方评估机构给出的结果，对于应急文化宣传先进社区或先进个人适度进行物质和精神方面的鼓励，同时对应急文化宣传滞后的社区进行谈话提醒和批评警告。

（三）目标判断法

目标判断法即根据目标进行判断，其运用的关键点是首先确定判断目标，然后对其进行细致入微的观察并做出相应的判断。目标判断法要求在研究问题时要善于观察，发现存在的问题，提出相应的看法，并从中找出关键的信息，进而对其加以密切关注并深入思考原因和对策。在社区应急文化宣传的评估中，要善于以目标为导向，发现宣传中的现存问题并及时加以改正。

同步思考题

1. 解释应急文化、社区应急文化、社区应急文化宣传等相关概念。
2. 阐述社区应急文化的作用。
3. 试述社区应急文化宣传的原则、具体内容。
4. 列举社区应急文化宣传的主体、客体、媒介与效果评价。
5. 如何理解社区应急文化宣传在应急文化建设中的作用？

6

第六章

智慧社区应急管理

学习目标

1. 重点掌握智慧社区应急管理的概念内涵、基本特征与主要内容，能够理解传统社区应急管理与智慧社区应急管理之间的区别和联系。

2. 了解我国智慧社区应急管理的基本组织架构，能够掌握不同治理主体在智慧社区应急管理组织体系中的角色与功能。

3. 了解智慧社区应急管理的基本流程与运行机制。

4. 了解智慧社区应急管理建设的技术系统。

案例引入

北京时间 2017 年 6 月 22 日凌晨 5 点左右，浙江省杭州市一小区发生纵火案，该事件造成 4 人死亡（一位母亲和三个未成年孩子）。据警方通报，保姆莫某某用打火机点燃了客厅内物品，过火面积 50 平方米，而失火的住宅足足有 300 平方米之大。据公安部消防局的数据，2016 年，全国 54.4%的火灾在 30 分钟内被迅速扑灭，26.4%的火灾在 30 分钟至 1 个小时内被扑灭，12.1%的火灾扑救时间在 1～2 个小时，只有 7.1%的火灾扑救时间超过 2 个小时。但杭州这起过火面积只有 50 平方米的住宅火灾，却用了近 2 个小时才完全扑灭。

遇难者的亲属和现场业主表示，火灾发生时，18 层的消防栓没水，不能启动，从 16 层消火栓接通的水管压力不够，消防警铃和消防广播也没有听到，火灾警报是物业派人挨家挨户敲门通知的。6 月 24 日下午，该小区部分业主质疑物业：为什么物业发布的通报不介绍火灾发生时一系列反应的具体时间以及应急预案？小区夜间巡逻保安的人数有多少？24 小时监控室在哪里？物业人员有无防灾经验？这起火灾激起了一连串的质疑。

一方面，该社区风险监控预警手段不完善，未能及时发现火灾事件，错失黄金救援时间。该事件中，居民楼中的感烟探测器、报警器失效，物业和居民在初期没有发现火情，发现火情后，居民通过手机向 119 系统报警。因此，社区在突发事件监测和信息报送环节没有发挥应有的作用。另一方面，应急救援物资购置成本高、维护难度大，导致社区很难实施有效救援。在该事件中，火灾发生时，消防控制室值班人员缺乏应急技能，没有及时启动消火栓控制泵。同时，由于室内消火栓压力不足，无法对火势进行有效打击，进一步降低了应急救援的效率。

此次事件留给世人的不仅仅是惋惜，还有对我国社区消防安全问题的反思。智慧社区火灾报警系统和消防无人机普及化或可避免更多的悲剧发生。近几年，物联网、大数据、人工智能等技术的蓬勃发展，为整个消防产业的进一步升级提供了可能，也对社区智慧应急提出了新的要求。如此，基于消防物联网搭建大数据库，构筑高度感知的智慧社区消防基础环境，从而做到实时监控动态的社区消防安全信息，及时发现火情，并且智能分析火情、规划最优的社区救援路径，在未来逐步打破时空界限，组建全面、高效、细致的社区智慧消防网络，甚至基于人工智能进行建筑火灾风险评估，真正做到防患于未"燃"。

（案例来源 周健：《杭州"保姆纵火案"背后的社区自治和公共参与问题》，载于澎湃新闻网 2017 年 6 月 2 日，https://www.thepaper.cn/newsDetail_forward_1717990，https://www.thepaper.cn/newsDetail_forward_1717990。收入本书时有改动）

■ 第一节　智慧社区应急管理概述

据不完全统计，20 世纪最后 10 年里，我国有 80％的灾害损失发生在城市及其社区中[①]。根据《突发事件应对法》《国务院关于全面加强应急管理工作的意见》等法律法规的要求，社区在城市应急管理中主要承担着风险监控、信息报送以及前期紧急辅助救援等职能。因此，城市社区是当前国家治理架构下防范应对社会风险和抵御自然灾害的前沿阵地。2018 年 4 月，习近平总书记在湖北考察时强调，社区是基层基础，只有基础坚固，国家大厦才能稳固。

---

① 周一丹，宁宁，周文婧，等. 社区韧性理论视角下城市社区新型冠状病毒肺炎疫情防控[J]. 中华卫生应急电子杂志，2020，6(3)：181-182.

一、智慧社区应急管理的兴起

当前,全面实现"数字化转型"已成为中国经济社会发展的重要趋势。自2012年起,国家多部委就"智慧城市"的发展颁布了系列政策文件,其中,智慧社区作为智慧城市建设中的关键节点被多次提及。党的十九大报告明确提出,要"建设网络强国、数字中国、智慧社会",为进一步推进新型智慧城市建设指明了方向。2021年4月,住建部等16部门联合发布《关于加快发展数字家庭提高居住品质的指导意见》,明确指出要加快发展数字家庭,提高居住品质。政策细则关于智慧社区的建设标准已经逐渐清晰和明确,智能安防、消防监测、环境监测、智慧设施成为社区应急管理的基本配置,并且在此基础上,鼓励建设智慧养老、智能充电桩等配套智慧公共设施,同步推进智慧社区服务平台的搭建,对接各类商业服务,构建线上线下生活服务圈,满足居民多样化生活服务需求。各级地方政府也及时积极响应国家政策,陆续出台多种鼓励细则助推智慧社区建设。

除了国家政策的推动外,智慧社区应急管理的兴起与发展有其必然性。目前,我们正处于一个信息技术快速变革、风险特征快速变化、社区协同减灾呼声高涨的时代,过去政府作为单一管理主体,依靠传统经验应对辖区单一灾种的应急管理模式已经难以为继。

(一)风险社会给社区应急管理带来新的风险挑战

传统社区应急管理模式呈现出理念落后、效率低下、预警能力不足、跨组织协调差等固有弊端,已无法适应现代社区应急管理的根本性需求。随着人类进入风险社会,复杂交织的现代风险延伸至基层社区的每一个角落,超越了过去风险处置的经验认识,呈现出新的风险特征和治理难题,亟须探索更具韧性和智慧的社区应急管理模式。

(二)治理理念的兴起促进了社区多元合作的实现

传统社区应急管理过分依靠政府的主导力量,突出政府的全能性,这在一定程度上导致市场、社会组织、志愿者等其他治理主体得不到重视,尤其是社区居民常常被排斥在社区减灾体系之外。近年来,国家与基层治理理念的形成与推广有力促进了多元治理主体的发展,多主体协同参与应急管理的体制机制逐步建立与完善。与此同时，伴随着基层行政体制改革的持续推进，大量的社会管理和公共服务职能不断下沉，社区主体将承担着更为广泛的社区应急管理职能。

（三）新兴技术赋能社区应急管理效能提升

以互联网、人工智能、云计算等信息技术结合而成的“数智”时代所带来的信息浪潮和技术革命已经来临，越来越多的智慧化手段被探索和应用于社区应急管理领域。家庭安防、智慧消防、灾害监测预警等对城市社区应急管理及其创新的影响与日俱增。现代信息技术不仅可以实现技术平台与社区各主体之间的资源共享、信息整合，还可以在识别能力、分析能力的基础上更快帮助社区应急管理者获取社区居民的诉求，通过大数据技术调配各项物资来满足居民的需求，体现智慧应急理念，从而提升社区应急治理能力①。

在此背景下，我国智慧社区建设不断深入，日益形成了新的城市智慧社区应急管理模式，使其成为提升当前乃至未来城市社区韧性和抗逆力的重要手段。从传统物业到智慧社区，社区应急管理方式、管理人员结构都发生了根本改变，这种智能化、智慧化转型对社区安全建设起到了积极推动作用。可以说，智慧社区应急管理是城市社区未来发展的必然趋势与选择，也是当前实践界与学界关注的重要议题。

二、智慧社区应急管理的概念

作为城市居民生存和发展最基本的组成部分，社区的社会属性已愈加凸显，其智慧化水平也成为城市智慧水平的集中体现，智慧社区建设势在必行。那么，究竟何为“智慧社区”？对此，学界与实务界给出了大量的定义，但尚未形成统一认识②。智慧社区是指通过利用各种智能技术和方式，整合社区现有的各类服务资源，为社区群众提供政务、商务、娱乐、教育、医护及生活互助等多种便捷服务的模式。学界大多是从技术性、功能性、结果性、

---

① 汪超.“五治统合”：基层党组织引领社区应急治理的体系建构[J].探索，2022(4)：81-91.

② 张聪丛，王娟，徐晓林，等.社区信息化治理形态研究：从数字社区到智慧社区[J].现代情报，2019，39(5)：143-155.

价值性等四个方面对智慧社区的概念进行界定①。有学者认为,智慧社区是指充分借助互联网、物联网、云计算、数据挖掘、智能终端等新兴信息和通信技术,涉及智能楼宇、智能家居、城市生命线等诸多领域,构建社区发展的智慧环境,从而对社区的各种需求做出智能响应,优化社区服务和社区管理。也有学者总结现有概念体系,认为智慧社区是指以居民需求为导向,以美好生活为目标,以多元组织为主体,以智能化服务为手段,以资源整合为基础,向社区居民提供方便、快捷、透明、公平公共服务的新型社区治理模式。还有学者认为,智慧社区是通过先进信息技术建立大数据平台和管理系统,实现公民公平便利、政府透明高效目标的一系列相互依赖的人类—网络—物理系统。

基于以上认识,本书认为智慧社区是一种以技术赋能社区管理方式、流程等转变的新兴模式,其实质是利用先进的信息技术,实现社区智慧管理和运行,为社区居民提供智慧化的安全服务和保障,不断提升社区管理与服务的科学化、智能化、精细化水平,最终实现共建、共治、共享的社区管理模式。

智慧社区面向社区管理与服务的各种事务,其中应急管理是智慧社区应用的重要方向。顾名思义,智慧社区应急管理是智慧社区在应急管理领域的延伸与应用。智慧社区应急管理是指充分利用现代化的信息技术手段,融合社区场景下的人、事、地、物、情、组织等多种数据资源,通过对社区整体状况的风险感知,增强物与物之间、人与物之间的联系,全面、准确、迅速地了解掌握社区中风险源的情况以及发展态势,提前预判控制可能发生的风险和突发事件。

智慧社区应急管理旨在加强社区内物与物、人与物之间的联系,以求能够更加全面、精准、快速地掌握社区中存在或潜在的风险源并就各类风险提前做出预判与控制,从而减少各类突发事件的发生概率。可以说,智慧社区应急管理将社区视为一个完整的生态系统,将各种零散信息、基础设施与资源纷纷纳入该系统内最终形成一个协同网络,使社区管理更加高效、安全与智能化。随着信息化与数字化的快速发展,智慧社区应急管理体系的建立将极大地推动城市应急管理水平的整体发展与进步,成为整个社会应急管

① 姜晓萍,张璇.智慧社区的关键问题:内涵、维度与质量标准[J].上海行政学院学报,2017,18(6):4-13.

理体系的重要组成部分。

三、智慧社区应急管理的基本特征

智慧社区的出现与发展，不仅带来了社区应急管理的概念拓展，还推动了社区应急管理的内涵转换与延伸。与传统社区应急管理工作相比，智慧社区应急管理最显著的特点是智能化、信息化，其在组织结构、信息技术、资源调配以及应对危机处置等方面均表现出较为先进的理念与技术，能够实现居民自我感知和自我预防，以有效应对各类自然灾害与人为灾害。智慧社区应急管理的基本特征，见图 6-1。

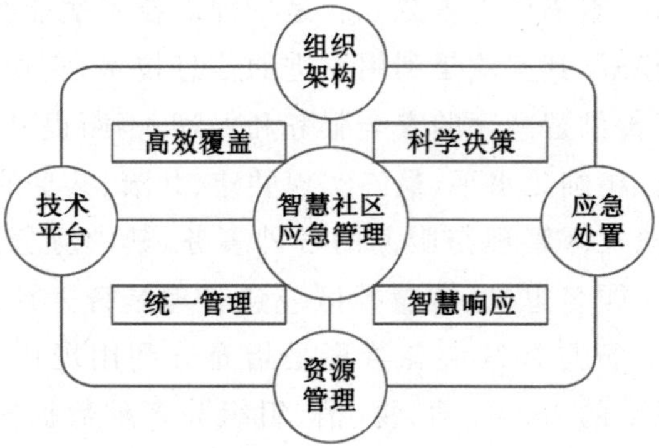

图 6-1　智慧社区应急管理的基本特征

（一）组织架构的整体性

在城市应急管理体制机制呈现重大变革的背景下，智慧社区应急管理改变了过去突发事件分散化、碎片化管理的弊端，从系统的、整体的角度出发，打破各主体分散分割的局面，加强跨部门、跨行业间沟通协作，整合多方面的力量和资源，形成政府主导，企业、居民、社会力量共同参与的应急管理合力。社区突发事件应急管理以任务或过程为主线，通过智能化信息技术平台统筹调度，协调应急资源，动态调整应急处置方案，构建形成了网络化、扁平化、高效化的应急组织体系，实现突发事件应对的灵活性和应变性。正如美国管理学家林登对政府机构的再造过程所提出的“无缝隙组织”概念那样，智慧社区应急管理强调多主体、跨部门之间运转的整体性、协调性和一致性。

（二）技术平台的智能化

相较于传统应急管理方式，智慧社区应急管理的优势源于海量多源实时数据的采集与汇聚。以物联网、大数据、云计算、移动互联网、人工智能等新一代信息技术为支撑的高度智能化的信息技术体系是智慧社区的中枢神经网络，信息技术平台的搭建实现了社区管理的智能化、人性化和科学化。在社区突发事件应急管理中，智能信息平台能够获取分散、零碎的实时信息，实现风险源、地理信息、物资人员等基础信息的一体化采集，建立完整、全面、系统的风险管理数据库，有利于打通信息传播渠道，实现信息共享和交互，消除以人工为主的传统应急管理风险沟通的弊端，为社区突发事件应急管理的预防准备、监测预警、响应处置提供机制保障，从而构建起人防和技防相结合的智慧应急管理模式。

（三）资源管理的高效化

由于物联网技术的广泛嵌入与应用，智慧技术信息平台可以对社区可用的应急资源进行综合管理，实现资源管理的高效化。智慧技术信息平台可将现有的各类应急资源汇集、分类管理，尤其是在应对突发事件临时性需求时，能够将社会闲置资源通过购买、捐赠、租赁等多种方式和渠道进行对接和跟踪管理。智慧技术信息平台可通过网络将应急资源的供给方和需求方实现最优化、最大限度智能匹配，提高应急资源配置和使用的扩展性以及应急资源储备的动态管理。

（四）应急处置的科学化

许多突发事件往往发生在基层社区，传统的应对方法大多是经验式的决策，缺乏科学依据和数据支持。在突发事件发生后，智慧社区能够实现信息互联互通、主体协调联动、资源高效调配，从而实现社区应急管理的智慧、高效与安全。智慧社区应急管理的智能性、新技术性使得应急系统呈现网络化、集成化、数据化等特征，通过物联网、大数据、互联网等综合技术应用平台，能够及时、快速、有针对性地采取应对措施，为管理者提供准确、智慧的信息辅助科学决策。同时，智慧社区应急管理避免了传统应急主体力量分散、缺乏联动性等弊端，通过无缝隙链接，实现多主体协同应对突发事件的一致性和协调性。

（五）资源链接的网络化

智慧社区通过建立社区数据标准管理体系和多源异构数据汇聚集成平台，进而搭建社区数据汇聚资源中心，涉及智能家居、智能楼宇、智能安防、智慧物业等多个系统网络，汇聚视频监控、重点人员信息比对、消防预警、外来人员进入预警、紧急情况通报、小区停车位实时报告等功能。同时，对社区应急救援的队伍、装备、车辆等应急资源进行统一管理，以此形成智慧社区应急管理各类资源相互链接的网络体系。

四、智慧社区应急管理的任务内容

智慧社区应急管理旨在以社区居民安全保障、医疗卫生、灾害处理等为核心诉求，通过更快地监测、识别、预防风险，实现社区应急信息采集、分级分层管控、预警和自动响应的智慧化服务。无论是应对自然灾害，如地震、暴雨、暴雪，还是防范和处理人为灾害，如恐怖袭击、火灾等，智慧社区应急管理具有零距离感知、事前预警、科学决策、智能反馈、有效救援、无缝隙联通协作、妥善推进灾后恢复工作等方面的能力，为确保城市社区居民的安全提供保障。不同突发事件情景下，智慧社区应急管理的任务有所差异。在常态化情景下，智慧社区应急管理的主要任务是危险防范、预案准备、应急保障和宣传动员。一旦进入非常态突发事件情景，智慧社区应急管理的主要任务转变为信息报送、应急救援决策、灾后总结。其中，风险监测成为常态化情景与非常态化情景转变的枢纽。智慧社区应急管理的任务内容，见图 6-2。

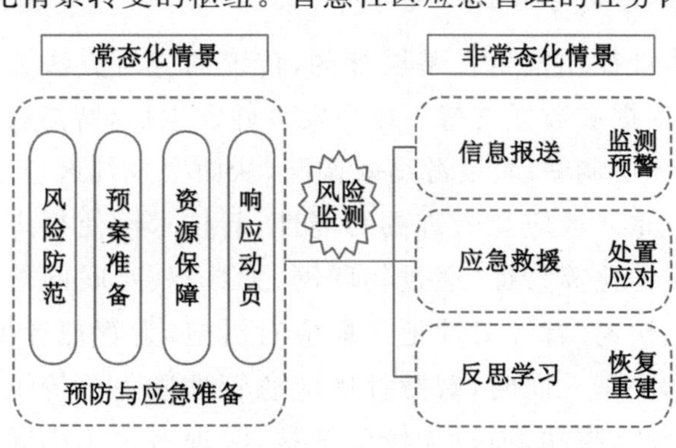

图 6-2　智慧社区应急管理的任务内容

（一）常态化情景下的智慧社区应急管理内容

1. 风险防范

为更好地应对社区灾害场景，风险防范处于第一要义。按照空间分布，从外围到核心，可以将智慧社区应急管理分成四个部分。处于最前端的即是社区出入口，以社区围墙为边界线，构建以车牌识别、社区口令卡等技术为支撑的边界防护圈，将可疑人员与社区隔离开来。进入社区内部以后，则以社区内部道路为主线，各重点公共场合为点，形成以视频监控、视觉识别等技术为支撑的内部防护网，通过技术手段识别火灾、天然气泄漏以及可疑人员的持续追踪。进一步，以社区楼栋为点，通过智能门禁、人脸识别等技术，建立楼栋之间的防护网络。最后，在这个社区内，通过社区物业、安保人员等形成覆盖社区入口、道路、楼栋、楼道的安全防护移动阵地，对各类风险采取双重维度防范措施。

2. 预案准备

在社区范围内，建立以居委会为主要指挥中枢的应急处置领导小组，负责组织、领导社区内有生救援力量，统筹对接管理社会应急救援队伍，共同处置各类突发事件。同时，按照居委会集体经常性储备与紧急情况下临时征用相结合的原则，对社区内用于应急救援的物资进行普查，全面掌握，以备应急之需。根据不同灾害的特点，制定相应的应急预案，根据突发事件的不同种类，进行先期处置，控制事态发展，减少灾害损失，并结合事件发展情况，及时向上级领导汇报，请求指导、支援。同时，妥善组织人员有效撤离，保护好社区居民人身安全等，安抚与稳定社区居民情绪。

3. 资源保障

坚持统筹规划原则，建设和完善社区应急管理基础设施。根据社区规模、人口密度配置足够数量的消防栓，涵盖居民小区和社区内重点单位，并保障给水渠道顺畅，必要时进行相关项目演练。在社区内部设置应急物资储备点，常备帐篷、棉被、棉大衣、雨衣、对讲机、应急食品、急救包等各类应急物资，保证处置危机事件时社区居民的基本生存需求。根据街道和社区需要，设置人员疏散安置点，满足临时安置需求。同时，组建闲时应急救援队伍，包括消防志愿者队伍、防台防汛队伍、民兵应急队伍和公共安全应急处置队伍，强化应急救援队伍之间的协调合作。

4. 响应动员

社区应急文化宣传是增强应急意识，提升应急能力的重要手段。根据社区的人口特征和居住特点，以公众喜闻乐见的智能化创新形式加强应急文化宣传。同时结合社区工作的特点，将应急文化宣传与其他工作同步进行，主动将应急文化送到居民手中。例如，社区在开展入户统计、文化进社区工作时，同步宣传应急文化，科普安全防灾减灾知识。掌握社区居民的现有应急文化水平和知识结构，以居民能接受、愿意接受为标准，运用不同宣传方式的特点，提升应急文化宣传内容的有效性。例如，在应急文化宣传中加入突发事件案例，以图文并茂的视频等方式，丰富应急文化宣传内容。

（二）非常态化情景下的智慧社区应急管理内容

1. 灾害风险监测预警

智慧应急管理的关键在于智能分析，即借助大数据、云计算等技术获取全方位的监控信息后，进行综合分析研判，了解和掌握事件的预警等级、影响范围、周边因素等。通过系统平台接入社区监控系统终端设备及社区住户运行的各类信息感知设备，实现求助与救助管理功能。社区管理人员可全天全时段接收到预警信息，强化社区实有人口、实有房屋等数据采集，建立人、车动态档案，分析人员流动和构成，提升社区网格化管理水平，并在此基础上，通过应急 App 实时查看在线监控，随时随地了解周边情况，及时发现异常行为人员，对嫌疑人进行精准布控，快速定位、有效打击社区犯罪行为。社区公众可通过智能应急服务站或手机 App 的一键求助功能发起求助，求助信息支持语音、视频及文字发送，以适应社区不同突发事件应急场景。

2. 突发事件处置应对

智慧社区通过立体化的感知、全方位的联通和全过程的响应，使社区具有自感知、自预防、自应对突发事件的智能化特性，实现更加快捷、更加安全的社区智慧管理。一旦发生危机事件，智慧社区应急管理能够在较短的时间内实现信息间的互通互联，最大限度减少突发事件造成的各种损失。社区应急决策机构结合社区应急预案，快速形成基本应对思路，积极及时调配应急处置队伍及应急物资，运用GPS等地理信息技术实现灾害快速定位，运用物联网技术实现手机App查找社区内物资，保证人员及物资及时到位。

3. 灾后社区恢复重建

灾难发生后，根据社区实际受损情况，进行重建工作基本规划，利用有限资源，制定适度的初步战略。通过设置社区协调机构，运用社区智能智慧协调平台，负责对灾难情况的基本调查、监测，以全面了解社区整体状况。在此基础上，根据工作规划进行重建推进，确保重建计划可行。同时，通过应急服务站的建立，对社会志愿力量进行有效的组织、培训与管理，将各种零散信息、基础设施与资源进行链接整合，形成资源协同网络，保障社区重建过程中治安安全、医疗卫生、灾害处理等各项工作有序开展。

■ 第二节　智慧社区应急管理的组织体系

智慧社区应急管理强调治理主体的多元化，充分运用各主体在应急处置中的资源优势，构建一个开放、协作、功能互补的治理网络，使各主体能充分互动、取长补短，达到资源的最优配置。社区智慧应急平台通过建立"政府主导、市场协同、公众参与"的基本模式，推动全民应急文化建设，为人民群众提供更有保障、更可持续的安全感。

一、智慧社区应急管理的主体

在治理现代化的背景下，相较于传统应急管理模式，城市社区应急管理的参与主体、功能结构、机制以及目标等都发生了深刻变化。管理主体呈现为以"政府—企业—公众"为核心的多元互动格局。从功能结构看，社区应急管理逐渐趋于扁平化、网络化的组织结构，更灵活、快速地对社区突发事件做出响应。从管理目标看，社区应急管理不再是传统单一的以强调公众人身财产安全为根本，实现社会秩序的良好运行，而是保障社区安全一体化，涉及政治、经济、文化、社会等多层面，以实现社区稳定的可持续性。

智慧社区应急管理的核心在于"治理"，即多元化公共管理主体在政府主导下，以平等互信的伙伴关系进行协同合作，强调企事业单位、公民和社会其他组织的主动性，各个主体能够充分融入社区治理的公共服务，实现社区发展的良性运转。在智慧社区应急管理建设中，参与主体包括政府、科技型企业、社区公民以及社会组织等。智慧社区应急管理主体的协作关系，见图 6-3。不同参与主体发挥着不同的作用。智慧社区应急管理尤其重视社区公众参与，强调公众在社区应急中发挥着关键主体作用。这充分体现了多中心治理理论的主体范式，强调社会组织、企业、非政府组织、志愿者等发挥作用，形成多主体协同的自主管理的应急网络系统。智慧社区应急管理强调在突发事件应急管理中整合力量，协调多元主体共同参与。

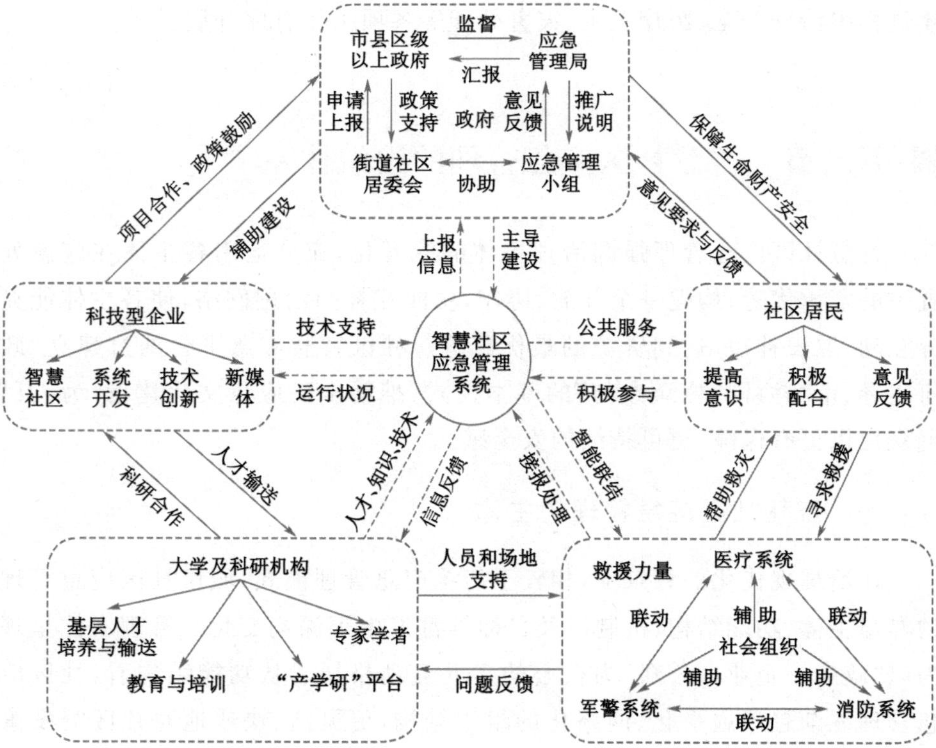

图 6-3　智慧社区应急管理主体的协作关系

（一）政府是智慧社区应急管理建设的主导者

社区管理本身属于公共事务的治理行为，而政府掌握着治理的政策、规划和资金等资源。过去单一的政府主导的应急管理模式，存在着预警能力差、应急准备不足、应急处置迟缓等诸多不足。因而，政府必须主动变换角色，强化服务职能，搭建畅通有序的多主体参与机制，加强社区自治组织、居民、企业等主体之间的良性互动。为了构建协作互补的多元治理网络，政府要充分发挥统筹、引导、激励等作用，构建"强政府—强社区"的智慧社区应急管理模式。其中，政府发挥主导作用，扮演着突发事件应急指挥、信息发布、应急处置等多重角色。

（二）社区居民是智慧社区的关键建设者

在智慧社区建设中，社区居民既是应急管理能力建设的主体，也是推动社区"智慧化"所需多源数据的重要供给者。随着有限政府和服务型政府理念的深入，强调激发公众参与积极性，调动公众资源与能力来减轻政府行政压力，提升应急管理效能成为必然趋势。社区居民可以积极加入智慧社区应急队伍。智慧社区应急队伍可以由社区党员干部、社区工作者、社区卫生服务中心医务人员、楼门长、党小组长、民警、专业志愿者等组成。这样的社区应急队伍应具有一定的组织救援能力，并应定期接受专业的培训和演练。

（三）科技型企业是智慧社区的重要建设者

智慧社区离不开强有力的技术支撑，其背后是科技型企业的良性运作。例如，三大电信运营商和阿里、华为等公司拥有雄厚的技术实力，加之与政府合作获取了更加丰富的基础数据。另外，还有一些细分的科技公司，它们具备计算机视觉、语音语义识别、自然语言理解、机器学习、大数据分析和区块链等中的一项或多项底层技术，提供应用软件开发和硬件设备生产。科技型企业可以是头部企业的供应商，也可以服务地产商和物业公司。

（四）社区物业是智慧社区的践行者

一般来说，物业既是政府通过委托代理选择的决策执行者，也是技术管理运行的重要参与者，并为政府在突发事件应急救援过程中提供应急救援物资、建筑基本信息、人群分布等信息资源支撑。

二、智慧社区应急管理主体的角色与功能

（一）地方政府

智慧社区应急管理模式的关键主体是地方政府，这要求全面加强和完善城市智慧社区应急管理系统的相关法律法规建设，努力推动政府数字化转型不断向基层延伸，构筑“横向到边、纵向到底”的防控网格化体系，建立从发现问题到解决问题的全链条追责机制。具体而言，市、县（区）级及以上政府通过政策支持鼓励街道社区居委会应急工作数字化转变，监督应急管理局职能发挥，街道社区居委会成立专门的应急管理小组。应急管理局和应急管理小组相互协助使用和维护智慧社区应急管理系统，应急管理小组将构建和运行中的问题反馈至上级应急管理局，其承担系统推广说明的落实性责任，并将情况汇报至市、县（区）级及以上政府。

（二）科技型企业

科技型企业在智慧社区应急管理中发挥着重要的技术支撑作用，承担着基层智慧社区应急管理系统的统筹开发、安装调试、人员培训、日常维护、版本升级等职责。具体而言，先前布局智慧社区的大型数字企业打通智慧社区与管理系统间的数据壁垒，形成相互支撑、平战结合的社区管理双系统，带动物联网设备制造等多个行业繁荣发展。由大型数字企业进行系统开发，充分发挥数字企业的技术、数据、设计、服务等优势，带动硬件制造等配套中小企业发展。基层智慧社区应急管理系统需要与时俱进，大型数字企业也应当不断进行技术创新，用最先进的数字技术武装应急管理系统，提高系统预防、准备、响应和恢复的应急能力，同时带动技术开发等相关企业发展。新媒体行业的数字企业平台应当发挥引导舆论、宣传教育的作用，使社会能够正确认识并重视城市智慧社区应急管理系统的构建问题。

（三）大学与科研机构

发挥知识库和人才储备功能是十分必要的。一方面，大学及科研机构要为相关专业学生开设数字化应急管理系统课程，培养和输送基层管理人才，同时负责教育和培训现有基层社区工作人员，积极展开产学研合作。另一方面，应推动专家组建设，鼓励专家学者积极承担责任使命，为城市智慧

社区应急管理系统构建进行专项研究，提供专业意见，总体指导系统建设。

（四）社会救援力量

社会救援力量是现代应急管理体系中不可或缺的力量。加强医疗系统、军警系统和消防系统等应急队伍体系建设，并将三方系统接入城市智慧社区应急管理系统，形成多方联动的体制机制，同时发挥社会组织的辅助作用，推动社区与救援力量高效协同、无缝衔接。

（五）社区居民

社区居民的配合与支持是智慧社区应急管理系统构建的重要保障，居民应当提高数字化应急管理意识，不断提升自身的自救互救能力，努力配合系统的构建与运行工作，积极提供意见反馈，用户数据也有助于提升系统适配性。

■ 第三节　智慧社区应急管理的运行流程

一、智慧社区应急管理的基本流程

作为技术变革和制度创新互动的产物，智慧社区应急管理将从根本上改变传统经验主导的应急管理的基本流程，其转变的关键在于解决智能化技术手段如何嵌入社区应急管理的基本流程与制度框架之下，内在地包含了对数据本身治理的隐喻。从内容上看，涉及数据与风险的双重治理问题，即以数据资源为核心、以灾害情景为场域的数据治理，以及以灾害情景为核心、以数据为环境变量和内生要素的风险治理。公共危机管理生命周期与信息管理生命周期的有机结合共同构成了公共危机信息管理的基本流程。同样，智慧社区应急管理流程再造，旨在实现数据治理流程与风险治理流程的紧密关联和深度渗透，达成双重生命周期理论视角下治理流程的耦合结果。因此，智慧社区应急管理中的应用可以概括为大数据技术和大数据思维两部分，其管理流程可概括为“情景—数据—决策—行动”一体化过程。其中，“情景”是应急管理的场域，规定了社区应急管理的环境特征和治理需求动因。

（一）以情景链接为核心的数据治理

智慧社区应急管理的起点是具有不确定性和模糊性特征的社区风险治理场域，如何将复杂的治理情景转化为可供政府部门利用的决策情景，是智慧社区应急管理的第一步。这需要在数据技术体系基础上通过技术建模进行应急情景链接，实现风险时空要素的快速关联，促进决策者提升对社区应急态势的感知水平，获取当前态势的总体描述，包括对风险因素的关联分析、风险来源识别、风险成因判断以及风险演化趋势的智能化预警等。在这一环节中，政府部门和多元主体之间的协同将传统监测系统与大数据监测系统、公共数据资源和企业数据资源、物理监测数据和社会感知数据进行整合。数据中台和风险大数据平台为大数据实时动态分析提供强有力的技术支撑。

（二）以情景重构为核心的精准决策

依托大数据技术实现情景链接，不仅简化了应急管理场景的复杂性，而且进一步通过情景重构功能帮助政府部门展开风险态势推演和研判，从而实现精准应急决策支持。在这一环节中，大数据分析的可视化技术发挥着关键性的作用，使海量动态异构的大数据转变为决策者直接观察与利用的信息。例如，新冠肺炎疫情中的疫情风险地图、疫情动态趋势图、社会情绪分析、物资调度需求分析以及易感人群信息服务等。面对数据重构的决策情景，政府部门在相关领域专家的智力支持下，结合已有经验和知识，可以准确把握应急管理的重心、难点和弱点，快速制定科学高效的应急响应方案，实现风险应急指挥体系和社会组织参与、应急物资配置、宣传引导之间的有序统合。

（三）以情景应对为核心的协同行动

立足于具体情景的应对，政府部门要通过多部门、多层级的有序协作和社会多主体的广泛动员，实现有效的风险控制与化解。这一环节主要是通过多重互动机制实现知识、资源、信息等要素的高效流转与利用，涉及的关键机制包括利益协调机制、组织协同机制、信息反馈机制以及资源保障机制。其中，利益协调机制在于处理利益相关者在大数据采集与共享、应急决策与沟通等活动中的利益关系；组织协同机制在于协调政府内部与部门之间，以及政府与社会之间实现数据共享和行动协同；信息反馈机制在于不断优化大数据在应急管理应用中的效果，避免因数据质量、分析模型与算法等导致的结果偏差与治理异化现象；资源保障机制旨在促使应急管理体系中应急物资储备、信息技术支撑以及政策法规等要素相互配合。

二、智慧社区应急管理流程的特征

（一）源头嵌入

无论是社区数据治理还是应急管理，都需要建立在源头治理思维之上。这意味着智慧社区应急管理需要提前布局，居安思危，立足于平时的风险监测与态势感知，而非突发事件发生之后的应急响应。

（二）边界模糊

随着社区风险环境的日益复杂和信息实时共享效率的提升，智慧社区应急管理不同环节的边界逐渐模糊，从应急预防、应急准备、应急响应到应急恢复的传统线性链条逐渐被打破。应急管理流程不再单一按照时间去延展，而是多重时空交错的复杂非线性过程。

（三）动态反馈

智慧社区应急管理不是一蹴而就的，而是实时动态数据不断驱动完成的。多元治理主体不仅参与应急处置和应对，也参与社区数据的生产与更新，可为应急决策提供数据准备。

（四）实时精准

赢得先机是预防和降低社区灾害风险损失的关键。智慧社区应急管理的优势在于实时精准地融合社区范围内各类多源异构数据，推动社区应急管理关口前移和实现精准施策。

（五）持续互动

持续在于数据的实时供给与更新，互动在于不同主体、不同行业领域、不同学科之间进行风险沟通以提升数据利用效果，及时发现与解决智慧社区应急管理中存在的问题。

三、智慧社区应急管理的运行机制

目前，作为一个探索性的新兴领域，学界对于智慧社区应急管理机制的研究还不足，大多是沿袭传统社区应急管理模式展开分析。有学者基于对美、日、英等国家社区应急管理模式的比较，认为应该适时推进应急管理模式转型，形成并优化社区灾难灾害网络治理理念和组织结构，同时强调公众参与机制[①]。也有学者认为通过智慧社区有助于实现“人防与技防、群防与群治的协同治理”。大数据技术是指数据的全面挖掘、快速分析与处理、信息可视化等。大数据与智慧社区应急管理都有共治共享、互动合作和整体预见等相同的价值取向。基于以上研究，本书将智慧社区应急管理流程分为智慧应急准备、智慧应急响应、智慧应急恢复三个阶段(图 6-4)。一般而言，应急管理的基本流程还包括“应急减缓”这一阶段，但本章遵循“事前—事中—事后”的三阶段划分法，重点探讨智慧应急准备、智慧应急响应以及智慧应急恢复。

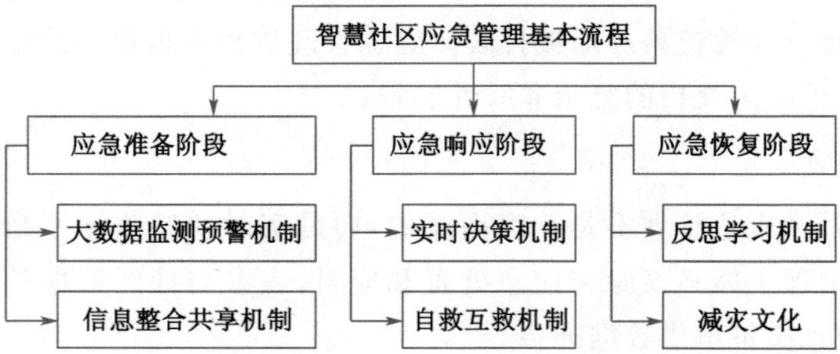

图 6-4　智慧社区应急管理流程

（一）应急准备阶段

在应急准备阶段，智慧社区应急管理借助现代化技术手段，建立应急管理大数据平台，以大数据平台为支撑，借助大数据、云计算等技术，高效搜集、整理、传递在社区各处的应急管理信息，并将这些零碎的、分散的信息进

① 周永根. 社区应急管理模式的国际比较[J]. 求索，2017(9)：80-86.

行整理与分析，为社区监测、预警以及应急资源的管理提供数据支撑和科学依据。在此基础上，智慧社区应急管理将更具针对性、科学性地进行社区应急管理，开展具有社区特色的应急宣传教育活动等。同时借助大数据和互联网，使应急知识及信息传递、接收、共享得更快更及时，能实现从单向管理变为双向互动，实现多主体参与，做到“无缝隙”对接。大数据背景下，智慧社区应急管理建设应采用数字化方式。数字化与社区治理的结合体现在诸多方面，利用数字化和信息化手段，有效整合资源，降低管理成本，提高防控防治能力。目前，有的智慧社区已形成以覆盖全社区的视频监控为基础、以“网格中心服务管理站”为指挥平台、以综合信息化为支撑、以公共安全视频监控联网应用为重点的“雪亮工程”。通过网格化管理与“雪亮工程”，打造和谐社区，做到了“小事在社区网格，大事在基层党委，居民在网格中生活，事情在网格中办理，矛盾消灭在社区”的工作模式。智慧社区应同广电网络合作，利用广电网络系统和大数据云端，通过家庭电视插入社区频道，形成“居民家庭可视化平台”。该平台不仅能进行应急知识宣传、查看社区紧急出口和逃生路线等，还针对老人和社区居民推出了“一键报警”和“一键求助”的紧急功能，同时可借助“居民家庭可视化平台”开展知识培训和讲座。

智慧社区能够基于大数据思维和技术实现更高效的互动。如，开通社区“两微一端”平台和微信群等发布信息动态，实时更新社区应急管理消息，方便社区居民交流互动，实现高效的信息双向交流。同时，要大力发展应急管理教育，利用社区图书室，提供有关突发事件应急处置等方面的图书。除了传统的张贴应急知识宣传布告、发放应急知识传单外，更要依托社区活动进行应急知识讲解，开展专项培训活动和应急演练。

（二）应急响应阶段

在应急响应阶段，发生突发事件以后，社区居民是第一知情人也是第一响应人。由于智慧社区应急管理强调多主体参与，社区能做到第一时间开展自救和互救行动，做到迅速决策，减少因等待救援造成的损失，规避政府救援的局限性。突发事件发生后，应急管理人员能迅速进入状态，借助智慧社区应急管理大数据平台的力量，准确迅速收集、掌握、传递和分析相关灾情信息，快速响应，及时做出决策，疏散和安置社区居民，科学分配、发放抢险救灾物资和资源，做好救治工作。根据应急管理信息上报制度，做到及时电话上报，尽快书面上报等，向上级部门传递最新信息，快速准确地传递突发事件的最新情况和影响。同时，借助网格化管理安排工作、落实责任，做好包括人员疏散物资转移、救灾物资保障等在内的一系列工作，做到迅速控制事态，尽量减少损失。

（三）应急恢复阶段

在恢复调整阶段，智慧社区能第一时间启动善后修复工作，积极应对，核实灾情，排除隐患，确保善后修复工作和灾后重建方案能及时、有效、有序开展。由于智慧社区建设强调整体性，人人皆为建设的主体，而借助这种整体性能拥有较好的灾后修复能力，在多主体参与的智慧社区应急管理中，社区及各主体能分担、减轻政府部门的工作，缓解因突发事件带来的压力，加快善后修复工作。同时，智慧社区应急管理的优势在于灾后信息与资源共享，消除信息孤岛，构建一种“守望相助、疾病相扶”的社区应急文化，积极开展自救互助活动。更为重要的是，由于智慧社区有相关管理巡查台账和信息，同时借助“雪亮工程”、网格化系统等信息技术手段，能较好地还原突发事件过程及整个应对流程与措施，及时、科学地分析突发事件给社区及社区应急管理带来的教训，仔细分析、总结突发事件中社区应急管理的不足与缺陷，汲取相关经验，调整人员配置，修改规章制度，以实现更好的社区智慧化应急管理。

■ 第四节　智慧社区应急管理的技术系统

智慧社区是在新兴技术推动下构建的全新社区形态，其中，智慧社区应急管理系统是实现智慧应急的关键技术支撑。

一、智慧社区应急管理系统

从公共安全角度出发，智慧社区应急管理系统是一个公共安全综合性管理平台，涵盖物业、安防、人防等各类安全管理系统。其中，智慧物业通过集成社区物业管理相关子系统，包括停车场管理、闭路监控管理、门禁系统等相关物业的智能化管理，实现社区各独立应用系统的互通融合，帮助物业管理人员进行集中运营管理。智慧安防主要体现在监控、防盗、消防预警等三个方面，以智能建筑综合管理平台为载体，前端接入视频监控设备、入侵报警设备、可视对讲设备及电梯层控设备等众多系统设备，后端通过统一数据库进行数据存储，实时保障社区和家庭安全。社区人防则主要是运用物联网等新技术建设社区人防综合系统，依托人防云平台和大数据中心建设社区人防业务综合信息化系统，包括可视化管理平台、警报报送、应急物资、指挥调度、救援队伍管理、社区日常管理等系统。由于系统涵盖管理端和居民端，在基于 GIS(地理信息系统)一张图显示警报站点、疏散路线、医疗物资、救援人员等应急资源信息的情况下，可实现资源的统一管理与优化配置，并结合社区基础设施空间分布情况，实现地上地下警报信号全方位覆盖。同时，根据社区实际情况进行电子应急预案设计。在紧急事件发生时，管理端可通过实时监控及态势分析，对突发事件进行可视化研判、处置决策、调度指挥、路线疏散及处置情况跟踪等，充分实现了人防宣教进社区、警报疏散进社区、调度指挥进社区、救援保障进社区的“四进社区”目标。智慧社区应急管理系统，见图 6-5。

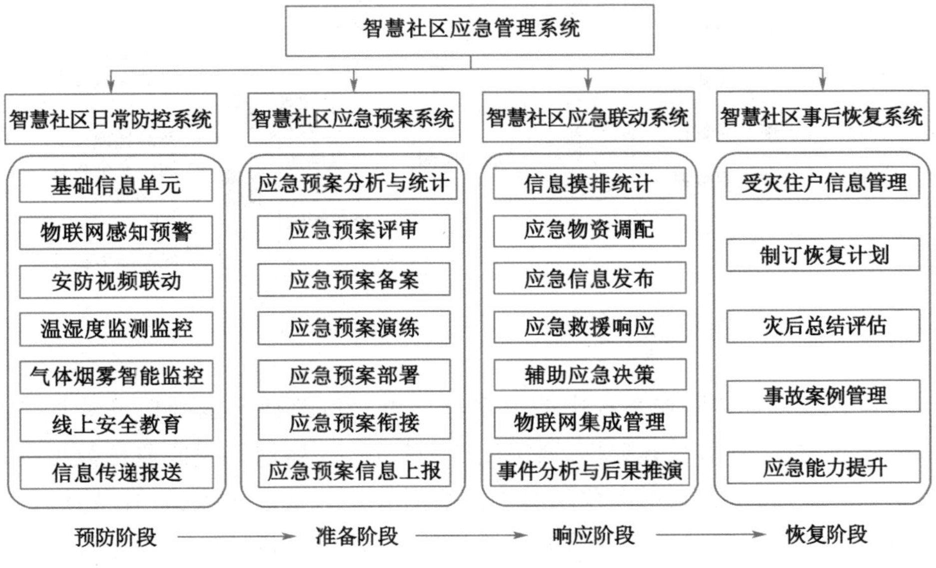

图 6-5　智慧社区应急管理系统

（一）智慧社区日常防控系统

智慧社区日常防控系统是指利用物联网、传感器、视频监控等技术对社区灾害风险进行常态化监测预警而搭建的系统平台。该系统主要包括基础信息单元、物联网感知预警、安防视频联动、温湿度监测监控、气体烟雾智能监控、信息传递报送等众多模块。传统社区应急管理系统一般注重事中和事后阶段，强调应急响应、应急救援以及灾后恢复等，常常忽视了日常防控的作用，防控监测不连续、人员成本高、预警不及时等短板突出。数字技术赋能下的基层智慧社区日常防控系统以社区管理人员和社区居民为日常防控的双主体，依赖物联网技术和移动网络技术支持，可 24 小时不间断监测监控全社区人员和设施安全，形成实时数据集合，同时快速分析潜在危险，排查突发异常并自动警报。城市智慧社区应急管理系统各系统内部运行机制遵循“数据输入—运行过程—结果输出”的基本流程（图 6-6）。

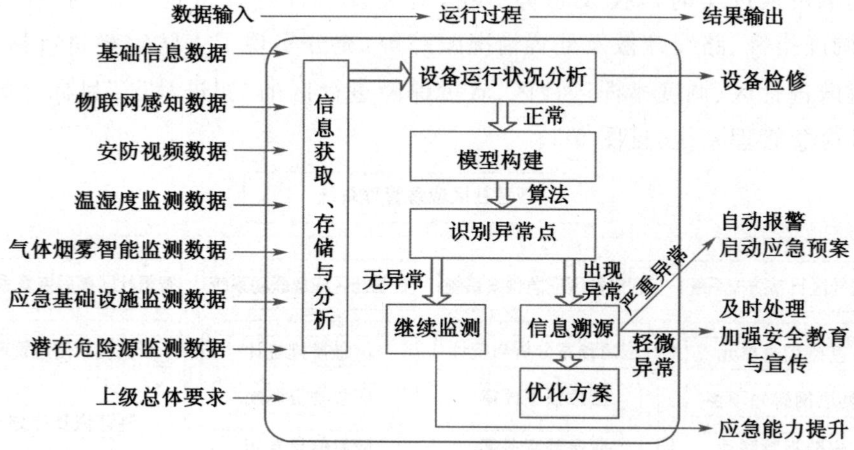

图 6-6　智慧社区日常防控系统运行机制

智慧社区日常防控系统中的数据输入单元包括社区基础信息数据、物联网感知数据、安防视频数据、温湿度监测数据、气体烟雾智能监控数据、应急基础设施监控数据、潜在危险源监控数据等。基于这些数据，智慧社区日常防控系统进行基础性信息数据存储与管理，从中分析社区设备运行状况，对数据内容进行检查，通过构建模型、依托算法寻找异常点。一般而言，社区防控情况分为三类:第一类为未出现异常,此时系统将继续监测;第二类为出现轻微异常,系统将自动寻找危险源头和原因,并提供优化方案;第三类为出现严重异常,系统在判断情况属于突发事件后,将数据及分析导出形成文本向上汇报,并准备启动应急预案。应急管理系统进入准备阶段,智慧社区日常防控系统接入智慧社区应急预案系统。

(二)智慧社区应急预案系统

智慧社区应急预案系统是以大数据、云计算、人工智能等技术,针对突发事件的事前准备,包括应急预案分析与统计、应急预案评审、应急预案备案、应急预案演练、应急预案部署、应急预案衔接、应急预案信息上报等模块。当社区系统监测到严重异常或出现区域内突发事件时,应急预案系统前置准备功能将被启动。传统应急预案管理依赖主观人力水平,各社区各部门预案编制和演练相互割裂,阻碍了各个主体应急联动的衔接程度和配合效率。数字技术赋能下的基层社区应急预案系统依托大数据和云计算技术建立起协同联动的应急预案数据库,在线汇集相关社区和部门的应急预案以及执行状况,突出衔接联动,实现救援力量、最优路线、物资调配可视化,为具体应急预案编制和实施提供参考。同时,智慧社区应急预案系统依据人工智能技术自动优化应急预案的内容范畴,对应急预案演练予以统筹和评估,实现应急预案实时更新,并在应急预案启动时智能化推荐和部署。

智慧社区应急预案系统内部运行机制,见图 6-7。智慧社区应急预案系统中的数据输入单元包括社区基础信息数据、应急预案交互平台数据、潜在风险数据、现场监测监控数据、上级及专家意见等。这些数据支持智慧社区日常应急预案系统的形成和启动过程。在应急预案形成过程中,系统支持智慧社区应急预案的编制、查询、更新、下载,并进行分析与统计,自动上传到相应负责部门进行评审和备案,定期或不定期地组织应急预案演练。在应急预案启动阶段,系统结合已有预案与数据仓库自动推荐最佳应急预案并进行结果展示、综合预测分析,由人员选择或系统选择最终启动方案,向上实时汇报、分级预警、成立专项负责小组、部署应急预案,并对具体应急措施做适应性调整。进入应急响应阶段,智慧社区应急预案系统将接入智慧社区应急联动系统,由常态化监管状态转为应急联动状态。

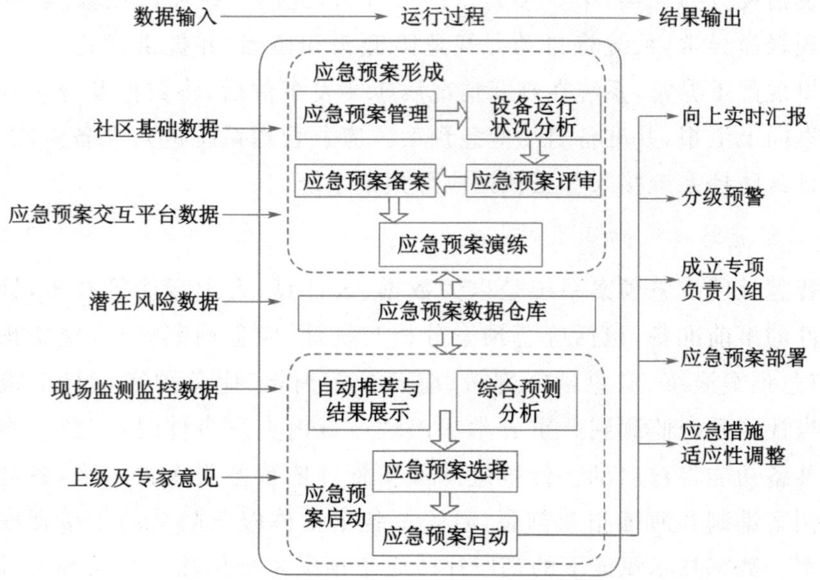

图 6-7　智慧社区应急预案系统内部运行机制

（三）智慧社区应急联动系统

智慧社区应急联动系统是综合利用移动互联网、物联网、大数据、云计算、人工智能等技术手段实现社区非常态情景下的高效应急响应平台，主要包括信息摸排统计、应急物资调配、应急信息发布、应急救援响应、辅助应急决策、物联网集成管理、事件分析与后果推演等模块。传统应急联动往往实行政府主导下的单向管理，在横向救援、纵向管理、前端民情和后端设施的协同效应上尚有提升空间，并容易出现就医却无法住院、上级指示不切合社区实际、民众意见反馈不畅通、智慧社区设施智能化水平低等问题。数字技术赋能下的基层社区应急联动系统依赖大数据、地理信息技术及时联系医院、军警和消防等各类救援力量，减少救援的时间成本。依托移动互联网、物联网加强社区全域实时监测监控，及时上报社区突发事件的发展态势，为上级指示、决策提供精确信息支撑。利用移动互联网及时收集民情民意，并利用媒体向社会发布事件信息知识、普及预防措施。利用物联网、人工智能实现监测监控、传输存储、综合研判的数字化、智能化，进一步筑牢应急响应的技术防线。通过引入横纵前后多主体联动，形成以社区为核心单元的智慧社区应急联动系统，实现从传统单向管理转向多方互动。

智慧社区应急联动系统内部运行机制，见图 6-8。智慧社区应急联动系统中的数据输入单元包括社区基础信息数据、应急预案数据、事件实时数据、应急物资和人员数据、救援力量（军警、医疗、消防）实时数据、上级联动要求与安排、居民反馈接报数据、社区物联网集成管理数据、专家意见等。这些数据信息系统支撑居民端和社区端，居民端主要是指在线公共服务管理平台，接入医院、药店、媒体、交通企业、零售商等多主体运行平台，设置包含事件发布、防疫健康码、在线问诊、线索征集、数据地图、社区出入登记、水电煤缴费、同行程查询、口罩申领预约、买菜送药上门、图书馆线上阅读、出入境限制查询等小程序，发挥着社区人员排查登记、出入口人员管理、信息收集发布、居民自我管控和申报的重要作用。社区端接入医务、军警和消防等救援力量平台和零售配送企业平台，高效调度应急人员与应急物资，对社区出入人员进行初步检测，并进行摸排统计兜底居民安全信息采集，对异常居民及时对接应急救援力量，加强对无异常居民的宣传教育和保护隔离，承担物资集中配送责任，全过程保持实时监测，并以系统辅助决策、事件分析

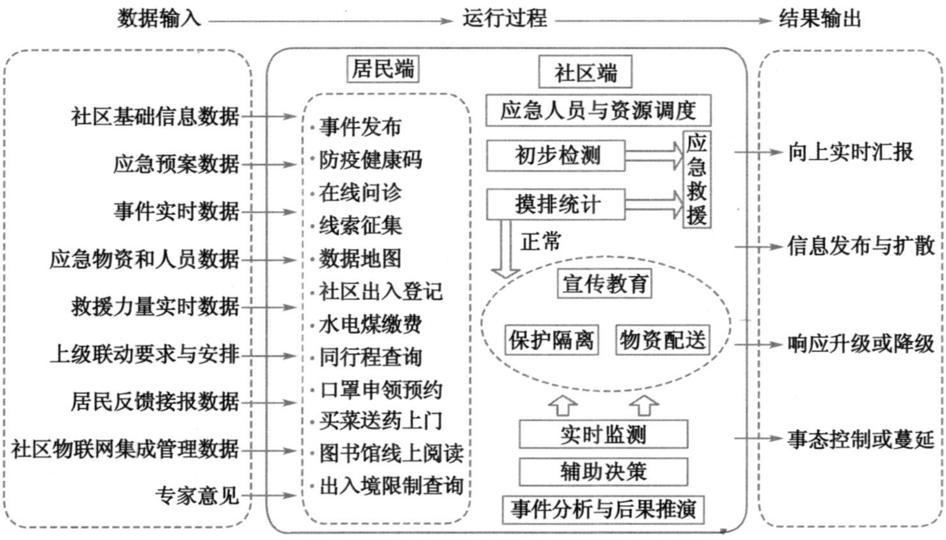

图 6-8　智慧社区应急联动系统内部运行机制

与后果推演等模块为基础支持。居民端和社区端两端充分打通，使社区能够管住现有人、挡住外来人、盯住重点人。应急联动还将向上实时汇报，更大范围地发布与扩散信息，直至响应升级或降级、事态控制或蔓延。应急联动后将进入恢复阶段，智慧社区应急联动系统接入智慧社区事后恢复系统。

（四）智慧社区事后恢复系统

智慧社区事后恢复系统是指综合利用移动互联网、大数据、人工智能、遥感监测等技术工具，针对突发事件的善后安置而提供的系列技术支撑平台，主要包括受灾住户帮助与管理、制订恢复计划、灾后总结评估、事故案例管理、应急能力提升等模块。数字技术赋能下的基层社区事后恢复系统强调网络效应，即利用移动互联网技术直接联系相关参与者与受影响居民，实时收集反馈数据，方便社区精准帮扶管理，同时利用大数据和人工智能技术提供事后恢复案例数据库，自动推荐实施路径，指导社区灾后建设，遥感监测技术还能够实时监督检查恢复进度，提升灾害重建规划的合理性。智慧社区事后恢复系统内部运行机制，见图 6-9。

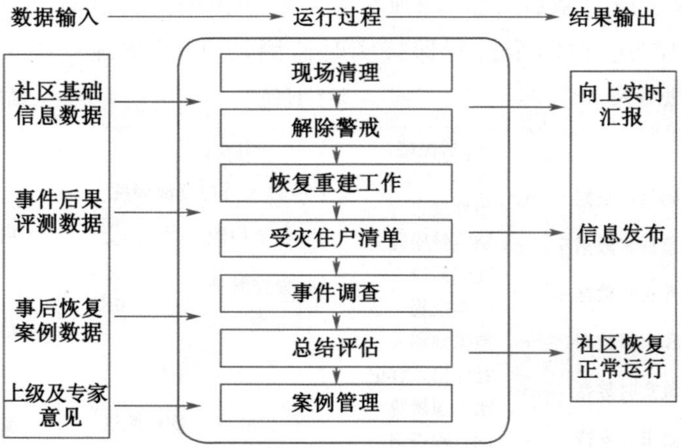

图 6-9　智慧社区事后恢复系统内部运行机制

智慧社区事后恢复系统中的数据输入单元包括社区基础信息数据、事件后果评测数据、事后恢复案例数据、上级及专家意见等。以这些数据为基础，智慧社区事后恢复系统能够帮助社区进行灾后现场清理、解除警戒、开展恢复工作，帮助与管理受灾住户、展开事件调查、总结评估经验等，并建立针对本社区应急管理历史的案例管理库。事后恢复还将向上实时汇报、发布信息，直至社区恢复正常运转，再次转入日常防控系统进行新一轮监控监测，形成一个系统闭环。

二、智慧社区应急管理系统框架

智慧社区应急管理系统框架是对智慧社区系统构件及其交互关系的抽象化描述，主要包括设备层、数据层、支持层和应用层，以及安全保障和制度约束体系。智慧社区应急管理系统框架，见图 6-10。

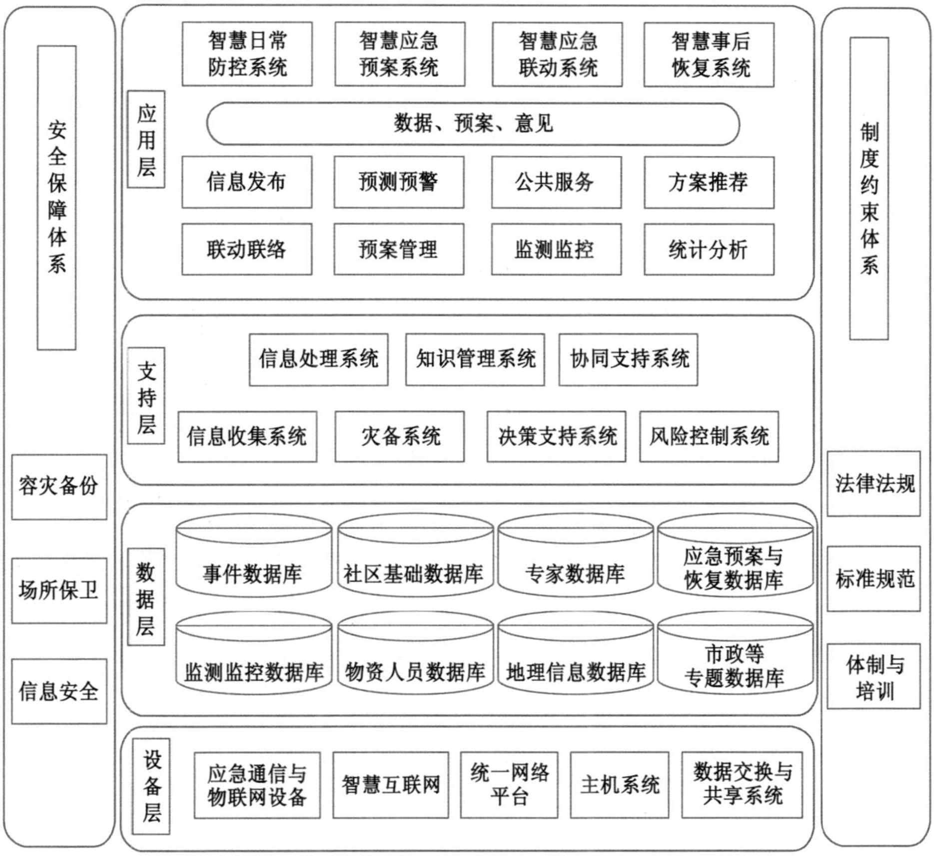

图 6-10　智慧社区应急管理系统框架

(一)设备层

设备层作为智慧社区应急管理系统框架模型的最底层,是指利用各种传感器、物联网和大数据等技术手段实现对社区范围内的基础设施、居住环境、公共安全等方面进行信息采集、识别、监测和共享的设施设备,主要包括应急通信与物联网设备、智慧互联网、统一网络平台、主机系统、数据交换与共享系统等模块。设备层提供对社区运行状态的实时采集与智能感知,能够将现场设备以网络节点的形式挂接在现场总线网络上,是基层智慧社区应急管理系统构建与运行的重要基础。

(二)数据层

智慧社区应急管理系统需要建立标准化数据库作为系统运行的重要输入基础,实现信息数据集的汇聚、存储、分析、应用。数据层包括物资人员数据库(包含应急物资数据、应急人员数据)、事件数据库(事件案例数据、事件预警数据)、地理信息数据库(基础地理数据、专业地理数据)、专家数据库(专家人员数据、专家意见规划数据)、社区基础数据库(基础数据、普通基础设施数据、应急基础设施数据、危险源数据、居民反馈数据)、应急预案与恢复数据库(预案交互数据、风险评估数据、恢复案例交互数据)、监测监控数据库(摄像头数据、传感器数据)、市政等专题数据库(道路数据、交通数据、环境数据、市政设施数据)等。数据层能够保障支持层和应用层对于数据汇聚的相关需求,是基层智慧社区应急管理系统构建与运行的重要保证。

(三)支持层

支持层是综合框架模型的第三层,是指利用云计算、大数据等技术,通过数据和服务的融合,支撑承载应用层中相关应用,提供应用所需各种服务和共享资源,包括信息处理系统、知识管理系统、协同支持系统、信息收集系统、灾备系统、决策支持系统、风险控制系统等。支持层是程序系统发挥功能的重要枢纽,是基层智慧社区应急管理系统构建与运行的重要支撑。

(四)应用层

智慧社区的应用层重在实践,主要面向政府、物业、居民与企业等社区场景下的主要用户群体,提供智能高效的管理手段与绿色便捷的服务。应用层主要包括智慧日常防控系统、智慧应急预案系统、智慧应急联动系统、智慧事后恢复系统等。基于智能互联网等设备层和数据传输，智慧社区在社区应急中发挥着信息发布、预测预警、公共服务、方案推荐、联动联络、预案管理、监测监控、统计分析等功能。

同时，多元治理主体之间应当建立紧密联系的协调配合机制。政府通过项目合作、政策扶持等措施支持企业承担开发责任，辅助政府智慧应急管理系统的构建。企业与专家及科研机构建立科研合作，共同攻克系统构建的技术难关。专家与科研机构为救援力量提供人员和场地支持，救援力量将救援过程中的新问题和疑难问题反馈至专家和科研机构，由后者进行基础调查、药品研发等工作。居民向救援力量寻求救助，救援力量帮助受灾社区居民，接入救援力量的速度在一定程度上代表着应急管理的效率。地方政府的职责是保障居民生命财产安全，社区居民通过互动程序等方式将意见反馈至政府部门，进而提高基层智慧社区应急管理系统服务社区居民的能力和水平。

同步思考题

1. 智慧社区应急管理的概念内涵和基本特征是什么？阐述社区应急管理的主要内容。
2. 阐述参与智慧社区应急管理的主体及其角色。
3. 简述智慧社区应急管理的运行流程及其核心机制。
4. 智慧社区应急管理的技术系统有哪些？

第七章

社区安全风险评估

学习目标

1. 掌握社区安全风险管理的概念、类型、基本原则及要素组成。
2. 了解社区安全风险评估的基本方法。
3. 了解社区安全风险评估模型的分类与应用以及实用模型。
4. 明确社区安全风险评估的主要流程。

案例引入

开展社区安全风险评估，徐汇探索社区安全运行新机制

“一直以为防火是我们居委安全工作的重点，没想到煤气方面还有这么多问题……”“我们的设施设备也有很大问题，看来要好好与街道商量商量，怎么解决了……”“东湖居委用电安全做得好，什么时候一起去取取经……”“看来我们的物业管理存在不少问题，回去要马上把这些问题向他们通报一下……”这是徐汇区湖南街道社区安全风险评估白皮书发布会上的一个场景，来自各居委的书记、主任们在听完专家介绍每个社区安全风险评估情况后，立即展开了热议。

社区安全保障不仅是城市发展和稳定的前提，更是直接影响着居民的生活水平和生活质量，是民生保障的基础和底线。湖南街道地处衡复风貌保护区，有着重点部位多、知名人士多、离休干部多、外籍人士比例高的“三多一高”特点。同时，湖南街道也是一个老城区，社区内存在大量历史保护建筑和老旧房屋，房屋多为砖木结构，年代久远，设施老化，耐火等级低，多元化的社区现状凸显了安全街区建设的重要性。因此，湖南街道一直将公共安全列为街道重点工作之一。2019 年，街道委托第三方开展社区安全检查，在全市率先发布街镇层面的安全风险白皮书，以问题为导向，做实隐患治理，本着把隐患当事故处理的原则，对“白皮书”内的隐患问题逐一进行了督查整改与闭环管理。通过努力，街道连续两年在年度居民安全感调查中位列全区第一。

社区是城市的最小单元，也是城市安全发展的基础，怎样给小区居民提供一个安全的、舒心的居住环境，是城市安全运行中的核心内容之一。以老旧小区为主的湖南街道，由于历史原因，违章搭建、消防设施设备缺失、电气

线路老化、楼道堆物、燃气管道锈蚀等安全隐患在较大范围内仍然存在，火灾、触电、高空坠物等事故严重威胁着公众的安全。如何精准施策，从根本上消除安全隐患，进一步提升社区群众的获得感、幸福感和安全感，是湖南街道党政领导一直思考的重点。

随着安全生产专项整治三年行动的持续推进，街道党工委、办事处决定以“两张清单”制作为抓手，在街道安全生产评估的基础上，开展安全风险评估。通过以每个居民区（居委）为单元的风险评估，实现社区安全从隐患治理向风险治理前移，为社区消除安全隐患精准制导，把社区安全工作做细做精做实。

在第三方专业力量的协同合作下，湖南街道平安办从各居委会下属小区或弄堂中随机抽取 3 个样本，通过对每个样本的居委物业、治安安全、消防安全、电气安全、地下空间、用气安全、设备设施、小区环境等 8 个评估单元和 41 个评估子单元开展风险评估。对每个评估单元赋予一定的标准分值，综合不符合项和现场实际情况确定风险系数，由此确定评估单元的风险值和风险等级，并通过 3 个样本的风险平均值综合体现该居委的整体风险。经过 4 个月时间的检查与测评，街道平安办完成了 16 个居委社区的安全风险评估工作，并逐一形成安全风险白皮书。

根据评估结果，湖南街道 16 个居委中，2 个居委安全风险为 A 级（红色），属重大风险；8 个居委安全风险为 B 级（橙色），属较大风险；6 个居委安全风险为 C 级（黄色），属于一般风险。这为加强属地城市运行安全分层分色管理，提高监管成效提供了重要抓手。

安全风险白皮书通过评估给出各居委的评估分和安全风险等级，在指出各评估单元发现的问题以及安全隐患等级的同时，还给出了每个评估单元的改进建议和具体隐患的整改措施。安全风险评估这一制度设计解决了各居委“想不到、认不清、不会做”的问题，特别是风险等级是红色和橙色的居委，通过及时整治红色和橙色单元发现的隐患，有效杜绝了安全事故的发生。安全风险评估制度，可以大幅度提升居委的抗风险能力，真正成为居委社区安全工作的指南。如襄阳北路 66 弄至 74 弄在评估过程中发现房屋有沉降倾斜，顶部有脱落现象，居委立即联合街道房办对房屋进行了修缮，确保了房屋安全；新乐路 151 弄 1 号东湖公寓大理石部分已开裂，有脱落风险，居委立即联系相关部门对房屋及时进行了加固与修缮。

社区安全风险评估，是湖南街道党工委、办事处对社区安全运行新机制的创举，也是对创建安全社区长效机制的探索。通过社区安全风险评估，能及时辨识和管控居委社区运行体系中存在的安全风险，解决监管缺位、错位、不到位等问题。

社区安全风险评估作为社区安全保障的基础工作，能够帮助基层干部更加全面和深刻地认识社区风险，更好地紧盯重大安全风险和影响居民安全感的突出风险。该制度设计有利于系统性地寻找社区安全运行中的短板，以问题导向和风险导向为指引，有针对性地整治隐患、管控风险，防止“认不清、想不到”的情况发生，指导社区安全管理落到实处，不断提高社区风险承受能力，牢牢守住社区安全底线。

（资料来源 《开展社区安全风险评估，徐汇探索社区安全运行新机制》，载澎湃新闻网 2021 年 6 月 5 日，https://m.thepaper.cn/baijiahao_13011627。收入本书时有改动）

■ 第一节　社区安全风险评估概述

风险评估是指在风险事件发生之前或之后（但还没有结束），对该事件给人们的生活、生命、财产等各个方面造成的影响和损失的可能性进行量化评估。风险评估是量化测评某一事件或事物带来的影响或损失的可能程度。社区安全风险评估是以社区为本、以社区民众为主体的灾害管理模式的重要组成部分，贯穿于突发事件的事前、事发、事中以及事后的各个环节。在基层治理和应急管理过程中，以社区为主体加强安全风险评估与风险防控，这对提升基层社区应急管理能力、保护民众生命财产安全和维护社会稳定，有着十分重要的作用。

一、社区安全风险评估的含义

社区安全风险评估源于安全社区的需求。在第一届世界事故和伤害预防大会上提出安全社区五项基本原则后，经过不断的完善、修改，最终形成目前的“安全社区七项准则”：① 在社区成立一个负责安全推广的跨功能委员会；② 长期、持续地执行各项推广项目，并照顾到不同的年龄、性别以及环境和条件；③ 关注高风险人群、环境以及弱势群体的安全问题，制订相关的安全计划；④ 安全计划和项目是根据社区实际情况制订的；⑤ 设立一个机制去记录伤害发生的次数及其成因；⑥ 设立适当指标，对计划内容、执行过程及项目效果和影响进行评价；⑦ 积极参与本地及国际安全社区网络的经验交流。

社区风险评估是社区内对于事故灾难风险的预防行为，通过调查有关社区的地理位置、气候、居民状况等各方面的数据以及曾经发生在社区内的各类灾害，咨询相关专家，对社区进行评估和分析，并根据评估结果，预测可能发生的损害或灾害类型，进而采取一定的措施减少、降低、消灭这些风险发生的可能性。社区风险评估，旨在评估社区可能面临的各种灾害及其影响、社区的能力及脆弱性，关注社区灾害弱势群体面临的风险性质和水平，并以此设计出适合本社区的防灾减灾规划，从而可以有的放矢地对可能面临的风险做好准备，减轻灾害对于社区的影响。

二、社区安全风险评估的类型

近年来，社区安全风险评估逐步引起国内相关部门、专家的重视，对社区安全风险的评估分析研究主要涉及评估对象、评估机制、评估标准、评估方法及评估总结实践运用等五大类。但相对而言，我国的社区安全风险评估分析尚处于起步阶段，距离形成科学的评估分析机制还有较大的差距。为更好地研究和实践社区安全风险评估，提升社区应急管理评估分析能力，可以根据突发事件生命周期、评估分析对象等对社区安全风险评估进行分类。

（一）基于突发事件生命周期的分类

基于突发事件事前、事发、事中、事后等四个环节的生命周期，将社区安全风险评估简单分为突发事件事前评估分析、事发评估分析、事中评估分析、事后评估分析等四类。

1. 事前评估分析

事前评估分析，即对潜在突发事件危险程度的预测性评价和应急准备工作的评价，涉及评估应急预案是否实用、应急管理机构是否健全、风险隐患排查整改情况等。做好事前评估分析，有利于政府部门及广大群众提前做好相应防范措施，减少突发事件造成的财产损失和人员伤亡。

2. 事发评估分析

事发评估分析，即对突发事件响应阶段工作的评估分析，主要涉及对突发事件信息报送机制、先期处置能力等方面的评估分析。

3. 事中评估分析

事中评估分析，通常指监测性评估，即对突发事件造成的破坏及突发事件进展情况进行实时评估，主要对已经造成的破坏进行调查、统计，对事件的可能发展趋势进行分析，并随着事件发展及时更新情况，直至事件处置结束，为及时有效处置事件提供决策依据。例如，在新冠肺炎疫情防控过程中，各社区实时登记并及时向社区民众公布受感染人数和死亡人数，为稳定公众情绪、及时有效处置疫情提供了支持。

4. 事后评估分析

事后评估分析，是指突发事件结束后，对突发事件情况进行全面评估分析，既包括对突发事件本身评估，如事发原因、造成损失和影响等，也包括处置情况评估，如处置经验、教训，还包括对事件（事故）责任的调查、认定、追究等。

从实际情况来看，目前我国社区安全风险评估对突发事件事前、事发、事中涉及较少，多侧重于对突发事件事后的评估与分析，未能真正发挥安全风险评估活动在社区应急管理工作中的排查整改风险隐患、总结处置经验教训、完善应急机制等方面的作用。社区安全风险评估应注意向突发事件事前、事发、事中三个环节倾斜，尤其是要加强对突发事件的事前评估与分析。

（二）基于评估分析对象的分类

根据相关预案法律对社区安全风险评估及分析的规定，基于评估分析对象，可以将社区安全风险评估分为突发事件评估分析、应急管理能力评估分析、应急管理其他工作评估分析三大类。

1. 突发事件评估分析

突发事件评估分析，简言之，就是对突发事件的评估分析，分为对突发事件本身的评估分析和对突发事件处置的评估分析两大类。突发事件本身评估分析，是以事件性质认定、责任追究、损失补偿等为目的，对事件发生原因、性质、过程以及所导致的政治、社会、经济影响和损失等进行评估。突发事件处置评估分析则是对突发事件事前、事发、事中、事后全过程各项处置行为，包括应急准备、监测预警、应急反应、应急处置、应急结束、后期处置及恢复重建等进行的评估分析。

2. 应急管理能力评估分析

应急管理能力评估分析主要是对各级政府及其相关部门应对突发事件的能力进行评估分析，由各级人民政府应急管理领导机构组织，由同级应急管理办事机构具体执行。评估分析对象是应急管理能力和应急管理工作开展情况，主要包括资源保障能力、信息沟通能力、风险预警能力、应急协调能力、恢复重建能力等方面。

3. 应急管理其他工作评估分析

应急管理其他工作评估分析，其评估分析对象是应急管理其他方面的工作，主要包括风险评估分析、危险源评估分析、应急预案评估分析、应急演练评估分析、经济损失评估分析等。该类评估分析时间不确定，视工作需要而定，其主要目的是配合、完善、改进特定的应急管理工作，是对应急能力评估分析、突发事件评估分析的有力补充。

总的说来，虽然突发事件评估分析、应急管理能力评估分析、应急管理其他工作评估分析具有不同的组织机构、对象、周期等，但是突发事件与常态化管理工作、应急处置、应急管理能力等之间的紧密联系，决定了三者之间必然是相互联系、相互补充，也决定了三者的目的具有一致性，即通过评估分析，查找、发现常态和非常态社区应急管理工作中的问题和薄弱环节。

三、社区安全风险评估的基本原则

（一）客观性原则

社区安全风险评估是一项严肃的工作，必须具备客观性。这就要求评估主体在既有知识、信息和技术、方法的条件下，尽量维持评估活动和结果的客观性，即通过调查获得的数据和评估结论必须与事实相符合，从而使突发事件的起因、性质、影响等因素在评估分析的过程中得以真实再现，不能有任何的篡改和歪曲。这需要在评估流程、评估指标的判定及评估报告的撰写等各个环节，从思想上和形式上力求做到实事求是，确保评估分析结果可信、可用、有价值。

（二）独立性原则

社区安全风险评估是一个信息发现和整理的过程，评估活动的意义在于通过有别于常规的信息渠道，如实调查突发事件及其造成的影响，客观评估社区应急管理工作绩效，因此独立性是评估的重要原则之一。独立性是客观性的重要保证，没有独立性，社区安全风险评估活动就难以实现其客观性，更难以发挥其真正效能。在社区应急管理安全风险评估活动中，独立性依靠评估制度的设计来保障。

（三）规范性原则

为了保持社区安全风险评估的独立性与客观性，评估活动必须遵循一定的规范，需要对评估主体、评估程序、评估经费的使用、评估责任的追究以及评估结果的使用和公开等事项做出明确、详细的规定，以此保证评估的科学性、有效性，规范评估主体的行为，以减少社区安全风险评估成本，保证安全风险评估质量。

（四）公众参与性原则

突发事件应急管理涉及广大社会公众的切实利益，公众有权了解事实真相，有权提出需求。社区居民处在突发事件的现场，对突发事件发生、发展情况身临其境，能深刻感受到日常社区应急管理工作中存在的问题，对解决已有的问题也较有发言权。所以，在社区安全风险评估过程中，要采取多种措施，尽可能地吸纳社区居民参与，听取他们的意见，充分发挥广大社区居民的积极作用。

（五）发展性原则

社区安全风险评估在一定程度上担负着探索、发现人类一般性知识的任务。通过这种一般性知识发现的过程，实现对评估对象更深层次的认知，从而为评估对象的改进和发展提供更大的可能性。对于社区安全风险评估而言，评估本身就是在了解突发事件、应急管理工作、应急管理能力评估的基础上，寻找其存在的不足与薄弱环节，从而推动、完善基层应急管理体系，提升全社会应急管理能力，最大限度避免和减少突发事件的发生及其造成的损失。所以，社区安全风险评估要始终以预见问题、发现问题、解决问题为主要目标，建设性地开展工作。

四、社区安全风险评估的要素

社区安全风险评估的要素，一般而言包括内部环境、目标设定、事件识别、风险评估、风险对策、控制活动、信息和交流、监控等内容。一套完整的评估分析要素应回答“为什么评估、谁来评估、如何组织评估、怎样评估、评估结果如何”等一系列问题。一般来说，社区安全风险评估应包含以下要素。

（一）评估目的

无论何种评估，目的都是服务于所评估的对象。社区安全风险评估的直接目的是为社区安全管理的利益相关者提供可靠依据，提出所评估对象延续、调整或中止的结论及其理由，发现问题与错误（失误、偏差），改进社区应急管理工作和技术，追究责任等，评估分析对象不同，其具体目的也不尽相同。

1. 突发事件评估分析

突发事件评估分析的主要目的是调查分析事件（事故）性质，做好损失补偿、责任追究等。突发事件处置评估分析主要目的是查找突发事件应急处置中存在的问题和薄弱环节，以改进应急管理工作，提升突发事件处置能力。

2. 应急管理能力评估分析

应急管理能力评估分析的具体目的是查找应急管理常态工作中存在的问题与薄弱环节，以推动应急管理工作，全面加强应急体系建设，提升综合应急管理能力。

3. 应急管理其他工作评估分析

该类评估分析所涉及对象广泛，包括风险评估分析、应急预案评估分析、应急演练评估分析等。风险评估分析的目的是在对发生风险的可能性进行充分分析的基础上，提出有效的预防、预警和缓解、解决办法。应急预案评估分析则旨在找出应急预案的不足，以便修订完善应急预案，提高应急预案的操作性和针对性。

（二）评估对象

社区应急管理是一个包含多环节、多部门和多领域的复杂体系，安全风险评估作为贯穿社区应急管理全过程的重要组成部分，也是一个客观和主观的过程，是知识发现和信息扩散的过程，具有复杂多样的视角。因此，社区安全风险评估的对象也是复杂多样的。清晰明确的评估对象能够使评估目的充分地体现在评估框架和评估体系中，使评估结果便于实际应用。

（三）评估主体

社区安全风险评估主体分为组织者和实施者。其中，安全风险评估的组织者是评估分析活动的发动者和维护者，在评估过程中负有监督和督促的责任。在大量场合中，安全风险评估的组织者是由相关法律或法规确定的行政部门。社区安全风险评估的实施者是具体开展评估分析行为的群体，通常称为评估组或调查评估组。评估实施者的责任不仅需要对评估对象进行评估，还需要发现问题并提出解决方案。选择哪种类型的评估实施者，取决于评估目的和评估事项。如果评估活动的目的是解决科学性、技术性问题，如风险性评估分析，需要使用科学的评估方法进行量化和统计，那么邀请行业内的技术人员则更容易保障评估分析结果的科学性和客观性。如果要解决管理性问题，那么邀请相关部门的管理者进行评估则能更好地发现管理过程中实际存在的问题。

（四）评估流程

社区安全风险评估流程是评估活动顺利开展的制度保证。社区安全风险评估与分析的流程应包括：评估周期、评估程序及评估报告，处理（反馈）结果等。评估流程的合理性，直接影响到评估结果的客观公正，也影响到评估成果的有效利用和实施。针对不同的对象，应急管理评估分析流程也有所不同。社区安全风险评估基本流程，见图 7-1。

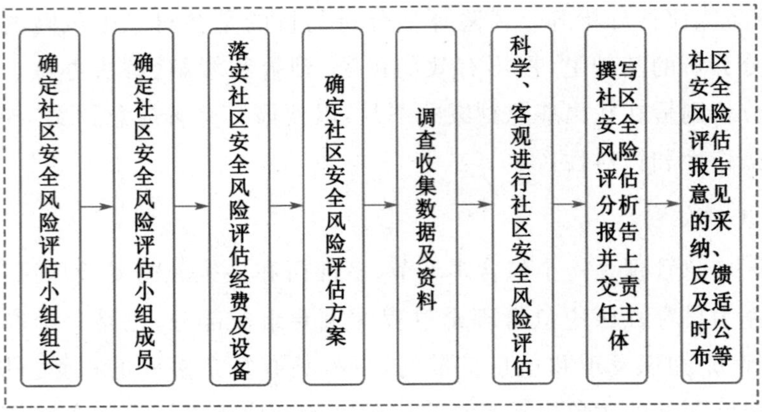

图 7-1　社区安全风险评估基本流程

（五）评估标准

社区安全风险评估标准，通常是指评估分析指标体系，包括从哪些方面对社区安全风险评估对象进行评价，还包括指标使用方法的确定，即用什么方法对评估指标进行统计、分析和说明等。评估标准决定评估分析的类型与方法，既要有衡量应对工作总体效果的标准，又要有衡量具体应急措施的分项标准，也就是通常所说的一级指标、二级指标、三级指标。一般情况下，社区安全风险评估标准可分为刚性标准和柔性标准。刚性标准是法律法规性文件和应急预案，是有明确规定的，或是约定俗成的。柔性标准是对比性标准，要通过对比或者推理分析得出结论。

（六）评估结果

社区安全风险评估结果一般包括直接成果（社区安全风险评估报告）和间接成果（依据评估结果所采取的改进行动或责任追究行为等）。社区安全风险评估的目的不仅仅是得到对事实状况的描述，还需要在对评估结果进行分析和鉴别的基础之上，及时有效地贯彻社区应急管理改进方案。因此，社区安全风险评估要素中应当包括评估分析结果如何使用、反馈等方面的内容，应确保社区安全风险评估活动能够真正被纳入社区应急管理体系。

第二节　社区安全风险评估的基本方法

在掌握原始资料、数据(威胁、脆弱性等)后,应进行风险评估方法的选择。风险评估方法的选择,直接影响着社区安全风险评估结果的客观性与可信度。目前,各个评估服务机构所采用的评估分析和计算方法不尽相同,而且依据被评估对象所在地域的社会、政治、经济、文化等的差异,评估分析方法也有所差别。这就导致评估结果的客观与可信度,更多地取决于主要风险评估人员的分析能力、行业经验、敬业程度等。一般来说,社区安全风险评估的基本方法可以分为以下几种。

一、手动评估和工具辅助评估

在各种安全风险评估工具出现以前,一切对社区系统进行安全管理的工作大多只能依赖手工进行。对于安全风险分析人员而言,评估工作主要包括社区安全需求分析、当前社区安全实践分析、社区存在的威胁和弱点发现、社区风险分析和评估等。对于安全决策者而言,评估工作主要包括社区安全投资成本以及风险效益之间的平衡决策等。对于社区管理者而言,评估工作主要包括基于社区风险评估的风险管理等。手动评估都是依据各自的经验,进行与社区安全风险相关的评估工作,也使得其劳动量巨大,容易出现疏漏。

风险评估工具在一定程度上弥补了手动评估的局限性,可用来进行信息安全风险评估。风险评估工具是由一系列风险分析、咨询和安全评价工具组成,可以看作一个基于专家系统和扩展知识库的问卷系统,评估所有的威胁和脆弱点的相对重要性,并且给出合适的建议和解决方案。基于工具的辅助评估改变了传统的风险管理方法,兼容诸多风险评估方法学(如定性分析和定量分析等),既大大缩短了评估所需要花费的时间,又为风险分析与评估提供了一套完整的服务。

二、定性评估和定量评估

定性与定量是两种不同的风险分析、计算(度量)和展现方式,在实际的评估工作中，应根据被评估单位自身特点和需求，选择相适应的方式进行社区安全风险评估，切勿为了量化而量化、为了赋值而赋值。

（一）定性评估法

社区安全风险的定性评估法是以深度及开放式的访谈、观察法以及文献等方式收集资料，评估分析者再通过“内容分析”的方式按照主体、类别及个案予以组合，最终得出评估结论。定性评估法的优点是能够详细阐述理论与执行之间的关系，揭示评估对象背后的理论，鉴别各种变量之间的关系。定性评估方法主观操作性强，其研究结论的客观性及普适性容易受到质疑。目前常用的社区安全风险定性评估方法主要有以下几种。

1. 头脑风暴法

头脑风暴法，是吸收专家积极参加的创造性思维过程。在群体决策中，由于群体成员心理相互作用影响，易屈于权威或大多数人的意见，形成所谓的“群体思维”。头脑风暴法是一种典型的便于保证群体决策的创造性，提高决策质量的方法。该方法主要由工作小组人员在正常融洽和不受任何限制的气氛中以会议形式进行讨论、座谈，打破常规，积极思考，畅所欲言，充分发表看法。为了提供一个创造性思维的环境，小组人数一般以 5～15 人为宜；如果人数较多，应予以分组。在典型的头脑风暴会议中，被邀请者围桌而坐，由主持人说明风险的基本情况，限定讨论范围；接着，在一定时间内参与者尽可能多地提出自己的看法，所有的发言结束后再对其进行讨论整理，形成评估结论。在社区安全风险评估中，由风险管理专家、政府公共安全管理人员、社区民众等集中在一起，就本地区可能存在的风险进行排列，就各个风险的发生频率及其对本地区社区的危害性进行分析与评估。

2. 层次分析法

层次分析法是将复杂问题分解为多个组成危机的因素，并将这些危机因素按支配关系进一步分解。层次分析法确定指标权重的步骤和原理为：按照目标层、准则层、指标层排列起来，形成一个多目标、多层次的模型，形成有序的阶梯层级结构。通过两两对比的方式，确定层次中诸要素的相对重要性，然后综合人的判断，以决定诸要素相对重要性的总顺序，将该问题归结为最低层相对最高层的比较优劣的排序。这种评估方法通常利用较少的定量信息使决策的思维过程数字化，从而为多目标、多准则或无结构特性的复杂决策问题提供简便的决策方法。层次分析法尤其适用于对决策结果难以直接准确计量的场合。

3. 德尔菲法

德尔菲法，也称专家调查法。该方法本质上是一种反馈匿名函询法，通过中间机构以匿名的方式征求专家的意见，最后取得专家一致的评估结论。参加评估的成员相互并不了解，可以消除成员间的影响。另外，成员可以改变自己的意见而无须进行公开说明。德尔菲法一般需要经过多次反馈，其大致流程是：在对所要预测的问题征得专家的意见之后，进行整理、归纳、统计，再匿名反馈给各专家；再次征求意见，再集中，再反馈，直至得到一致的意见。德尔菲法有三个明显区别于其他专家预测方法的特点，即匿名性、多次反馈、小组的统计回答。这在一定程度上避免了专家会议法只反映多数人观点的这一缺点。

4. 电子会议分析法

电子会议分析法被认为是一种线上德尔菲法，是群体预测与计算机技术相结合的预测方法。参与评估的专家们通过计算机接收风险评估的相关信息后将自己的看法输入计算机进行汇总，汇总后各参与者通过计算机对每个危机看法进行讨论、投票统计，最后得出结论。电子会议分析法具有快速、匿名、可靠等优点，可使评估结果更准确、客观。但是，对那些善于口头表达、运用计算机的技能却相对较差的专家来说，电子会议会影响他们的决策思维，而且“人—机对话”的沟通程度不如“人—人对话”丰富。

5. SWOT 分析矩阵

SWOT 分析矩阵又称态势分析法，其中“S”（Strengths）代表优势或长处，“W”（Weaknesses）代表劣势或弱点，“O”（Opportunities）代表外部环境中存在的机会，“T”（Threats）代表外部环境中构成的威胁。该方法将与系统密切相关的各种内部优势、劣势、外部机会和威胁通过调查列举出来，并依照矩阵形式排列，再用系统分析的思想，把各种因素进行组合后加以分析，从中得出一系列相应的结论。

6. 参与式乡村评估法

参与式乡村评估法是一种促使当地民众分享、强化和分析自己生活所处的环境，不断加强对自身和社区以及环境条件的理解，与研究者一起参与制订社区发展计划和行动的研究方法。参与式乡村评估法改变了传统的一对一问卷式和访谈式调查方法的不足，通过利益相关者座谈、知情人访谈等集体对话与讨论的方式，从下到上发现特定时空下的特殊问题。调查者与被调查者共同参与安全风险信息的收集、安全风险问题的分析与决策，打破了时间及地域的限制，表现出调查活动成本低、调查对象参与程度高、方式灵活性强等特点。

（二）定量评估法

定量评估法通常是通过采取标准化的测量工具、问卷调查及结构性访谈等方式，收集风险评估所需要的资料，然后再运用统计及数学方法进行演绎或推论性解释。该种评估方法多用于程序性和理性的研究中，通过标准化的量表和数学模型，能够量化风险的可能性和损害度的不确定性。定量评估法具有较强的说服力和客观性，但是其在研究的深度挖掘方面还存在着一定的缺陷。目前常用的社区安全风险定量评估方法主要有以下几种。

1. 趋势外推法

趋势外推法又称为趋势延伸法，该方法认为事物的发展过程一般都是渐进式的变化，而不是跳跃式的变化；掌握事物的发展规律，依据规律进行推导，就可以预测出它的未来趋势和状态。因此，充分利用过去和现在的社区安全风险资料，推断未来社区的安全状况，设法找到它们之间的统计关系，就可以预测到社区风险的变化趋势，以及风险将会按照什么速度、沿着什么样的方向发展下去。趋势外推法包括 6 个步骤：选择预测参数、收集必要的数据、拟合曲线、趋势外推、预测说明、研究预测结果在制定规划和决策中的应用。在实际的评估中最常采用的是一些比较简单的函数模型，如线性模型、指数曲线、生长曲线、包络曲线等。

2. 时间序列法

时间序列法是把在一定条件下出现的安全风险，按时间顺序排列起来，再构建趋势外推的数学模型以预测未来的一种方法。这是一种较为简便易行的社区安全风险评估方法，其缺点是只考虑了时间关系，没有考虑其他因素的因果关系影响，预测的精确度不高。时间序列法一般用于短期或中期的社区安全风险评估预测。

3. 灰色预测法

灰色预测法是就灰色系统所做的预测。灰色系统是指既包含已知信息又包含未知或非确定信息的系统。灰色系统理论认为，对已知信息和未知或非确定信息的系统进行预测，就是对在一定方位内变化的、与时间有关的灰色过程的预测。尽管过程中所显示的现象是随机的、杂乱无章的，但毕竟是有序的、有界的，因此这一数据集合具备潜在的规律。在对风险因素之间进行关联分析时，要对原始数据进行生成处理来寻求风险变动的规律，生成数据序列并建立相应的微分方程模型，从而预测风险未来的发展趋势。灰色建模通过处理灰色信息来揭示社区安全风险内部的运动规律。它利用系统信息，先使概念量化，再进行模型优化，从而充分利用安全风险信息进行预测①。

4. 危机晴雨表

危机晴雨表是一种分析评估框架。该方法认为，要以量化的方式，系统地测量“危机影响值”，评估风险危机发生时可能造成的损失程度。危机晴雨表预测危机的第一步就是用危机影响值估计出危机可能带来的有形和无形损失，第二步是考虑危机影响值和危机概率因素。通过了解危机之前发生的频率，了解部门或同行业等过去发生这种危机的次数，进而估计出它再次发生的概率，以此设法将“不太可能”“绝不可能”“绝对会”等指标加以量化，尽量在主观上求得客观。

三、基于知识的评估和基于模型的评估

基于知识的风险评估方法主要是依靠已有经验进行的，从安全专家处获取经验并据此来解决相似场景中的风险评估问题。这种方法能够直接提

① 寇丽平，孙静．公共安全危机管理[M]．北京：中国人民大学出版社，2015：123．

供结构框架、实施计划以及相应的处置措施。基于知识的风险评估方法，利用社区多年来开发的保护措施和安全实践，依照社区安全的相似性程度进行快速的安全实施和包装，从而减少社区的安全风险。社区安全风险评估是一项复杂的工作，这就要求存在一个既能详细描述社区安全风险细节，又能够系统描述社区安全风险整体的评估工具。基于知识的评估方式受到多种因素的制约，例如社区安全风险相似性的判定、被评估社区的安全需求分析等，所以，从一定程度上来说社区安全风险评估的现实需求并不能够得以完全满足。

基于模型的评估可以分析出社区系统自身内部所存在的风险隐患，同时能够发现社区内部系统与外界环境交互过程中所存在的危险性因素，从而完成系统弱点以及安全威胁的定性分析。

四、安全风险动态分析与评估方法

社区安全风险的分析与评估实质上是一个动态的过程，因此相对应的分析与评估的方法、评估工具都要具备一定的动态性。PDCA 是当前比较具有代表性的动态风险管理过程。PDCA 原理，见图 7-2。PDCA 是计划(Plan)、实施(Do)、检查(Check)和处理(Act)的第一个字母，PDCA 循环是指按照这样的顺序进行风险管理，并且循环不止地进行下去的科学程序。

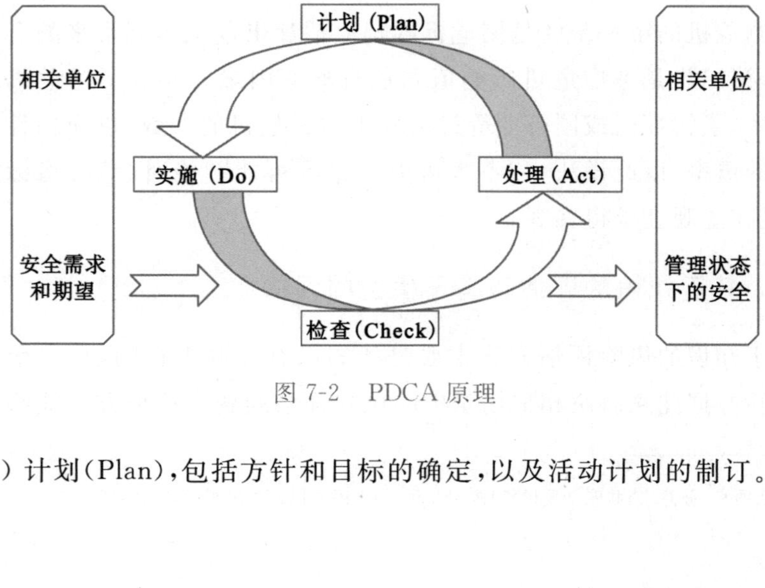

图 7-2　PDCA 原理

(1) 计划(Plan)，包括方针和目标的确定，以及活动计划的制订。

（2）实施（Do），根据已知的信息，设计具体的方法、方案和计划布局；再根据设计和布局，进行具体运作，实现计划中的内容。

（3）检查（Check）：总结执行计划的结果，审查变化中环境的风险水平，执行安全风险管理体系审计。

（4）处理（Act）：对总结检查的结果进行处理，对成功的经验加以肯定，并予以标准化；对于失败的教训也要总结，引起重视。对于没有解决的问题，应提交给下一个 PDCA 循环中去解决。

■ 第三节　社区安全风险评估的理论模型

在评估研究或实践中，“方法”“模型”“框架”“工具”互用的现象较为普遍，本节并不准备严格区分四者，重点在于简述社区安全风险评估的模型工具。这里的模型专指评估中应用到的具体模型、框架、工具。在社区安全风险评估中，科学合理地引入和应用这些模型技术，有利于顺利达成评估目标。

一、评估模型的分类与应用

社区安全风险评估模型，从模型形式上来看，可以分为数学模型、仿真模型、统计模型、空间分析模型等；从评估方法上来看，可分为指标模型、分级预警模型、记录注册模型、故障树分析模型等；从评估要素上来看，可分为效率评估模型、结果评估模型、成因评估模型、复合评估模型等。

（一）基于不同形式的评估模型

从模型形式看，社区安全风险评估模型可分为数学模型、仿真模型、统计模型、空间分析模型等。

1. 数学模型

数学模型形式极为基础，它通过数学关系式联结各影响因素或评估指标，在应用中可根据需要进行数学定性分析，查找社区安全系统的平衡状态。一般评估模型（如指数模型）都需要利用函数关系进行联结。

2. 仿真模型

仿真模型主要通过模拟再现风险系统，获得规定条件下的输出，正是由于这种特性因而常被用于模拟评估和预测评估①。

3. 统计模型

统计模型一般采用多元回归方法，利用历史数据确定各解释变量与被解释变量之间的因果关系。多元回归模型采用最小二乘法，可以进一步做趋势外推或插值拟合，估计未来的变化趋势。

4. 空间分析模型

空间分析模型是较为特殊的风险评估模型，社区安全风险评估的风险分布是多态的，可以用各类空间点在地图上表示出来，如霍乱地图、艾滋病疫情分布图等，采用的就是空间分布法。如果结合 GIS 地理信息数据库，空间分布模型可以提供更丰富的评估信息。

（二）基于不同方法的评估模型

从评估方法来看，社区安全风险评估模型可分为指标模型、分级预警模型、记录注册模型、故障树分析模型等。

1. 指标模型

指标模型是社区安全风险评估模型中最为常见的，它要求构造评估指标集，并分配指标间的权重，确定指标间的汇总算法。尽管指标模型灵活多变，描述评估结果直接有力，但是由于指标选择、权重分配和算法确定上的主观性较强，这导致评估结果不具有唯一性，在不同时点和空间运用时，其有效性不可检验。

2. 分级预警模型

分级预警模型专用于预警系统，是风险预警评估的核心要件，主要由预警线、预警区间、警情信号等预警系统要素构成。在具体模型建构上，预警模型往往是建立在指标模型基础之上的，通过进一步添加其他预警要素来构造。

---

① 肖群鹰，朱正威. 公共危机管理与社会风险评价[M]. 北京：社会科学文献出版社，2013：51-54.

3. 记录注册模型

记录注册模型是指对不同风险记录进行采集、汇总并呈现的评估模型，如社区安全风险评估中常见的风险因素分析表、社区风险注册图、风险矩阵等，大都采用记录注册模型。

4. 故障树分析模型

故障树分析模型不同于上述模型，它采用逻辑关系式分析事故成因，在不同层次要素之间进行推导。故障树分析模型在生产事故诊断中较为常见。

（三）基于不同要素的评估模型

从评估要素来看，社区安全风险评估模型可以分为效率评估模型、结果评估模型、成因评估模型、复合评估模型等。

1. 效率评估模型

效率的问题，是项目评估和绩效评估的关键问题。20 世纪 70 年代，在公共项目和公共方案评估研究过程中出现的投入—成本评估模型、投入—产出评估模型、逻辑框架分析法等都属于效率评估模型，这些评估方法可拓展应用到社区安全风险评估活动中。除此之外，一些反映预警及时性、应急速度的评估模型也属于效率评估模型。例如，在关于社区治安能力的评估中，出警速度常被视为重要的评估指标。

2. 结果评估模型

结果评估模型在风险评估及绩效评价中较为常见，其中在风险评估中称为后果评估模型或危险评估模型，在绩效评价中称为效果评估模型。例如，联合国开发计划署的自然灾害风险评估模型，采用年均灾害次数、年均灾害绝对死亡人数、年均暴露于选定灾害人口数、年均每 100 万人死亡人数等四个指标，反映了自然灾害事件的致害后果。在危机管理的结果评价中，可通过分析安全防护或避险行为所产生的效果，来判断危机管理绩效。现实中，也有直接通过分析绩效计划表各项目是否落实来评定管理行为绩效的。

3. 成因评估模型

成因评估模型侧重于对事故成因进行分析。以用电安全事故为例，分析事故发生的风险因素，建构用电事故成因评估模型。可以考虑首先整合下列指标：是否乱接电线、是否存在超负荷用电、是否选用安全性差的电器、是否雇用无资质电工、是否对接地用电器采取保护措施、是否选用与电线负荷相匹配的熔断线和配电箱、停工时是否切断一应电源、用电高峰时有无相应安全措施、内部职工是否熟知电源总开关位置、平时员工用电操作是否科学等，然后通过信息调查，落实上述布尔函数判断，查找具体事故成因。

4. 复合评估模型

在安全风险评估的谱系中，风险评估与绩效评估属于不同维度。在实际的危机管理评估中，却又往往需要在统一模型中进行对照分析评价，以反映绩效指标的作用。通过兼顾风险与绩效，指数设计者希望建立一个透明、稳固、有代表性和易被理解的指标系统。有学者提出在危机管理及其绩效评估中，建立能力和脆弱性统一评估模型，并做了相应的尝试。就能力与脆弱性框架而言，复合评估模型要比单一模型有效，因为单方面的脆弱性评估和应急管理能力评估不够全面，往往会受到地域差异的影响，评估结果不可比，容易蒙蔽事实和真相。

二、社区安全风险评估实用模型

在社区日常的生产与生活中，安全风险评估得到了较为广泛的应用，也因此出现了许多适应性较强的评估模型，以下选择几种较有影响力的社区安全风险评估模型进行详细介绍。

（一）社区风险注册模型

英联邦国家比较注重风险管理工作，英女王内阁秘书处专门要求各联邦在应急管理中导入社区风险注册（Community Risk Registration，CRR）工具。该工具强调风险评价和基层应用，且有着相对完整的应用框架和比较清晰的操作规程，适用于对自然灾害、交通事故、水污染等的风险评估。

社区风险注册模型的主要特点是自下而上执行评估，首先，由权威机构设计出突发事件参考种类和框架、各类灾害影响的评分量表和事件可能性评分量表；其次，由各社区对照量表，统计本社区情况，进行风险注册；最后，由上级政府统计注册情况，计算出风险指数，描画出风险等级矩阵。这项工作涉及面宽、工作量大，需要上级部门召集专家制定合理的风险分类和风险程度参考规范。社区风险注册模型客观性强、社会认可程度高。CRR 工具已在英联邦国家得到了广泛推广和应用，并且英国公众对恐怖活动以外的政府风险治理绩效比较满意，说明了这种风险治理框架与工具的有效性。

1. 风险评价总表

风险评价总表是所有公共危机事件的汇总表，共有 15 类灾害和威胁，对每一类事件，都明确了事件的子类、危害规模以及评估责任机构。风险评估总表是社区所有潜在安全风险事件的一个汇总简表。风险评价总表，见表 7-1。

表 7-1　风险评价总表

一般的灾害和威胁	子类	危害规模	承担可能性评价的领导机构或办事处		
			地方	区域	国家
工业事故和环境污染	如液化石油气、液化天然气及其他易燃性气体储存站的气罐火灾或爆炸	造成环绕站点 3 千米以上，500 人死亡、1 500 人住院	防火服务/健康和安全执行机构	防火服务/健康和安全执行机构	防火服务/健康和安全执行机构
交通事故					
极端天气					
建筑结构灾害					
人类健康					
动物健康					
植物死亡					
犯罪					
恐怖活动					
公共场所骚乱					

表 7-1（续）

一般的灾害和威胁	子类	危害规模	承担可能性评价的领导机构或办事处		
			地方	区域	国家
电子袭击					
行业行为					
国际危机					
技术失败					
商业失败					

2. 影响等级量表

影响等级量表分为无关紧要、较小、中等、重大和惨重等五个等级，每一等级都考虑人类福利、环境、安全三个维度的影响后果。影响等级量表，见表 7-2。

表 7-2　影响等级量表

等级	等级描述	影响范畴	影响描述
1	无关紧要	人类福利	没有死亡、未受伤害、健康不受影响
			没有人需要转移，也没有人需要支持
			没有财产损失
			社区服务或基础设施未受破坏
		环境	没有环境影响
		安全	没有安全影响
2	较小	人类福利	极少数人遭侵袭，无人死亡，极少数人受伤但都得到了第一时间的救护
			6 小时内有极少数人需要转移，极少数人需要帮助
			财产损失很小
			6 小时内当地社区服务或基础设施受到小面积破坏
		环境	环境影响极小，且无后续后果
		安全	没有安全方面的影响

表 7-2（续）

等级	等级描述	影响范畴	影响描述
3	中等	人类福利	有限人数受影响，无人死亡，但受伤的人需住院治疗
			少数人 6～24 小时内需要在当地迁移；通过本地安排，个人需求可以得到满足
			当地损失通过常规安排可以得到弥补
			社区的正常功能出现一些阻滞
		环境	对环境有一些短期的影响，或者对环境有长期的小影响
		安全	可能对当地安全存在影响
4	重大	人类福利	大量人群处在受影响地区且出现许多死亡案例，发生严重的大伤害，大批人需要住院
			6～24 小时内或超过这一时段大批人被迫转移，个人需要外部资源支持
			发生重大财产损失，需要外部援助
			社区仅能提供部分服务功能，一些服务无法获取
		环境	对环境有显著的中长期影响
		安全	对安全有重大影响
5	惨重	人类福利	受影响地区大量人群死亡且遭受具有长期影响的严重伤害，需要住院
			出现长期的大范围人群迁移，个人需要广泛支持
			受灾地区财产和环境方面遭受巨大损失，需要外界大力支持，基础设施严重损坏，关键服务长期缺失且无法提供
			社区丧失服务功能，个人需要没有得到外部支持
		环境	对环境造成了严重的长期影响或长久损害
		安全	对安全有严重影响

3. 可能性等级量表

可能性等级分为罕见、不太可能、可能、很可能、极可能等五个等级。可能性等级量表（表 7-3）用于说明风险事故发生的可能性。

表 7-3 可能性等级量表

等级	等级描述	5 年间发生的可能性	可能性描述
1	罕见	≤1%	异常情况下可能发生，可能每 500 年或更长时间发生一次
2	不太可能	2%～25%	未料到会发生；没有记录或证据；没有与组织、设施或社区有关系的较近发生的事件；发生的机会、原因或渠道极小，可能每百年发生一次
3	可能	26%～50%	可能在某时发生；较少意外事件记录或证据；其他组织、设施或社团可类比的意外事件很少；有一些机会、原因或渠道发生，可能每 20 年发生一次
4	很可能	51%～75%	5～7 年内可能发生或再发生；有常规的意外事件记录和明显证据表明可能在许多环境下发生
5	极可能	76%～80%	每 5 年或在更短时间内可能发生或再发生，有极明显的意外事件记录和证据

4. 风险等级矩阵

制作风险等级矩阵图，取二维坐标轴的第一象限，以影响等级为正向纵轴，分为 5 级；以可能性为正向横轴，分为 5 级。二者两两形成 25 个区块，用不同色块表示风险的严重性，并标注在象限空间内。

（二）故障树分析模型

故障树分析模型，是由美国贝尔电话研究所的沃森和默恩斯于 1961 年率先提出的，其后被美国原子能委员会应用于核电反应堆进行风险评估，并取得了成功。此后，该模型被广泛应用于风险管理领域。

1. 符号系统

为在逻辑上描述故障树，故障树分析模型设计了三类符号，分别为事件符号、逻辑门符号和转移符号。

（1）事件符号

图 7-3 为故障树分析的事件符号。其中，矩形表示顶上事件或中间事件，即需要往下分析的事件；圆形表示基本原因事件或基本事件，即不能继续往下分析的事件；屋形表示正常事件，是系统正常状态下发生的正常事件；菱形表示省略事件，即不必进一步剖析的事件。

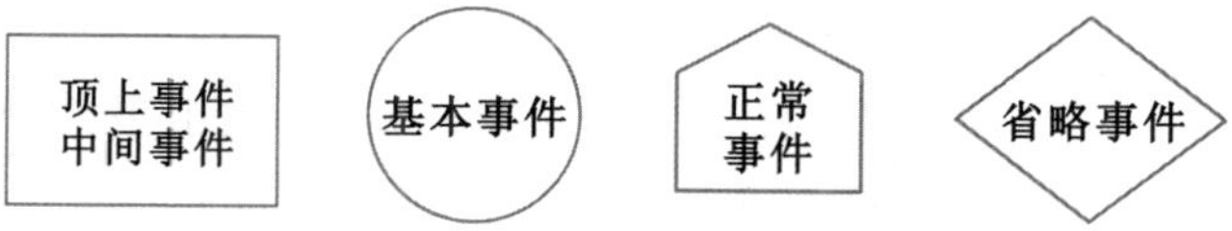

图 7-3　故障树分析的事件符号①

（2）逻辑门符号

图 7-4 为故障树分析的逻辑门符号。

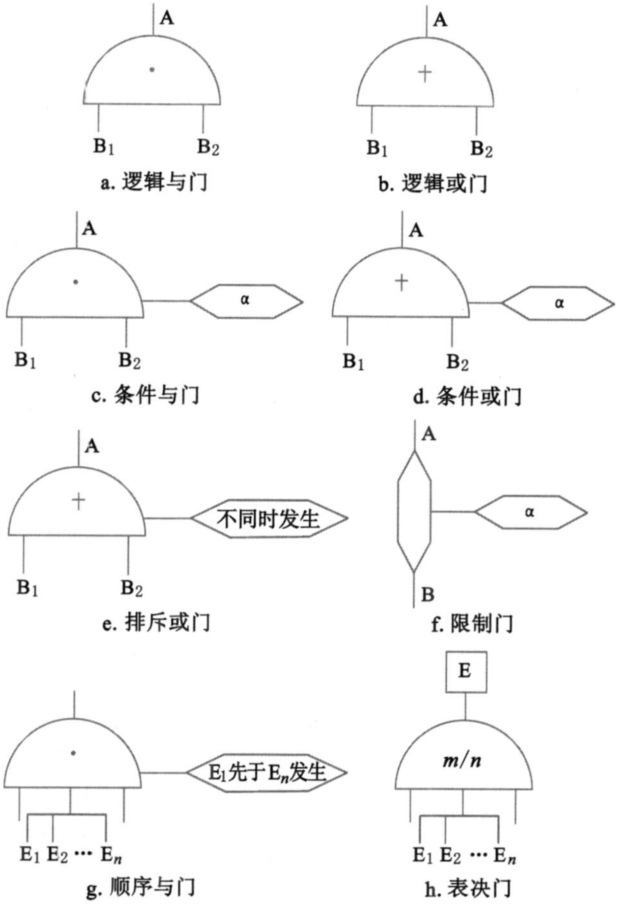

图 7-4　故障树分析的逻辑门符号

① 肖群鹰，朱正威. 公共危机管理与社会风险评价[M]. 北京：社会科学文献出版社，2013：193.

① 逻辑与门：只有当 B_1、B_2 都发生时，输出事件 A 才会发生。

② 逻辑或门：至少 B_1、B_2 有一个输入事件发生，输出事件 A 才会发生。

③ 条件与门：B_1、B_2 不仅要同时发生，还必须再满足条件 α，输出事件 A 才会发生。

④ 条件或门：B_1、B_2 有一个输入事件发生，且满足条件 α，输出事件 A 才会发生。

⑤ 排斥或门：B_1、B_2 只有一个输入事件发生时，输出事件 A 才会发生。

⑥ 限制门：输入事件 B(仅有一输入事件)发生，且满足条件 α 时，输出事件 A 才会发生；否则，输出事件不发生。

⑦ 顺序与门：输入事件既要都发生，又要按一定的顺序发生，输出事件才会发生。

⑧ 表决门：仅当 n 个事件中有 m $(m \leqslant n)$ 个或 m 个以上事件同时发生时，输出事件才会发生。

(3) 转移符号

故障树分析的转移符号主要包括转入符号和转出符号两种，见图 7-5。其中，转入符号表示对应数字或字母标注的故障树部分由此转入；转出符号表示该部分故障树由此转出。

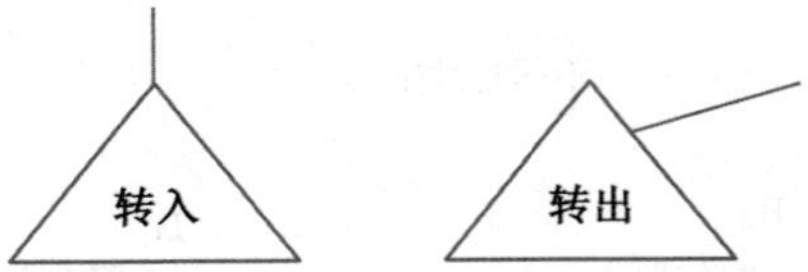

图 7-5　故障树分析的转移符号①

2. 建树原则

编制故障树应从顶上事件开始分析，确定顶上事件的直接、必要和充分的原因，再由此展开确定中间事件，然后再确定中间事件的原因，逐步推进，获得全树图。其中，矩形图内应填入故障内容，说明故障类型及条件。对相应事件进行分析，如果故障是由一个元件造成的，则应把事件列为“元件类”故障，否

① 肖群鹰，朱正威. 公共危机管理与社会风险评价[M]. 北京：社会科学文献出版社，2013：194.

则应列为“系统类”故障。对应第一类故障，添加“或”“门”，找出主因故障、次因故障、指令故障或其他影响故障；对应第二类故障，视情况添加“或门”“与门”“限制门”等进行分析。门的输入应当是恰当定义的故障事件，门与门之间不得直接相连。使用“顺序与门”或“表决门”时，要求在对全部输入事件中的任一事件做分析之前，对该门的全部输入事件进行完整定义。

3. 分析步骤

（1）系统确认。确定风险系统的框架结构、工作内容、系统性能、运行简况和操作参数。

（2）调查事故。调查分析同类事故与潜在事故的风险事件与成因。

（3）制作故障树图。首先确定故障树的顶上事件，其次调查与顶上事件有关的所有原因事件，从上到下，一层一层往下分析各事件的直接原因事件，按彼此间的逻辑关系，用逻辑门连接上下层事件，直至达到所要求的分析深度。

（4）故障树分析。故障树分析包括定性分析和定量分析。定性分析，是指对故障树求取最小径集，找出控制事故的可行方案，并从故障树结构上、发生概率上判断各基本事件的重要程度，以便按事件的轻重缓急决定对策。定量分析，是指确定各基本事件的故障率或失误率，求取顶上事件发生的概率，将计算结果与通过统计分析得出的事故发生概率进行比较。

（5）风险诊断。根据损失率的大小评价该类事故的危险性。从定性分析和定量分析中确定顶上事件发生的原因与机理。

（三）面向社区的参与式灾害风险评估模型

有学者根据社区灾害风险评估的基本理论及其特点，借鉴国外典型的风险评估模型，并与我国社区灾害风险评估研究现状相结合，构建了以社区各利益相关者和风险评估专家的广泛参与和交流为基础，以风险交流、风险识别、风险分析和风险评价等为主要内容，以充分融合社区本地知识和风险评估专家知识于一体的参与式灾害风险评估模型①。

① 张振国，温家洪，李雪丽．面向社区的参与式灾害风险评估模型研究[J]．灾害学，2013，28(3)：142-146．

1. 风险交流

风险交流是参与式灾害风险评估模型的首要内容，贯穿风险评估的整个过程。通过风险交流的手段，让政府、社区居民、非政府组织、企业管理者等广泛参与到社区安全风险评估过程中，并与专家进行充分的交流，使社区的本地知识与专家的理论、方法和技术结合起来，渗透到风险评估的每一个环节，使风险评估成为公众和专家共同协调的结果。风险交流主要包括三方面的内容。

(1) 建立关系。通过正式或非正式访谈或会议的形式，向区(县)等基层相关部门说明研究的目的与意义，并与社区居民交流，初步建立良好的关系。

(2) 明确环境。在建立关系的基础上，与当地政府人员和居民交流，全面了解社区的自然、经济、社会和文化环境并收集相关资料，同时让当地政府人员和居民理解灾害风险评估的基本内容和要求。

(3) 制订计划。在上述基础上，与社区政府人员和居民共同制订风险评估工作计划，确定参与人员、工作内容、工作方法和时间安排。

2. 风险识别

风险识别是发现、认识和描述风险的过程，包括风险源识别、风险事件识别、风险原因及潜在后果识别。风险识别的主要目的是建立详细的风险清单。在社区安全风险评估中，风险识别主要是运用各种参与式方法和GIS技术全面收集社区居民的“本地风险知识”，并将其转化为可利用的数据和信息。

(1) 历史灾情。运用警用地理信息系统全面收集社区居民对社区历史上灾害的致灾因子强度、概率、影响范围及造成的损失，并分析社区脆弱性特征及原因。

(2) 制定风险准则。通过收集居民对社区可能存在的灾害的感知程度和可接受性，确定社区可能发生的灾害风险及其程度，并制定相应的风险准则，即评价风险重要程度的标准。

3. 风险分析

风险分析是风险评价和风险处置决策的基础，是充分理解风险的性质和确定风险等级的过程。风险分析过程考虑风险成因和风险源、积极和消极的后果和后果发生的可能性，识别出影响后果和可能性的因素。根据风险的特点、分析的目的、信息、数据和可用的资源，风险分析可采取不同的分析方法。风险分析采用定性、半定量、定量分析方法，或采用以上方法的组合，具体要视不同情况而定。

（1）风险建模。根据灾害风险理论和灾害的形成机制，运用相关软件构建灾害风险模型，为模拟不同灾害风险情景提供基础。

（2）历史灾情重建。运用所建的模型和收集的灾害数据重建历史灾情，并对模型进行校正。

（3）风险模拟。运用校正的风险模型模拟研究社区可能出现的灾害风险情景，模拟过程包括危险性分析、暴露分析和脆弱性分析。

（4）风险估算。概率损失分析，分析各种灾害风险情景对社区造成的可能损失。概率损失分析中，灾害风险的损失量化通过综合危险性分析、暴露分析和脆弱性分析的结果，计算社区灾害风险的经济损失额度和死亡人数。

4. 风险评价

风险评价是指在风险分析的基础上，对风险进行分级和分类，确定需要处置的风险并进行排序，并在此基础上对各种风险处理措施方案进行成本效益分析，以决定是否需要采取这些措施。在实际评价过程中，应该在更加宽泛的背景下，不仅要考虑从风险中获益的各方，也要考虑承担风险的团体对风险的容忍程度。

（1）风险分级。根据风险估算结果和风险准则，对社区灾害风险进行分级，确定需要处理的风险。

（2）风险处置排序。通过与社区居民的交流，根据社区的实际情况对需要处置的风险进行排序。

（3）成本效益分析。根据风险空间区划图设计相应的多种风险处置方案，并进行成本效益分析，以确定需要采取的措施。

（4）风险空间区划。综合上述分析结果，利用 GIS 软件制作社区灾害风险空间区划图，为风险管理提供科学依据。

面向社区的参与式灾害风险评估模型，见图 7-6。

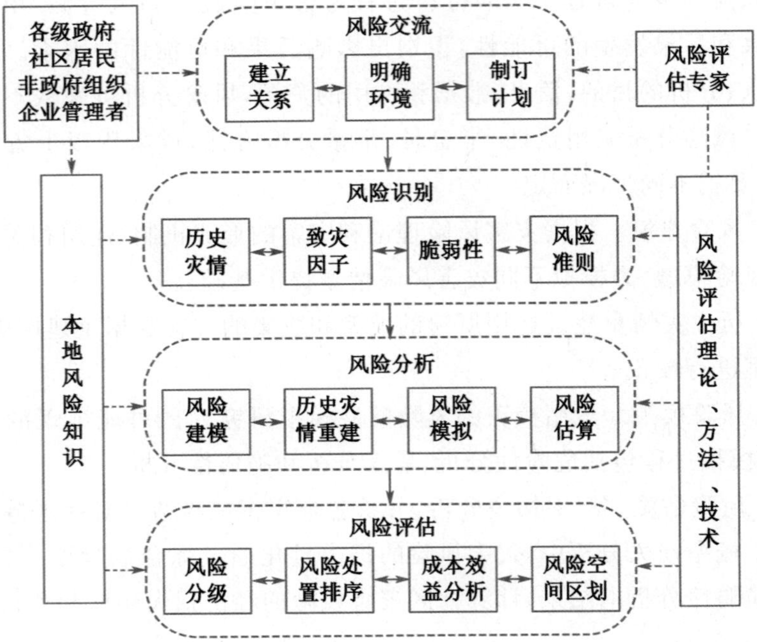

图 7-6　面向社区的参与式灾害风险评估模型

第四节　社区安全风险评估的主要流程

社区安全风险评估是一项复杂的系统工程，需要按照一定的原则、一定的程序进行规范操作，从而形成有效的评估分析报告，进而为突发事件的预防与应对提供相应的理论支持。

一、社区安全风险评估的准备

在社区安全风险评估实施前，相关部门要就安全风险评估工作进行周密的组织和准备，具体工作包括组建社区安全风险评估小组以及制定社区安全风险评估方案。

（一）组建社区安全风险评估小组

风险评估工作需要理论与实际相结合，对参与评估分析人员的专业素养要求较高。安全风险评估人员的专业素养水平对评估分析质量具有直接的影响。因此，在组建社区安全风险评估小组时，必须选择合适的、具有较高专业水平的人员。

1. 组长

安全风险评估小组的组长作为评估工作的第一责任人，负责全面领导、组织整个评估活动的开展，承担整个评估方案的设计、方法选择、方案执行以及报告撰写等各项工作。因此，评估小组组长的选择和确定至关重要。由于安全风险评估的种类不同，其评估小组组长也有所差异，但不外乎两种情况。一种情况是由应急管理领域的专家、研究者或者评估专家担任，如突发事件评估小组组长多是由该类突发事件处置专家担任；另一种情况是由相关应急管理机构负责人担任，如应急管理能力评估小组组长多是由应急管理办事机构负责人担任。

2. 小组成员

小组成员是社区安全风险评估工作的真正执行者，其素质的高低直接影响最终调查评估的质量。在选择评估小组成员时，应坚持独立、公正的原则，从源头上保证评估分析的公信力。评估小组成员应有良好的专业素质和合作精神，可由相关领域专家、研究者或者评估专家等组成，也可由有关政府及其职能部门、企事业单位、社会公益人员等组成。小组成员可由组长指定，或由组长和评估责任单位共同挑选产生。需要注意的是，参与事件(事故)现场应急处置的指挥部成员不宜担任评估分析小组成员。另外，评估小组人数一般应为奇数，还应根据不同类别的评估而做出适当的调整。例如，关于应急管理能力评估的小组成员数量一般为 3～5 个，而关于突发事件评估的小组成员数量则一般不少于 5 个。在某些特殊情况下，评估分析小组也可只设评估分析小组组长，不设组员，但必须在最终评估分析报告中予以解释与说明。

(二) 制定社区安全风险评估方案

制定评估方案是社区安全风险评估工作的首要环节，也是有效开展社区安全风险评估工作的基本保障。评估方案的设计是否科学合理，直接关系到评估质量的高低。评估方案一般以书面形式系统详细说明评估分析的目的、主体、原则、方法、时限、程序、评估重点等。

1. 确定评估内容

要进行安全风险评估，必须明确评估的具体内容，做到直奔主题、有的放矢，这样既节约了评估成本，又确保了评估的针对性、有效性。社区安全风险评估的内容主要包括评估的相关要素，即安全风险评估的目的、对象、责任主体（主要牵头组织单位）、实施主体（具体实施人员，如评估小组、专家等）、时限等。评估方案一旦确定，就不应轻易改动，除非遇到特殊情况，但可在实施过程中根据实际需要进行微调。

2. 确定评估原则

评估工作在遵循客观性、独立性、规范性、公众参与、发展性等原则的前提下，也可根据具体的评估对象，确定高效开展的工作原则。如在进行关于应急管理能力评估时，可以增加科学性原则、系统性原则等，确定科学的评估指标，系统性开展评估分析，以实现评估的最终目的。

3. 确定评估标准

由于评估对象不同，评估标准也可能千差万别、不尽相同。社区安全风险评估应该针对特定的评估分析对象、目的等，确定具体的评估标准，进而规范、指导评估工作的开展。社区安全风险评估指标体系是否合理，一定程度上影响到评估质量的好坏。所以，在制定评估标准时，应尽可能做到全面、合理、科学，既服务于社区安全风险评估目的，同时又要兼具一定的操作性与灵活性，能够量化的一定要量化。

4. 确定评估重点

社区安全风险评估所涉及的内容多，不同的侧重点会有不同的评估结果。评估工作应严格服务于评估目的。这就要求在评估工作正式开始之前要明确评估的侧重点，在全面了解基本情况的基础上，围绕重点评估环节进行。例如，针对突发事件本身的评估需要对突发事件发生机理、造成损失、群众安置等方面进行重点评估；针对突发事件过程的评估则侧重于对突发事件发现、信息报告及处置、先期处置等方面的评估与分析。

5. 确定评估方法

社区安全风险评估的方法很多，有交流讨论法、专家会议法、现场调查法、统计分析法等。根据不同社区自身不同的实际情况，其安全风险评估方法的选择也不尽相同。评估分析小组应该从节约成本，实现评估分析的独立性、客观性等方面出发，根据评估对象的具体情况确定合适的评估方法。比如需到现场调查取证的，应察看现场、听取突发事件目击者意见。此外，评估方案还要对评估的场所、评估的经费筹措及使用等问题进行具体说明。

二、社区安全风险评估的实施

社区安全风险评估的实施是整个评估活动中最为重要的阶段，其主要任务是利用各种调查手段，采用观察法、查阅资料法、调查法、个案法、实验法等方法，全面收集有关信息。在收集信息的基础上，对社区应急管理的原始数据和信息资料进行系统的整理、归类、统计和分析，从而得出评估结论。

（一）调查及收集信息

为获取第一手资料，调查应该深入细致，最好是对突发事件过程及应急处置或应急管理工作的现实情况进行系统的调查、考察和了解并做好详细记录。因评估对象不同、目的不同，其信息收集的侧重点也应不同。对于社区安全风险评估分析，信息收集应包括社区安全风险的地点、原因、过程、等级、种类、影响的范围及危害程度，监测、预测、预警和预报过程，应急处置过程，恢复重建等善后工作过程以及应急保障情况等。对于社区应急管理能力评估分析则要注重对应急管理工作情况信息进行收集，包括应急预案的种类、层级、结构、质量，应急指挥机构、办事机构情况，应急避难场所、风险排查、应急队伍、应急培训、应急物资保障等方面的情况。社区应急管理其他工作评估分析则应该根据具体的评估对象、目的等，明确信息收集的侧重点。

（二）全面开展评估分析

评估分析环节是评估活动中最为重要的环节，最终将产生评估结果或成果，直接决定了社区安全风险评估活动的质量。所以，评估小组要坚持公正、独立、客观等原则，对所收集、掌握的信息详细地进行逐项分析与评价。同时，既要对应对工作做出总体评价，又要对重点应对工作做出评价。评估既要肯定成绩，又要指出存在的问题，还要提出有针对性的改进建议和意见。评估要符合逻辑，有说服力，用事实说话，可采取将报告内容与了解到的真实情况进行对比的方法来衡量其真实性和及时性。在评估时要充分听取评估小组每个成员的意见，对不同意见进行讨论，达不成一致意见的，采纳多数人的意见；必要时，可以重新核实、重新评估。

三、社区安全风险评估的成果

（一）评估分析报告的撰写

评估分析报告由评估小组组长牵头组织评估小组成员撰写，并最终由评估小组组长审核把关、上报评估责任主体。评估分析报告通常分为导言、评估分析结果、分项判断与分析、改进措施及工作建议等四部分。

1. 导言

导言主要介绍社区安全风险评估的目的、评估计划、过程描述等。例如，社区应急管理能力评估的导言部分主要包括社区本年度（半年度）应急管理工作基本情况描述，调查评估计划和调查评估进程中采取的方法，以及对调查评估全过程的描述等。

2. 评估分析结果

评估分析结果即社区安全风险评估的最终成果，对评估分析对象给出的直接的、总体的定性界定。例如，突发事件处置是否成功、应急管理能力是否提升等。

3. 分项判断与分析

分项判断与分析是对评估分析结果的细化与分析，主要是根据评估指标体系逐项进行打分与分析，判断评估对象是否达到具体的评估标准，并指出存在的缺陷。分项判断与分析通过逐项完善、各个击破，对社区应急管理工作的改进具有重要的指导意义。

4. 改进措施及工作建议

改进措施及工作建议是社区安全风险评估的核心部分，主要针对评估结果，总结经验，吸取教训，并针对提出的问题，提出解决方案与建议等，体现了评估实施者的业务水平以及综合素质，决定了评估质量的高低。成功的安全风险评估应为评估分析责任主体提供合理、实用、易于操作的改进措施和建议,为社区应急管理的完善提供整改方向。

总之,评估分析报告应力求客观公正,但是又不能缺少应有的主观价值判断。然而,评估分析者的主观价值判断又会受到客观条件和非理性因素的制约,可能会出现纰漏。因此,在得出评估结果后,仍需要进一步加工处理。首先,评估分析者应进行自我检查,分析评估结果的信度及效度;其次,就评估分析结果向相关人员征求意见,发挥亲历者、受害者、决策者、知情者、参与者等对评估的反馈、监督、诊断、完善等方面的作用,提高安全风险评估的科学性与合理性。

(二)评估分析结果及使用

在经历上述报告撰写、处理等步骤以后,评估小组应以书面形式将评估报告提交给评估的组织者,并进行系统备案,为社区应急管理提供改进措施和工作建议,提升整体应急管理能力。

1. 突发事件评估分析

突发事件评估分析结果报送组织评估分析的政府应急管理部门,批复后按照改进措施和工作意见贯彻实施,并依据法律、程序和权限进行行政处罚、处理或刑事责任追究等。

2. 社区应急管理能力评估分析

评估分析报告报送政府应急管理机构,纳入绩效考核体系,并供工作监督和制订应急管理工作计划、规划等参考。

3. 社区应急管理其他工作评估分析

评估分析报告报送其他利益相关者,为改进特定应急管理工作提供参考。

评估分析组织者在收到评估分析报告后,应将评估报告作为应急管理工作重要的政策决策依据,并对评估报告提出的改进措施和工作建议,以固定明确的方式进行回复。对于已经采纳的改进措施和工作建议,相关决策者应采取适当的监督、反馈措施。部分应急管理评估分析结果应根据需要适时向社会公众予以公布,满足公众知情权。

（三）社区风险地图绘制

风险地图是通过图像标识把风险、灾害、救助等信息反映在地图上，把灾害风险视觉化、形象化，从而实现提高公众安全意识、减轻风险的目的。风险地图是一种在风险评估基础上，以地图的形式展现相应的评估结果，从而实现减轻风险目标的方式。例如，美国联邦紧急事务管理署（FEMA）制作了全国范围的洪水灾害地图，并图示了风险地图的生命周期（图 7-7）。

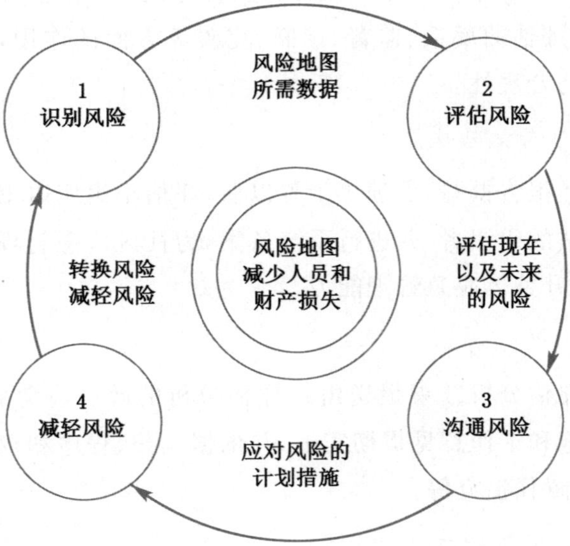

图 7-7　风险地图的生命周期

社区风险地图则是基于社区安全风险评估，展现社区风险及安全场所的地图。具体来说，社区风险地图是一种社区模型，其上标注了一些重要的建筑、各种可用的资源，展现了一些可能造成潜在危害的要素或地点，还包括应对灾害风险的具体措施等。一般来说，社区风险地图至少应该包括五部分内容：危险源、脆弱性区域、安全设施、安全场所以及应对措施。

1. 危险源

危险源一般分为三个等级：高、中、低，分别用红、橙、黄三色的实心圆圈表示。一般用颜色来表示危险源的等级，在圆圈内增加文字说明来具体表示是何种危险源,并在图例中添加一定的文字说明。如果危险源是一个点,那么采用上述方式标识;如果危险源是线状或是一个区域,那么要先用不同颜色的马克笔在风险地图上标记,然后在旁边贴上图例,写上危险源的类型名称。城市社区常见危险源,见表 7-4。

表 7-4　城市社区常见危险源

序号	危险源	可能风险	参考评级	标识方法
1	煤气罐	泄漏、爆炸	高	图例
2	液化气站	泄漏、爆炸	高	图例
3	加油站	泄漏、爆炸	中	图例
4	工厂	可能发生生产事故、有害气体泄漏、爆炸等	高:化工类	图例
			中:涉及高温高压作业,有锅炉	
			低:一般制造业等	
5	高压线	触电	中	图例
6	变电站	触电、爆炸	中:大型变电站(22 万伏以上)	图例
			低:中小型变电站	
7	锅炉	爆炸	中	图例
8	交通主干道	交通事故	中	马克笔勾勒边框+图例
9	交通事故易发点	交通事故	高	图例
10	河道	溺水事故	中:自然河道,亲水平台	马克笔勾勒边框+图例
			低:有防护栏	
11	废品回收站	火灾事故	低	图例
12	户外广告牌	坠落	中	图例
13	有一定危险性的店面(如烧电焊、明火等)	火灾事故等	高	图例
14	其他动态因素(如房屋施工、道路施工等)	施工安全事故、火灾等	中	图例

2. 脆弱性区域

脆弱性区域主要是指社区内存在的固有的易受损的区域，主要包括易受损的建筑、人流较为密集的区域等。该部分一般也分为高、中、低三个等级，同样用红、橙、黄三种颜色表示。标识方法首先是依据等级，用马克笔勾勒区域边框，然后在旁边贴上相应的图例，并标注出脆弱性区域的类型名称。城市社区常见脆弱性区域，见表7-5。

表7-5 城市社区常见脆弱性区域

序号	脆弱性区域	脆弱性类型	参考评级	标识方法
1	房屋	房屋结构老化、逃生救援难度较高	高：棚户简屋	马克笔勾勒边框＋图例
			中：老式里弄；14层及以上高层	
2	学校	人流密集、人员混杂等	中：幼儿园、小学、中专职校	马克笔勾勒边框＋图例
			低：中学	
3	敬老院	人员密集、老年人行动能力弱	中	马克笔勾勒边框＋图例
4	商业区	人流密集混杂、商品易燃性高等	高：有一定危险性商业区	马克笔勾勒边框＋图例
			中：一般商业区	
5	易积水路段	暴雨、台风时风险较高	中	马克笔勾勒边框＋图例

3. 安全设施

安全设施主要考虑消防安全设施，一类是道路上的消防水栓，另一类是楼道内的消防装置，主要包括灭火器、消防水带、简易消防喷淋等。

4. 安全场所

应在社区风险地图上标识出紧急集合地点以及医院、消防站、派出所等相关场所的位置。

5. 应对措施

应对措施是指在识别社区存在的风险的基础之上，针对社区可能发生的各类灾害事故，寻求降低风险发生的办法，并且探讨如果发生灾害时，应该如何行动。重要的逃生路径可以在地图上标出，重要的措施也可以标识在地图上。

在社区居民识别风险源、并对社区固有脆弱性进行评估的基础之上，经过实地勘查、查找风险隐患、收集灾害信息等，客观评价风险发生的概率、危害性的大小、可识别的程度等，最终绘制社区风险地图，展示风险评估成果。风险地图绘制完成后，社区还需要考虑其后续的使用以及定期的修订等，应根据社区的实际情况和发展需要，定期召集社区居民对社区风险地图进行补充与完善。

同步思考题

1. 社区安全风险评估的类型有哪些？
2. 社区安全风险评估由哪些要素构成？
3. 简述社区安全风险评估的定性评估与定量评估方法。
4. 简述社区安全风险评估的实用模型。
5. 社区安全风险评估的主要流程包括哪些？

8

第八章

社区应急管理实践

学习目标

1. 掌握美国、英国、日本、澳大利亚社区应急管理模式的主要内容。
2. 了解上海市、成都市和济南市应急模式的主要内容。
3. 了解国内外社区应急管理实践的主要特征。
4. 了解国内外社区应急管理模式建设的有益经验。
5. 了解我国社区应急管理的新进路。

案例引入

美国“社区版”可持续减灾计划

美国政府强调社区在灾害应急中的基础性作用，认为社区如果能够更多地了解自己的可用资源，在发生灾难性事件且与外界又中断联系的情况下，依靠社区的能力实行自救，既可以减轻灾害的损失，也可使政府的救援计划富于弹性。

美国联邦紧急事务管理署(FEMA)在制订全国防灾计划的同时，还制订了社区版“可持续减灾计划”，即推行一个以社区为基础的全新灾害减缓计划。它要求建立包括各利益相关者在内的伙伴关系，识别并减少风险，把风险及风险规避决策纳入社区日常决策之中。灾害减缓计划包括土地利用规划、示警系统设置、建筑物的管理与监督、紧急救助及医疗系统、危机管理指挥系统等 5 个部分，强调建立以社区或村为单位，从地方到中央的灾害管理体系。

FEMA 在 2003 年 1 月发布的《联邦反应计划》(修订版)中专门提到了社区联系的内容。社区联系部门是应急反应小组的组成部分，社区联系包括部门职责、组织保障、负责机构、实施原则等内容。美国还积极推进社区自主应急组织建设。社区应急反应小组是关于灾难准备社区互助、救灾安全，并以为多数人的最大利益服务为目的的机构。社区应急反应小组的概念是在 1985 年由洛杉矶市消防局提出并加以完善的。

(资料来源　陈文涛，欧阳梅，李东方. 国外社区灾害应急模式概述[C]//中国职业安全健康协会. 中国职业安全健康协会 2007 年学术年会论文集。收入本书时有改动)

■ 第一节 国外社区应急管理实践

近年来，全球范围内天灾人祸频频发生，世界各国逐渐意识到，仅靠专业和行政力量恐怕很难完成灾害的预防和应急工作，社区在防灾减灾以及灾后重建等方面扮演了重要的角色，于是纷纷开始强调社区防灾减灾的重要性，并陆续研究制定提升社区灾害防救能力的方法和对策，本节选取了美国、英国、日本、澳大利亚四个国外社区应急管理实例，为进一步研究社区应急提供探究视角。

一、美国全社区模式

1979 年，美国成立联邦紧急事务管理署（FEMA），专项负责处理突发事件。1996 年，FEMA 通过制订针对社区应急管理建设的灾害减缓计划——影响工程（Project Impact，PI），改变了以工程为主的灾害防治策略，这项工程即建设减灾型社区。根据美国 2001 年年底公布的数据，全美共有约 250 个减灾型社区。为进一步发挥“减灾型社区”的作用、提升社区防灾减灾的影响力，2011 年 FEMA 提出了全社区模式。美国全社区模式，见图 8-1。

（一）建立减灾伙伴关系网络

全社区模式强调社区居民在防灾减灾计划中的重要角色，要求以社区为主，构建政府、企业、社会组织、专业人员以及社区居民等多元主体广泛参与的灾害风险协同治理网络。FEMA 通过给社区内不同主体提供相应的应急资源，使不同主体在应急预防、准备、响应、处置、恢复等过程中形成丰富的合作模式。在居民的应急培训上，FEMA 充分利用社区应急反应队等合作组织，开展跨机构、跨社区的应急演练与培训，并在突发事件中第一时间为受灾居民提供紧急援助。

（二）促进公众参与社区应急管理

FEMA 采取多种途径吸引社区居民参与社区应急管理。首先，不断强化社区居民与应急管理者、社区领导者以及公民服务团理事会的联系，深化

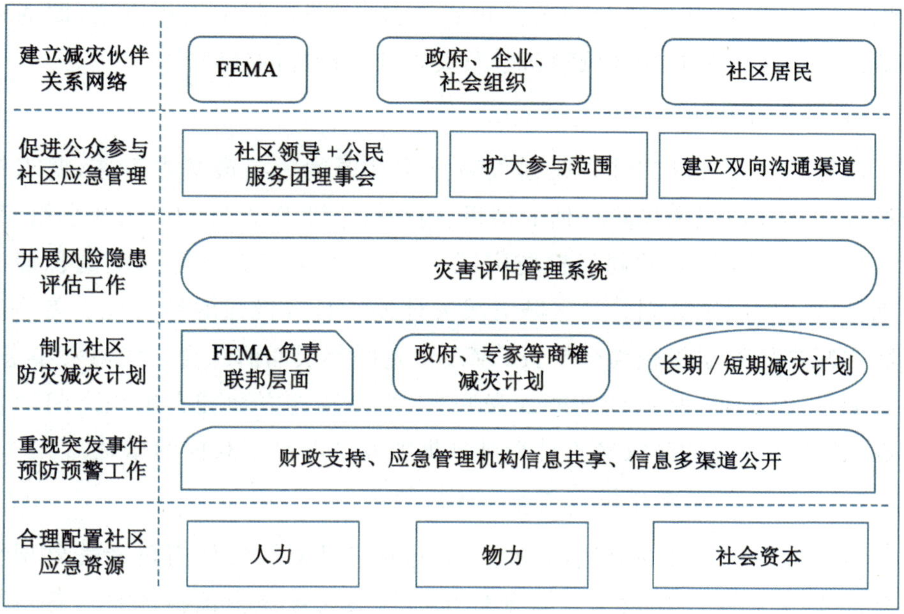

图 8-1　美国全社区模式

社区居民对于应急管理的认知，提高社区居民的风险意识。其次，在应急恢复计划中扩大社区居民可参与范围，在社区会议议程中将社区应急相关事务充分纳入，使社区居民的应急参与意识通过多议程会议显著增强。再次，充分利用脸书（Facebook）、推特（Twitter）等社交平台，与公众建立有效的双向沟通渠道，营造全民应急的氛围，使公众树立主动应急思想，促进社区居民参与应急培训和演练。

（三）开展风险隐患评估工作

风险评估是实施减灾措施的第一步，通过风险评估能够及时发现风险隐患，有效减少风险发生的可能性和灾害所带来的损失。FEMA 非常注重社区的安全隐患风险评估工作，逐渐形成了灾害评估管理系统以及一系列的风险评估制度。通过社区安全风险评估可评估社区受灾的可能性、可能受灾害影响的区域及影响程度，并可查找到社区存在的致灾因子，从而进行安全风险评估作业。风险隐患评估工作的内容主要包括：收集各类灾害威胁的信息资料；将收集的资料转换成地理资讯或其他方便使用的形式；排列优先顺序；为社区开发风险防范意识宣传教育教材；制定支持决策，即通过风险评估措施来提升社区风险防范及灾害处置措施的针对性。

（四）制订社区防灾减灾计划

制订社区防灾减灾计划是建设减灾型社区的一项最基本工作，要求根据调查的实际情况和风险评估的结果，组织政府工作人员、专家、社会组织、社区居民及其他代表共同商榷防灾减灾计划，制订符合实际情况的长期或短期社区防灾减灾计划。社区防灾减灾计划须具有极强的针对性。美国社区防灾减灾体系层级较为分明：FEMA负责联邦层面的综合防灾减灾事务，由其制订的全国性减灾计划能加强联邦、州以及地方和社会组织之间的协调性，各州和地方的防灾减灾计划则依据实际情况制定具体的措施。

（五）重视突发事件预防预警工作

美国重视对灾害的监测与预警，如由国家保障气象部门负责气象预警的全部支出与投入，建设了一套现代化的气象灾害预警预报体系。各州与应急管理相关的公共机构、私人机构等均作为信息收集渠道，彼此之间保持密切联系。专业人士将收集到的监测信息进行分析评估，第一时间将评估结果转化为预警信息上报给相关的应急管理机构。同时，各级政府通过电视、网络、广播、短信等方式及时将预警信息与防控指南传播给公众[①]。美国政府十分重视应急预案工作，制定不同种类的突发事件应急预案，以使突发事件中的每一个环节都可以得到及时的干预和控制。

（六）合理配置社区应急资源

FEMA认为社区拥有丰富的人力、物力、社会资本等资源，应充分挖掘社区资源，使其更好地服务应急管理工作。以海地大地震为例，研究人员对灾后的海地进行了数月的调研，对两种社会组织网络进行了识别确认：一种是由致力于输送救灾物资到灾区的组织机构组成，另一种是由灾区现有的社会组织组成并给灾民提供基本的社会服务。研究表明，第二种组织构成的服务网络利用已有的体系、人员、物资，受到灾区民众的信任与支持，能够

① 李宗刚，钱瑶瑶.疫情背景下健全国家现代应急管理体系研究[J].经济与管理评论，2020，36(4)：17-24.

准确了解当地的需求，提供更为精准的帮助。减灾型社区强调要重点建设应急指挥、信息共享等智慧管理平台，强化对救灾人员、医务人员的管理，同时注重对技术救援设备、通信设备等相关救灾设备的管理。

二、英国综合治理型模式

2004 年英国颁布《民事紧急状态法》，随之其应急管理工作在应急理念、管理、规程、培训等内容上也都发生了极大的变化，工作重心从反应性应急处理向提高综合抗灾减灾能力方面转变。由于社区建设起步较早，英国政府高度重视社区应急管理，已经积累了大量的社区应急建设经验，形成了综合治理型社区应急管理模式。英国综合治理型模式，见图 8-2。

（一）统一规划社区的建设发展

英国政府从制度上引导社区发展，帮助社区实现自我治理，试图建立一个安全的、可持续发展的、健康的、繁荣的社区。在统一社区建设发展规划的同时，英国在资金和法律环境等方面也提供了足够的支持，并实施邻里复兴战略等一系列社区发展项目。英国内阁办公室制定的《关于形成社区系统抗灾力的战略框架》，提出对社区应急中每个主体行为的指导原则，对参与社区应急管理的工作人员进行明确分工。

（二）推动形成社区自救应急能力

英国政府重视提升社区防灾减灾和应对灾害的能力，主张应急管理重心下沉至基层、应急管理关口前移至社区，由此最大程度降低灾害发生的可能性和灾害后果的严重性。对此，英国地方政府注重帮助社区成员掌握与运用社区内的应急资源，最大限度培育社区居民的“社区灾害第一反应意识”，提高社区居民防灾减灾、自我救助的意识和能力，保证灾害发生时第一时间进行自救，最大程度降低损失。英国政府还将如何预防灾害、如何有效应对灾害、如何在灾中寻求帮助以及灾后如何寻求赔偿等知识汇集，建成社区公共服务一体化、信息化平台，以保证社区居民能够获取自救知识。

（三）注重与社会组织联动合作

由于社会组织在加强政府与社区居民的互动联系和信息共享上能发挥重要的纽带作用，英国政府大力培育社区社会组织，其所建立的社区服务网

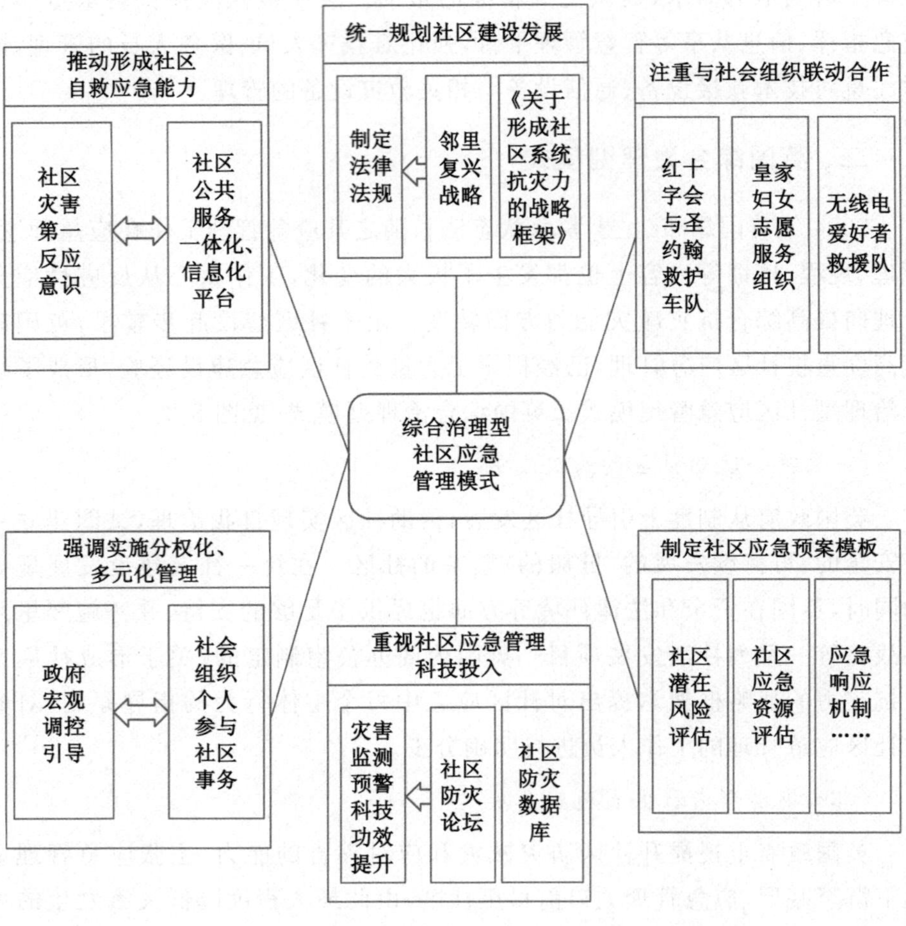

图 8-2 英国综合治理型模式

络覆盖社会组织、慈善组织和志愿者团队等。在英国社区提供应急服务的社会组织中，由红十字会与圣约翰救护车队向社区居民提供一般性的应急知识，尤其是紧急救援服务知识和应急技能培训；皇家妇女志愿服务组织会定期派志愿者对社区安全隐患进行排查并采取相应措施，以保障老年人等弱势群体的生命财产安全；无线电爱好者救援队负责在区域内建立应对突发事件的通信装备，以保证应急信息的及时传播和救援的有序进行。

（四）强调实施分权化、多元化管理

英国政府通过实行分权化和多元化管理，整合政府、社会组织和个人等多方主体力量，促使多元力量协同参与应急管理事务。政府主要负责宏观调控，把具备高灵活度和空间的权力赋予社区本身，积极引导社会组织和个人参与社区公共事务，社区居民在这个过程中既是使用者，也是设计者和提供者。

（五）重视社区应急管理科技投入

为更好地发挥灾害监测预警科技功效，英国政府建立社区防灾论坛和社区防灾数据库等信息化平台。其中，社区防灾论坛由英国政府内阁办公室建成，通过收集国内社区应急管理的先进案例，分析总结出成功经验和主要做法，再上传到全国统一的网站上形成案例数据库。社区防灾数据库通过分析总结社区减灾救灾的成功案例，帮助社区形成应对灾害的科学合理的应急预案，并提供应急培训与演练的相关材料，提升社区的防灾能力和应急能力①。

（六）制定社区应急预案模板

社区应急预案模板规定社区防灾减灾能力的通用标准，包括社区潜在风险评估、社区应急资源评估、社区服务供给方名称、应急响应机制、社区应急专项会议、应急避难场所地址选取、联络中断的备用方案、应急响应人员、应急通信备忘录等。英国还制定"社区灾害回馈机制"，各社区通过"社区灵活论坛"平台定期召开由消防、警察、社会组织、医疗机构等广泛参与的"社区灾害回应员"讨论会议，讨论总结社区应急管理的经验与教训，并对社区风险隐患进行排查与分析，帮助完善社区应急预案②。

三、日本多元主体参与型模式

由于地理位置的特殊性，日本自然灾害频发，其在应急处置、灾后重建等方面积累了丰富的经验。1995 年阪神大地震后，日本应急管理体系由以

---

① 郭桂祯.国外减灾社区建设对我国的启示[J].中国应急管理，2019(3)：34-35.

② 同①。

政府为主导的单一灾害管理模式逐步向以社区为基础的多元灾害治理模式过渡①。实践表明，以社区为基础的应急管理模式符合灾害风险应对规律，现如今的日本社区应急管理成效较为显著。日本多元主体参与型模式，见图 8-3。

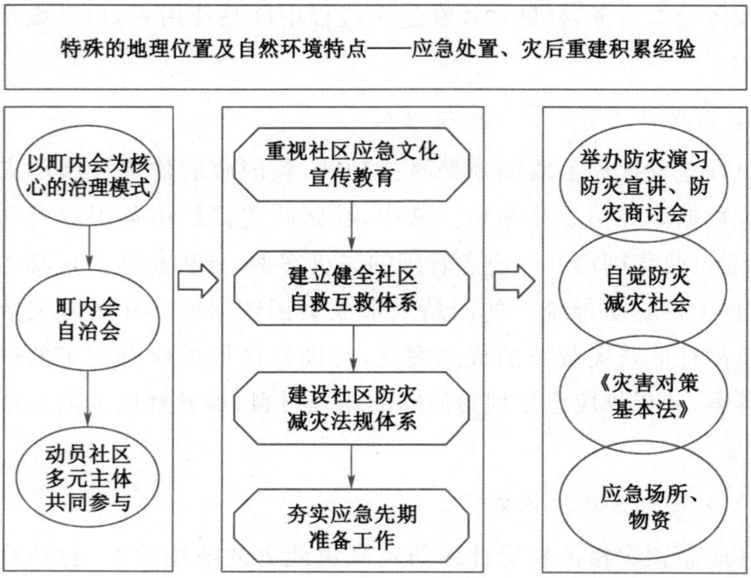

图 8-3　日本多元主体参与型模式

（一）以町内会为核心的治理模式

日本已逐步建立起以町内会及自治会为核心的基层社区治理模式，其中町内会是社区居民基于地缘关系自发组建的社区自治组织，自治会则以居民自治组织为主体构成。町内会及自治会是日本社区治理的最小单元，是完全公益性的组织，不属于行政机构范畴。町内会及自治会的民主选举产生会长和工作人员，社区居民在这种模式下可直接参与社区公共事务决策。受集体主义的影响，社区居民对于社区治理有着强烈的自觉性，认为自己不仅仅是社区的居住者、消费者，更是社区的主人翁、治理者。

① 周永根，李瑞龙. 日本基于社区的灾害风险治理模式及其启示[J]. 城市发展研究，2017，24(5)：105-111，124.

（二）动员社区多元主体共同参与

除了町内会（自治会），大部分日本社区里还存在着众多的自治主体，如区政协力委员、消防团、保健环境委员、体育推进委员、老人俱乐部、儿童会、家长教师协会、地域福祉推进协议会以及志愿者团体等①。其中，各町内会（自治会）会长受市长委托管理区政协力委员。区政协力委员负责向社区居民传达政府应急信息，反馈居民的意见及诉求，并定期组织防范巡逻、交通安全守护等活动。区政协力委员还负责摸清本区域内的灾害风险点以及对应的应急处置及避难方法，肩负起灾害对策委员的职务。在突发事件中，区政协力委员的角色将自动转为“灾害救助地区本部委员”。

（三）重视社区应急文化宣传教育

在“灾害管理日”以及“灾害管理周”，日本会在全国范围内举办防灾演习、防灾宣讲、防灾商讨会，向地方公共团体等普及防灾急救知识。日本鼓励社区组建“灾害管理志愿者组织”，自主开展各类宣传交流学习活动，让社区居民在活动中了解救灾物资的使用方法。为了促进防灾志愿者活动的广域协作，日本通过建立统一的信息平台向志愿者推送相关信息。社区周边百货商店中也会备有各种防灾商品，而且防灾商品的功能会随人们的生活方式和习惯不断升级改进。

（四）建立健全社区自救互救体系

日本倡导自己的生命和社区都由自己保护的自救互救理念，着力打造“自觉防灾减灾社会”。因此，日本将社区居民自救互救知识和能力的强化列为工作重点。政府与社区会提供场地举行大规模的防灾演练，保障地震频发地区的社区居民能够通过针对性防震训练提升自救互救能力。部分地方政府还会引导周边社区签订援助合作协议，构建跨区域社区防灾救灾合作机制，在救灾物资调拨、救援人员调配、救援设备供给等方面互相协调，由此达成防灾救灾网络对更大范围形成覆盖的目标。

（五）建设社区防灾减灾法规体系

日本社区防灾减灾法规体系主要以国家和地方立法为核心。从国家层

---

① 俞祖成．日本社区治理中的多元主体参与[N]．社会科学报．2019-03-28(3)．

面来看,日本将《灾害对策基本法》作为基本法,系统总结了地方政府、社区居民、社区组织、区域企业在灾害中的职责及合作模式。日本围绕《防洪法》《消防组织法》《地震防灾对策特别措施法》等专项法规,对社区防灾减灾的相关问题进行更为细致的解释与说明。从基层来看,各地依照基本法制定符合社区实际的法规体系。以东京为例,《东京都震灾对策条例》《东京都安全和安全街区建设条例》《东京都灾害救助法施行细则》等法律法规,不仅内容全面、覆盖面广,还可以根据实际情况不断更新。

（六）夯实应急管理先期准备工作

为了培育社区在预防、准备、反应、恢复等环节的应急能力,地方政府官员会同减灾专家、社区居民等通过风险评估、问卷调查、意见征集、样本编写、印刷发放等活动,让居民对本地区可能发生的灾害、危害、避难场所及撤离路线有充分认知。社区自治组织与社区居民间建有"防灾行政无线网",形成灾害应急中的立体交叉式无间断通信体系,指导社区居民采取及时有效的应急行动。日本特别重视社区应急避难场所建设,依托全国范围内的广场、学校、城市绿地等大型公共设施设立覆盖面较为广阔的应急避难空间体系。

四、澳大利亚有准备的社区模式

澳大利亚应急管理体系建立在联盟政府、地方政府以及社区合作的基础上,形成了一套相对完备的应急管理体系,即预防、备灾、响应和恢复。针对社区应急管理,澳大利亚以紧急事态管理署为主,提出建设有准备的社区。有准备的社区强调将多灾种、全流程、跨部门的管理方法应用在社区层面,政府对社区安全建设的不同阶段和任务进行具体指导,各社区配备专业应急人员、储备基本应急物资并主动承担应急管理责任。澳大利亚有准备的社区模式,见图 8-4。

（一）数量较大的社区志愿者群体

早在 2010 年,在 2 000 多万人口的澳大利亚,担任志愿者的 18 岁以上

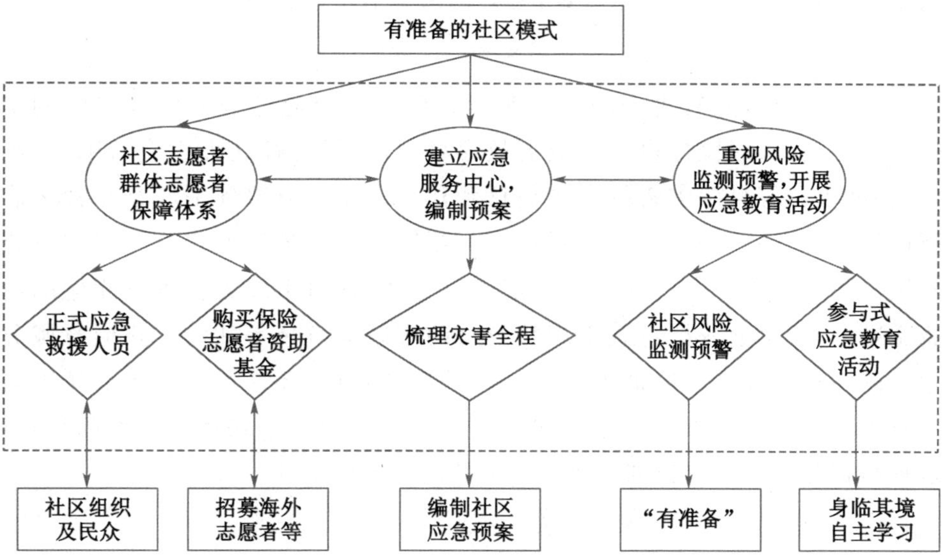

图 8-4　澳大利亚有准备的社区模式

的成年人已经超过了 610 万，超过总人口的 30%。[①] 这些志愿者来自各行各业，他们掌握专业的救援技能、拥有专业的救援设备，在灾害预警预防、应急响应、医疗急救、信息报送、心理服务、培训演练等方面发挥着巨大作用。志愿者在灾害预防与应急救援中的积极表现，提高了其在澳大利亚的社会影响，也使民众了解到志愿者的重要价值。

（二）完善的社区志愿者保障体系

澳大利亚力求为每一位社区志愿者购买保险，并对理赔事项、赔付标准等进行细致的规定，减少社区志愿者的后顾之忧。此外，澳大利亚设立全国志愿者资助基金，按国家标准对社区志愿者进行专业培训，保障社区志愿者掌握专业的应急救援技术，减少其在应急救援中的伤亡损失，提升救援能力与效率。澳大利亚还在各种网站、杂志、报刊上广泛刊登志愿者招募信息，鼓励民众参加志愿活动，并要求失业人员在一定时间内参加一定量的志愿

① 中国志愿者人数超 1 亿 他国志愿者如何专业服务社会？[2015-12-23](2021-08-10).[EB/OL]. http://www.zgzyz.org.cn/content/2015-12/23/content_11986727.htm.

活动，甚至招募部分海外志愿者，为其提供食宿及差旅费用。

（三）建立州应急服务中心等机构

澳大利亚应急管理中心主要负责在联邦政府应急响应中开展协调工作，免费为社区居民提供防灾减灾教育材料，包括为社区提供应对飓风、洪水、森林火灾等自然灾害的基本信息和建议。州应急服务中心是在社区志愿群体基础上建立起来的志愿组织，可帮助社区处理突发灾难并提供紧急救援。州应急服务中心为社区制定应急方案，针对事故灾害提供相应的应急救助，日常也会开展急救知识普及与防灾减灾宣传等活动。州应急服务中心的活动不仅可以降低灾害对社区的破坏程度，还对社区居民的防灾减灾意识和责任感有极大提升，更重要的是培育了社区居民团结自助的精神，这种精神是建设一个更加富有韧性的社区的重要基础。

（四）通过预案编制深化应急意识

澳大利亚针对社区应急预案编制工作，制定相应的预案编制方案。社区在应急管理职能上设有社区应急处置中心，主要负责协调、信息管理、操作管理并指导社区进行应急预案编制。在社区应急处置中心的统筹协调下，政府应急预案与社区应急预案相一致，社区与消防、交通、救护等应急处置单位在救援过程中能有效衔接。澳大利亚在编制社区应急预案过程中，注重对风险灾害的排查、风险防范措施的讨论及灾害处理全过程的梳理，试图通过应急预案编制过程促使政府相关部门及社区进一步了解各自职责，增强社区居民的应急意识。

（五）高度重视社区风险监测预警

澳大利亚非常重视社区突发事件监测预警体系建设，在面对灾害威胁时能运用科技精准识别并探究可能存在的风险隐患，并将相关数据和信息及时对外发布，确保社区居民可以通过网络进行查询与监督。澳大利亚现有包括护理中心、儿童健康中心、卫生服务中心等在内的社区卫生服务机构，这些机构不仅提供卫生防护、疾病诊疗、心理咨询等服务，还负责动态监测社区居民身体健康状况。这种对灾害风险的动态监测预警，既强化了社区应急管理的职责，又提高了社区对灾害风险的动态处置能力。

（六）开展参与式应急教育活动

澳大利亚消防部门经常在社区发放各种宣传手册，为方便公众记忆甚至将报警电话修改为“000”，并创设逼真环境开展“身历其境”的体验，尤其是针对可能出现重大伤亡事故的场所，设置“亲历点”，让社区居民身处危机、直面险情、自主逃生。各社区均设置有“消防教育处”，为社区居民提供应急咨询，同时组织社区儿童到附近消防站进行参观，甚至可以进入消防车，扮演消防队员。在参观过程中，化学试剂师会为儿童演示实验，科普一些燃烧、爆炸的原因以及不同火源的灭火方式。

■ 第二节　国内社区应急管理实践

社区作为社会基层的基本单元，是党委和政府联系群众、服务群众的“神经末梢”，更是开展防灾减灾工作的前沿阵地，关系着人民群众的生命和财产安全。近年来，我国大力推进安全社区建设，将基层应急能力建设放在首位，着力提高社区居民防灾减灾意识和避险自救技能，提高基层应急管理水平。本节主要选取国内社区应急管理实践效果较为突出的上海市、成都市以及济南市三个实例以探究我国社区应急减灾工作的现状及未来。

一、上海市多方合作模式

上海市地处我国东部长江入海口，是国家重要的经济、金融、交通、航运、会展中心，并正在努力打造成为国家科创中心，是长江三角洲城市圈的核心城市。在市场化进程不断加快的情况下，老城区逐渐形成传统与现代化交融的混合社区。上海市民政部门与高校联合，依托项目实践，基本形成了政府、高校、社会组织的合作模式，创新社区风险评估方法。目前，上海市已经成为我国城市社区应急管理建设的典范城市。上海市多方合作模式，见图 8-5。

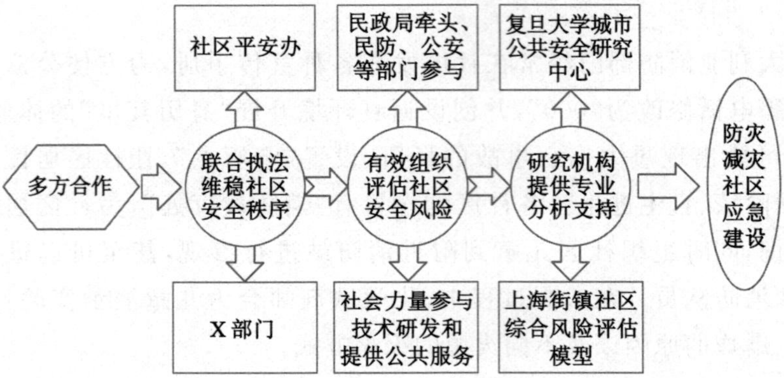

图 8-5　上海市多方合作模式

（一）联合执法维稳社区安全秩序

联合执法是指行政机关之间或行政机关与其他主体之间通过采取联合行动，对某些行政事务进行综合性整治的执法活动，主要是为解决突发性、重点性和临时性的问题。2014 年，上海市委启动“一号课题”，随之“重心下移、权力下放、力量下沉、权责统一”成为基层执法的主要特点。在这一背景下，街道的力量得以充实，社区平安办在基层的协调动员能力也显著提升。街道辖区内各类影响公共安全的违法事件，大部分由社区平安办协调各有关条线力量，联合进行整治。社区平安办在基层日常公共安全事务管理过程中发挥很大作用①。

（二）有效组织评估社区安全风险

社区风险评估是一种专业性很强的公共服务项目，无论是政府职能部门还是基层社区自身都难以独立完成。为此，上海市制定社区风险评估实施的政策措施，由民政局牵头并协调民防、公安、消防、气象、卫生等部门共同参与实施。同时，在技术层面，为规范化实施社区风险评估，委托研究机构开发上海市社区风险评估模型，建立风险评估体系。在实施层面，通过引入社会组织替代政府进入社区，指导并带动社区民众开展风险

① 上海市民政局. 加强基层建设，夯实社会治理基础的上海探索[J]. 中国民政，2015(22)：28-34.

评估工作。政府通过制定相应的政策，向研究机构和社会组织购买服务，让社会力量有序参与技术研发和提供公共服务，确保社区风险评估项目的实施。

（三）研究机构提供专业分析支持

复旦大学城市公共安全研究中心作为提供上海社区风险评估技术支撑的研究机构，一方面通过专业科学的理论与技术知识，构建上海街镇社区综合风险评估模型，为整个风险评估工作提供了理论化、科学化以及专业化的支持，同时承担社区风险评估技术分析的后台支撑；另一方面对社会组织进行专业培训。社会组织初步了解和掌握社区风险评估的基本内容以及社区现场评估的基本要求，能够深入社区开展风险评估工作。为了确保风险评估的质量，该中心还对各社会组织进行进一步指导和现场督导，使社会组织可以成为具有风险评估能力的专业组织。

二、成都市综合减灾模式

成都市运用供给侧结构性改革的理念和思路，在开展《社区（村）综合减灾公共信息标识建设规范》的研制、实施、评估过程中，以群众需求为出发点和落脚点，尊重规律、运用规律，致力消除基层减灾救灾管理要素的无效供给和错位供给，优化了基层减灾救灾管理要素配置。崇德社区作为国家级“防灾减灾示范社区”对切实提高社区应急能力做了大量富有成效的工作。成都市崇德社区综合减灾模式，见图 8-6。

（一）建设社区应急管理组织

社区成立由社区党支部书记为组长的社区应急能力建设工作领导小组，组建了一支高素养的应急管理工作小组。为加强社区服务管理和应急能力建设工作，调动发挥各方面人员的工作积极性，推动社区向着和谐、健康、幸福、文明的方向发展，社区配置了相对固定的应急工作人员，组建了社区应急工作小分队、社区微型消防队伍、社区应急联动队伍，并与街道应急预备队伍、怡和派出所、消防大队、区疾控中心、区医院、相邻社区应急工作小分队以及其他上级应急支援力量之间达成了应急支援协议。

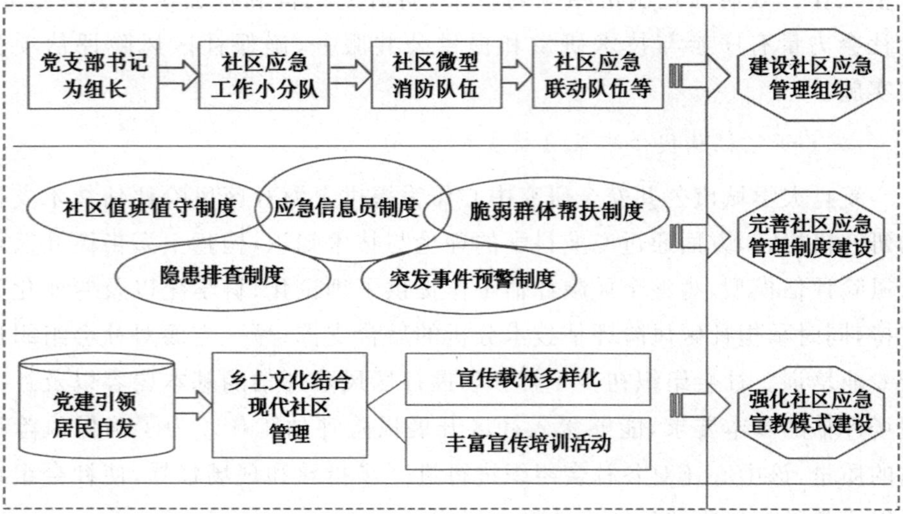

图 8-6　成都市崇德社区综合减灾模式

（二）完善社区应急管理制度建设

崇德社区应急管理制度由五个部分组成。一是社区值班值守制度，社区应急值班室实行全年 24 小时值班制，将应急值守和信息报送制度张贴上墙，规范应急值班交接记录。二是完善应急信息员制度，制定应急信息管理员管理办法指导工作业务。三是完善隐患排查制度，通过网格化隐患台账形成定期排查机制，建立社区灾害点、危险源、风险源数据库，逐一登记在册、分类建档、动态监管。四是建立突发事件预警制度，对突发事件进行预警、跟踪、通报、督办、反馈。五是建立脆弱群体帮扶制度，本着“量力而行、尽力而为”的原则，建立脆弱群体帮扶制度，为群众办实事、解难事、做好事。

（三）强化社区应急宣教模式建设

崇德社区以党建为引领，以居民自发为核心，以“崇德”文化理念为宗旨，整合民间健康文明元素，将浓郁的乡土文化结合现代社区管理，以“接地气”的方式、文化链接邻里友情，以环境装饰引导规范生活行为，形成具有区域特性的应急宣教模式。一方面，实现宣传载体的多样化，充分利用宣传栏、电子显示屏、文化站、广播以及横幅等固定宣传载体普及展示防灾减灾相关知识。另一方面，社区定期组织志愿者与工作人员现场向社区居民讲解防灾减灾安全常识并发放宣传资料。同时，为丰富宣传培训活动，社区每年组织社区工作人员、社区应急成员参加相关部门举办的应急业务能力培训活动。

三、济南市“大应急”模式

济南市2020年的《政府工作报告》明确将“建设一批社区应急救援站”列为“2020年为民办23件实事”之一，力图解决百姓身边的安全问题。济南市历下区把防灾减灾救灾工作作为保障人民群众生命财产安全、促进经济社会高质量发展的重要举措，围绕构建大应急、大安全工作格局，打造一支过硬的基层应急救援力量，投入2 000多万元，打造20处社区应急救援站，不断提升综合减灾能力，为全区人民生命财产安全提供了坚实的保障①。济南市历下区“大应急”模式，见图8-7。

（一）科学谋划布局打通基层管理“最后一公里”

正式建设社区应急救援站之前，历下区组织专人对各街道办及社区的规模、危险源分布、灾害事故特点等具体情况开展深入调查摸排，完成88个社区平面图的绘制，并完善各社区的水源分布图、应急疏散示意图、重点关注人员分布图、灭火作战预案等各类资料。历下区在详细了解各社区情况的基础上，科学谋划站点布局，最终选择第一批在13个街道建立20个应急救援站，服务88个老旧小区，履行“安全巡查、宣传培训、应急救援”三大职能。

（二）夯实专业队伍应急救援员队伍储备

为规范队伍管理，提升专业能力，历下区在充分调研的基础上，专门制定出台《应急救援员管理规定》，建立系统完善的人员招收、培训、派遣、使用、考核、奖惩等标准化管理体系。历下区招收的专职应急救援员经过专业机构基地化培训，集中组织职业技能鉴定，取得消防员、保安员、安全管理

---

① 王庆红，王春萍.济南历下：建设社区应急救援站 探索“五位一体”新模式[J].中国减灾，2020(23)：42-45.

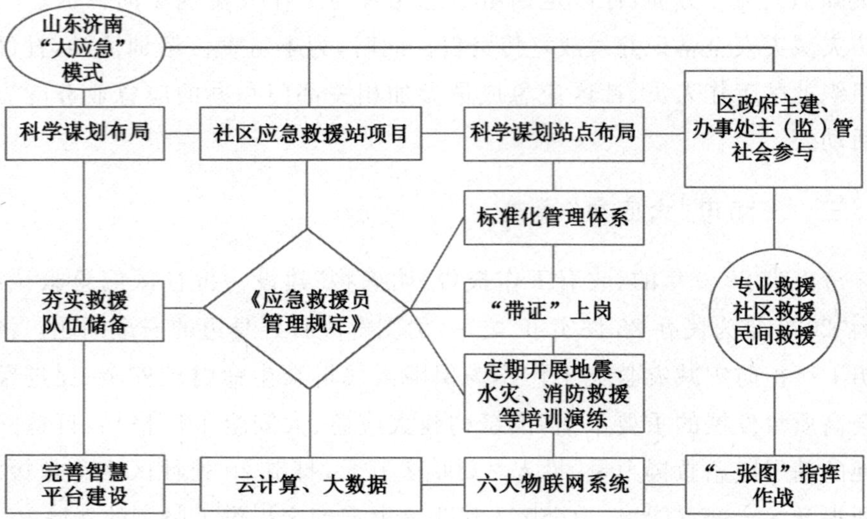

图 8-7　济南市历下区"大应急"模式

员、救护员等四个岗位的职业技能鉴定证书，全部实现"带证"上岗。同时，历下区每年组织不少于 210 个课时的消防、安全、救护等专业技能集中培训，定期开展地震、消防救援等培训演练。为规范队员日常管理，历下区专门制定出台了《专职应急救援员日常考核标准》，做到"四有"，即有制度、有措施、有考核、有奖惩。

（三）完善社区智慧安全物联网平台建设

历下区利用"智慧城市安全物联网服务云平台"，运用云计算、大数据等技术，建立社区、重点单位基础信息数据库，明确各类场所单位的建筑概况、设施配备、危险源、消防安全组织体系等，实现基础信息数字化。针对重点隐患部位，历下区开发运行安全隐患巡查、消防用水检测、智慧用电云检测、重点部位监控、无线烟感报警和无线燃气报警"六大物联网系统"。为进一步提升各类灾害隐患信息的集成度和可视化，历下区专门在社区应急救援站建设应急指挥中心，通过 5G 网络技术等现代信息技术，将辖区内各类灾害隐患基础信息实时展现在指挥中心大屏上，实现"一张图"指挥作战。

■ 第三节　社区应急管理新方向

20世纪90年代以来，韧性这一概念被普遍用于衡量城市抵御风险、吸收与化解变化的能力和程度。社区作为城市空间和社会组织的基础单元，是感知风险和受到风险冲击的第一线，社区抵御风险的强弱程度决定了城市的韧性水平。将韧性研究的尺度拓展到社区层面，关注个体或社区能力的识别与构建，已逐步成为全球韧性研究的关注热点①，也成为社区应急管理建设实践的新发展方向。

一、国外社区应急管理模式建设的新走向

（一）日本六甲道——以大阪政府为核心的三位一体建设模式

日本自20世纪60年代开始在全国开展“社区营造”策略，在灾害应对领域将“市民参与”转变为“市民主体”②。日本六甲道车站北地区在“阪神大地震”灾后开始了韧性社区建设。1995年之后，日本政府推行“土地区划”政策，开辟出具有防灾功能的道路用地、广场用地和公园用地，建成覆盖面较为广阔的应急避难空间体系，并会同减灾专家、社区居民等共同绘制风险评估图以及应急疏散避难图，分发到每一个住户手中，让社区居民对本地区可能发生的灾害、危害、避难场所及撤离路线有充分认知。此外，政府牵头动员六甲道车站北地区在灾后重建中成立了居民、政府及专家三方参与的社区营造联合协议会，依照“关于推进减灾国民运动的基本方针”，政府部门从防灾活动、知识传播、防灾投资、多元协作和防灾实践等方面做出了全面指导。六甲道车站北地区韧性社区建设模式，见图8-8。

（二）澳大利亚悉尼——以悉尼政府为核心的韧性公园建设模式

2017年，澳大利亚颁布《大悉尼地区计划草案》。该计划指出澳大利亚以紧急事态管理署为主，提出建设“有准备的社区”(Prepared Community)。

① 刘佳燕，沈毓颖．面向风险治理的社区韧性研究[J]．城市发展研究，2017，24(12)：83-91.

② 梁宏飞．日本韧性社区营造经验及启示：以神户六甲道车站北地区灾后重建为例[J]．规划师，2017，33(8)：38-43.

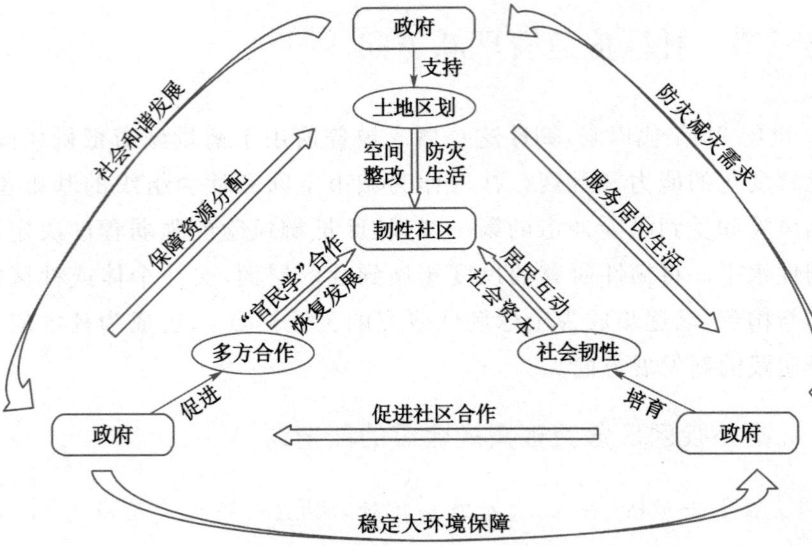

图 8-8　六甲道车站北地区韧性社区建设模式

"有准备的社区"强调将多灾种、全流程、跨部门的管理方法应用在社区层面，政府对社区安全建设的不同阶段和任务进行具体指导，各社区配备专业应急人员，储备基本应急物资并主动承担应急管理责任，以增强社区韧性。例如，有的社区在洪灾背景下开展韧性公园建设，政府部门负责统筹韧性公园整体工程，发挥政府动员的优势，从而既提高了社区防灾减灾救灾能力又保障了居民的正常生活。此外，当地政府通过给予财政支持，完善社区公园屋顶花园、野花种植床和太阳能收集结构等基础设施，提高公园防洪抗灾能力。该社区志愿者群体数量庞大，志愿者掌握专业的救援技能、拥有专业的救援设备，在社区应急管理中发挥着较大的作用。社区较为重视应急预案编制工作，在面对灾害威胁时能按照应急预案要求，运用科技精准识别以及探究可能存在的风险隐患，并将相关数据和信息及时对外发布，确保社区居民可以通过网络进行查询与监督。社区在应急管理职能上设有社区应急处置中心，主要负责协调、信息管理、操作管理并指导社区进行应急预案的编制与更新。澳大利亚社区韧性建设模式，见图 8-9。

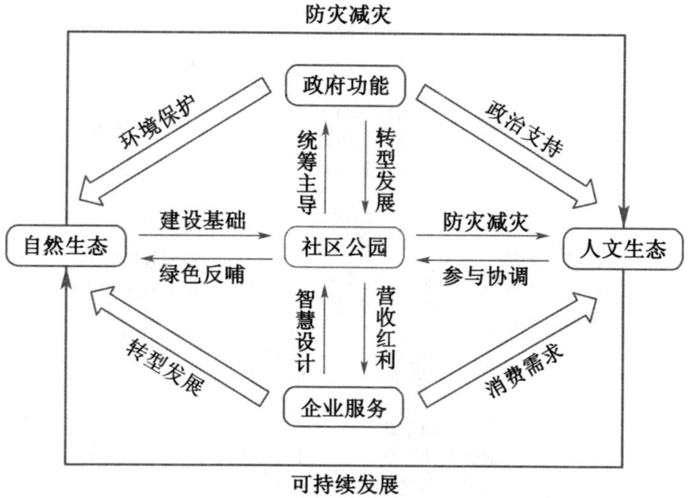

图 8-9　澳大利亚社区韧性建设模式

（三）加拿大——以 FPT 政府为核心的多元合作建设模式

2019 年，加拿大颁布《加拿大应急管理战略：迈向具有刚韧性的 2030 年》，并确定了 FPT（Federal，Provincial and Territorial，FPT，联邦、省和地区）政府的五大优先事项。应急管理战略指出政府要统筹协调主体合作，统筹社区多元主体共同参与社区应急工作，提高社区韧性。具体而言，一是要及时关注并识别社区风险，定期普及风险知识，发动居民主动收集和上报社区灾害风险信息。二是提高应急重视力度，定期培训社区合作伙伴，委托私营企业为居民制定灾害保险。三是重点增强突发事件应对能力，重点开发包括公共安全通信系统、全国无线公共警报系统、跨辖区的紧急事件管理等在内的应急管理系统，在硬件上提高应对风险的能力。四是政府一定要注重灾后恢复能力建设，尤其要注重与合作伙伴建立恢复和减灾工作的沟通联系，互相总结分享灾难教训。加拿大“五优先”韧性社区建设模式，见图 8-10。

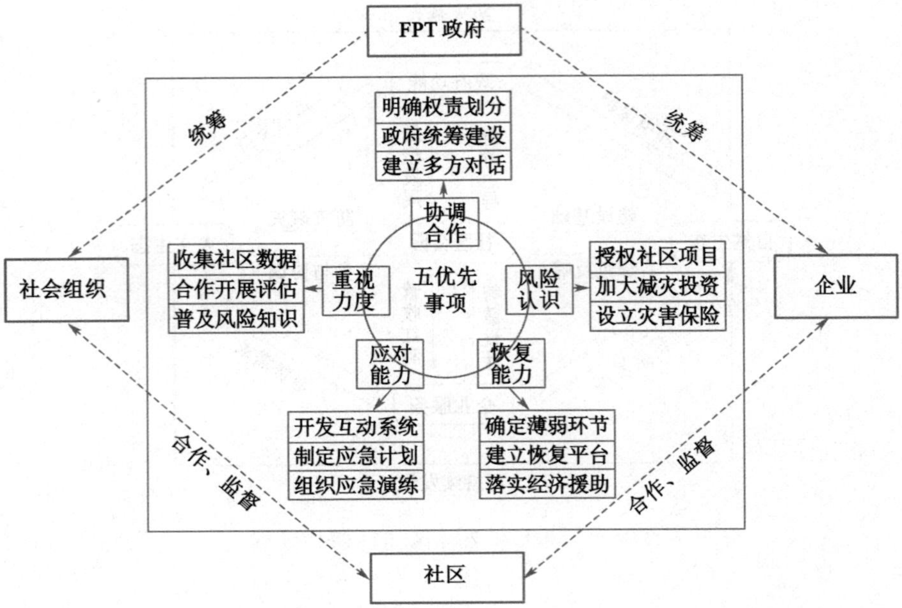

图 8-10　加拿大“五优先”韧性社区建设模式

二、国内社区应急管理模式建设的新走向

（一）上海市——以政府为核心的“生活圈”社区共同体模式

上海市开展以“更丰富、更优质、可适应、可参与”为目标的生活圈建设①。2020 年，上海市发布《上海市贯彻〈长江三角洲区域一体化发展规划纲要〉实施方案》，进一步加快都市圈空间协同规划。一是要素性提升，上海市统筹完善社区就业、服务、休闲、就医等多功能，向上对接城市公共服务体系，向下加强生活要素引导。二是空间性提升，推广可灵活嵌入的微小规模设施体模块，营造更加多元与特质化的社区场所。三是包容性提升，关注各社区异质化人口结构，创新定制化的规划内容，实现更精准与韧性的实施管控。四是适应性与成长性提升，加强社区人文建设，促进社区社会生态的平

① 周弦．15 分钟社区生活圈视角的单元规划公共服务设施布局评估：以上海市黄浦区为例[J]．城市规划学刊，2020(1)：57-64．

衡,并提升多场景应对的可能,提高精神共鸣实现社会融合。五是参与性提升,通过一系列机制的建立,有效拓展社区事务参与主体的多元性与积极性,探索轻资产目标下的公共服务模式创新。上海市韧性生活圈构建模式,见图 8-11。

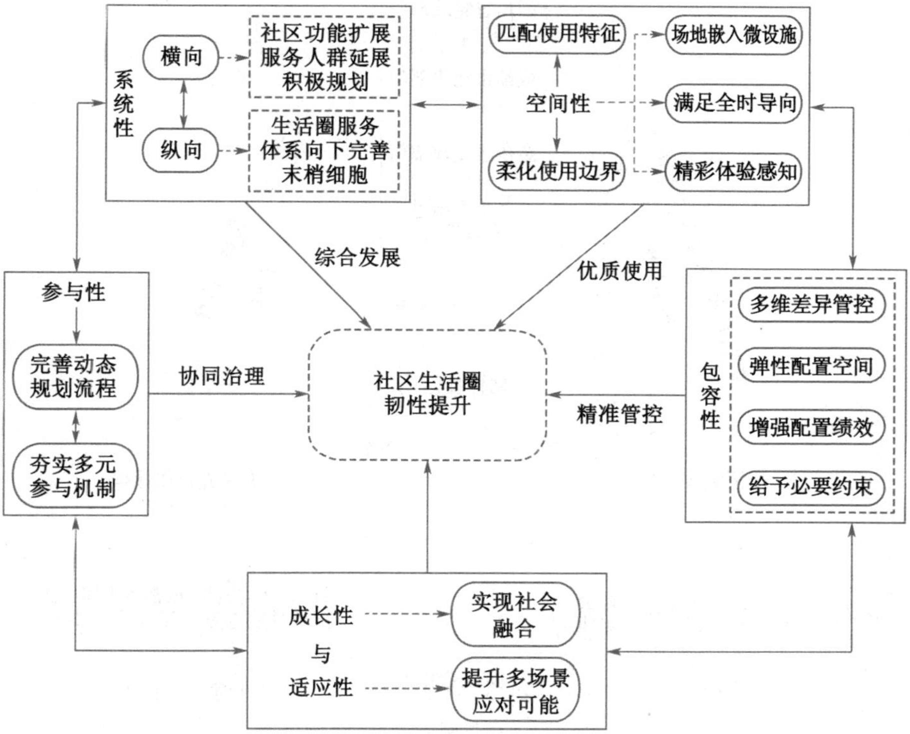

图 8-11　上海市韧性生活圈构建模式

（二）成都市金牛区——以区党委为核心的“产学研”智慧平台建设模式

成都市金牛区以区党委为核心的“产学研”智慧平台建设模式主要包括三大部分内容:一是党委引领健全四方组织,构建“街道党工委—社区党组织—院落(小区)党支部—楼栋党小组”横向到边、纵向到底的四级联动体制机制。二是党委统筹完善多元主体参与,着力提升街道社区党员干部动员组织群众的能力、创新思路服务群众的能力以及系统谋划社区治理的能力。三是党委领导构建智慧平台,针对停车难这一问题,由社区党委领导构建以街道综治中心为总平台，融合网格化服务管理监督、“大联动，微治理”等平台，实现对小区停车场、出入口等全天候监控。金牛区韧性社区建设模式，见图 8-12。

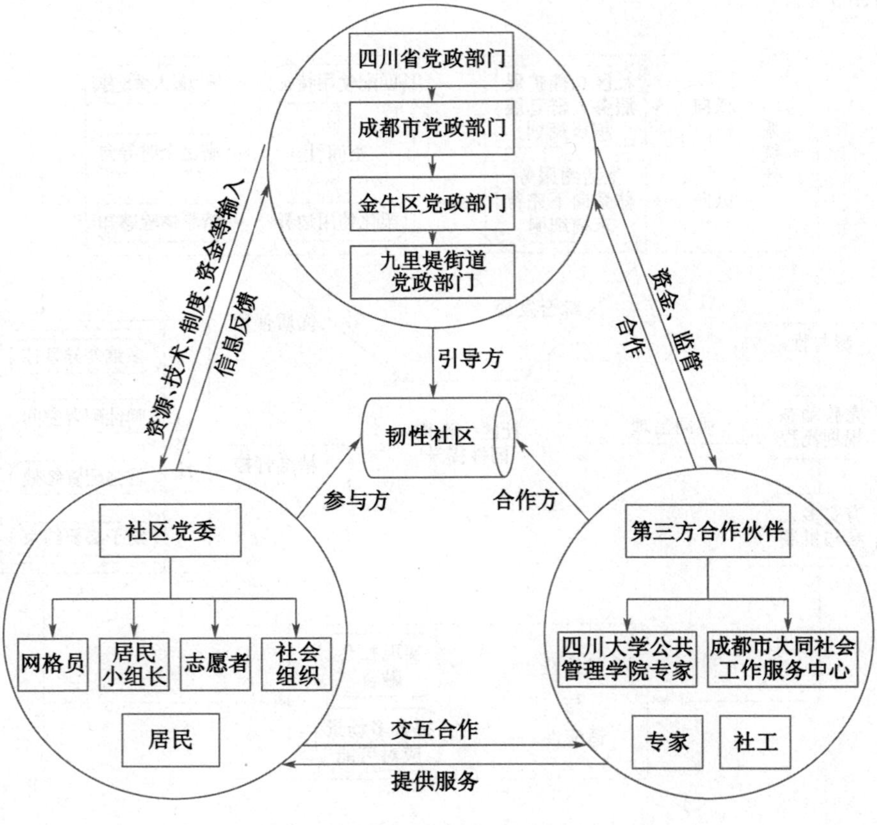

图 8-12　金牛区韧性社区建设模式

（三）雅安市芦山县——以壹基金为核心的“减灾型”韧性家园建设模式

在四川省雅安市芦山县震后重建阶段，深圳壹基金在雅安市开展一系列韧性社区建设项目。一是政社合作推动培育社会力量。2014 年，由县委县政府引导成立群团组织社会服务中心，为公益组织提供办公场地，壹基金组织进行社会组织能力培训，目前保持活跃度的社会组织仍然有 100 多家、保持着 1 000 余位社工的登记信息。二是统筹社区建立灾害管理机制，构建起以“社区减灾中心＋社区三级预案＋应急技能培训＋社区应急演练”为核心的灾害管理机制，从“农户—小组—村庄”三个层面综合提升社区防灾能力。三是动员居民激发自救互救力量，壹基金动员和支持社区成立志愿者救援队，激发社区在灾害来临时的自救互救能力。雅安市芦山县韧性社区建设框架，见图 8-13。

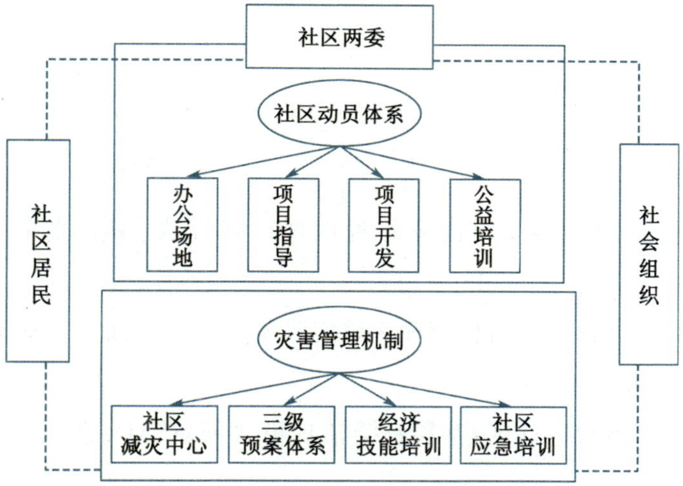

图 8-13　雅安市芦山县韧性社区建设框架

同步思考题

1. 简述美国全社区模式的主要内容。
2. 简述成都综合减灾模式的主要内容。
3. 简述我国社区应急管理实践的主要特征。
4. 论述国内外社区应急管理模式建设的有益经验。
5. 论述我国社区应急管理未来的新进路。

参考文献

[1] 陈安，陈宁，倪慧荟. 现代应急管理理论与方法[M]. 北京：科学出版社，2009.

[2] 陈荣卓. 城市社区网格化管理区域实践研究[M]. 北京：中国社会科学出版社，2015.

[3] 陈亚萍. 新型智慧社区：基层社会治理模式创新[M]. 北京：人民日报出版社，2020.

[4] 陈焱. 卫生监督应对突发公共卫生事件实用手册[M]. 北京：科学技术文献出版社，2012.

[5] 崔珂，沈文伟. 基层政府自然灾害应急管理与社会工作介入[M]. 北京：社会科学文献出版社，2015.

[6] 范维澄，闪淳昌，等. 公共安全与应急管理[M]. 北京：科学出版社，2017.

[7] 方然. 英国社区灾害应急管理[M]. 北京：中国社会出版社，2014.

[8] 高芙蓉. 突发公共事件应急管理[M]. 北京：经济科学出版社，2014.

[9] 贺佑国，刘文革. 国外应急管理法制研究[M]. 北京：应急管理出版社，2019.

[10] 胡轶俊，等. 中国社区灾害应急管理[M]. 北京：中国社会出版社，2014.

[11] 胡正荣，段鹏，张磊. 传播学总论[M]. 2 版. 北京：清华大学出版社，2008.

[12] 贾西津. 第三次改革:中国非营利部门战略研究[M]. 北京:清华大学出版社.
[13] 姜平. 突发事件应急管理[M]. 北京:国家行政学院出版社,2011.
[14] 寇丽平,孙静. 公共安全危机管理[M]. 北京:中国人民大学出版社,2015.
[15] 李雪峰. 英国应急管理:体系、方法与借鉴[M]. 北京:国家行政学院出版社,2010.
[16] 李尧远. 应急预案管理[M]. 北京:北京大学出版社,2013.
[17] 李永清. 如何应对重大突发事件:以深圳经验为例[M]. 北京:中央编译出版社,2011.
[18] 林崇德. 心理学大辞典:上卷[M]. 上海:上海教育出版社,2003.
[19] 刘铁民. 应急体系建设和应急预案编制[M]. 北京:企业管理出版社,2004.
[20] 罗昌智. 中国智慧社区发展报告[M]. 厦门:厦门大学出版社,2015.
[21] 罗建军,蒋洲. 应急管理实务[M]. 长沙:湖南人民出版社,2015.
[22] 全国干部培训教材编审指导委员会. 公共危机管理[M]. 北京:人民出版社,2006.
[23] 世界卫生组织. 社区应急准备:管理及政策制定者手册[M]. 北京:人民军医出版社,2002.
[24] 许欢,魏娜. 中国应急管理发展研究:2020[M]. 北京:应急管理出版社,2021.
[25] 滕五晓. 社区安全治理:理论与实务[M]. 上海:上海三联书店,2012.
[26] 佟瑞鹏. 中国安全社区建设方法与实践[M]. 北京:中国劳动社会保障出版社,2015.
[27] 汪碧刚. 智慧社区与城市治理[M]. 北京:中国建筑工业出版社,2020.
[28] 王德迅. 日本危机管理体制研究[M]. 北京:中国社会科学出版社,2013.
[29] 王乐夫,蔡立辉. 公共管理学[M]. 北京:中国人民大学出版社,2008.

[30] 王莲芬，许树柏. 层次分析法引论[M]. 北京：中国人民大学出版社，1990.

[31] 王骚，李如霞. 面向公共危机与突发事件的政府应急管理[M]. 天津：天津大学出版社，2013.

[32] 王崧. 社区突发事件应对指南[M]. 重庆：西南师范大学出版社，2013.

[33] 王义保. 公共安全管理[M]. 徐州：中国矿业大学出版社，2019.

[34] 王郅强. 风险、危机与灾害：基于文化视角的解读[M]. 北京：中国书籍出版社，2020.

[35] 王重高，王紫烨. 社区应急准备指导手册[M]. 北京：国家行政学院出版社，2020.

[36] 吴大明. 美国应急管理体系研究与思考[M]. 北京：应急管理出版社，2020.

[37] 吴亚非，李新友，禄凯. 信息安全风险评估[M]. 北京：清华大学出版社，2007.

[38] 伍岳琦，林锦炎. 突发公共事件卫生应急管理[M]. 广州：中山大学出版社，2008.

[39] 希斯. 危机管理[M]. 2 版. 王诚，宋炳辉，金瑛，译. 北京：中信出版社，2004.

[40] 夏保成. 美国公共安全管理导论[M]. 北京：当代中国出版社，2006.

[41] 肖群鹰，朱正威. 公共危机管理与社会风险评价[M]. 北京：社会科学文献出版社，2013.

[42] 休斯. 公共管理导论[M]. 2 版. 彭和平，周明德，金竹青，等译. 北京：中国人民大学出版社，2001.

[43] 杨湘洪. 现代企业管理[M]. 南京：东南大学出版社，2003.

[44] 杨正鸣，苗伟明. 突发事件应急处置前沿问题研究[M]. 上海：上海人民出版社，2015.

[45] 应急管理部国家减灾中心. 社区应急指导手册[M]. 北京：地震出版社，2020.

[46] 余明阳，张慧彬. 危机管理战略[M]. 北京：清华大学出版社，2009.

[47] 张丹媚，周福亮. 智慧社区管理[M]. 重庆：重庆大学出版社，2019.

[48] 张永理,李程伟.公共危机管理[M].武汉:武汉大学出版社,2010.
[49] 张永忠,曹春霞.社区网格员突发公共卫生事件适宜技术[M].北京:化学工业出版社,2021.
[50] 周定平.社会安全事件应对研究[M].北京:中国人民公安大学出版社,2008.
[51] 庄越,雷培德.安全事故应急管理[M].北京:中国经济出版社,2009.